Socialismo.info

Nuova Atena, nata completa dal capo di Giove,
lei sta davanti a noi,
scintillante di armi e di corazza.

Luise Kautsky

Edizione aprile 2019
Proprietà riservata

MIKOS TARSIS

L'AQUILA ROSA

Critica della Luxemburg

Cerco più la compagnia di quelli che mi rampognano
che di quelli che mi temono.

M. de Montaigne

edizioni Amazon

Nato a Milano nel 1954, laureatosi a Bologna in Filosofia nel 1977, già docente di storia e filosofia, Mikos Tarsis (alias di Enrico Galavotti) si è interessato per tutta la vita a due principali argomenti: Umanesimo Laico e Socialismo Democratico, che ha trattato in homolaicus.com e che ora sta trattando in quartaricerca.it e in socialismo.info. Per contattarlo info@homolaicus.com o info@quartaricerca.it o info@socialismo.info
Sue pubblicazioni su Amazon.it

Premessa

Per realizzare questo libro non si sono utilizzati molti testi di Rosa Luxemburg (1871-1919). D'altra parte i suoi più importanti, secondo noi, sono stati il primo, del 1899, contro Bernstein, *Riforma sociale o rivoluzione?* (Editori Riuniti, Roma 1973) e gli ultimi due contro Lenin, *Centralismo o democrazia?*, del 1904, e *La rivoluzione russa. Un esame critico*, del 1918, ma edito nel 1922 (Samonà e Savelli, Roma 1971). Il primo segnò la sua emarginazione dalla socialdemocrazia tedesca e dalla II Internazionale; gli altri due impedirono alla III Internazionale di considerarla come un valido punto di riferimento, sul piano tattico e strategico, contro l'opportunismo e il revisionismo della socialdemocrazia tedesca. Rosa insomma era partita bene ma finì male e il fatto che sia stata assassinata dagli stessi socialdemocratici (di destra) non contribuì a far rivalutare le sue opere.

In effetti Rosa ebbe questo merito: fu la prima nell'Europa occidentale a capire che il partito socialdemocratico tedesco stava rischiando seriamente di cadere in un revisionismo favorevole allo sviluppo del capitalismo. Ma ebbe anche il demerito di non capire nulla, pur facendo parte di un'ala della sinistra rivoluzionaria, della rivoluzione d'Ottobre.

Per come si realizzò tale rivoluzione, bisogna dire ch'essa non era facilmente decifrabile, in quanto aveva poco in comune con quelle borghesi compiute in Olanda, Inghilterra, Francia e Stati Uniti: al massimo si possono trovare degli addentellati nella Comune di Parigi. Singolare è anche il fatto che l'Ottobre non si verificò nell'area occidentale dell'Europa, che pur aveva conosciuto la riforma protestante, l'umanesimo e il rinascimento e tre rivoluzioni borghesi, di cui due molto cruenti, ma avvenne in un territorio, quello russo, che per molti versi nelle campagne era ancora semifeudale, e che nelle città era appena entrato nello sviluppo capitalistico. Infatti dopo la Comune di Parigi tutto il socialismo europeo si pose su basi riformistiche, se non addirittura revisionistiche, mettendo in discussione alcuni presupposti fondamentali del marxismo. Il vero partito rivoluzionario fu soltanto quello bolscevico fondato da Lenin.

Purtroppo però l'opposizione di Rosa a Lenin contribuirà a emarginare, molto ingiustamente, la sua figura nell'ambito della sinistra rivoluzionaria europea. La si etichetterà, frettolosamente, come determinista o spontaneista, a seconda dei suoi testi di riferimento. Verrà riscoperta, per un breve periodo, a cavallo tra gli anni Sessanta e Settanta, grazie ai lavori critici di Lelio Basso (Editori Riuniti, Roma 1967) e di Luciano Amodio (Edizioni Avanti!, Milano 1963), che pubblicarono, tra le altre cose, due importanti volumi di opere scelte di Rosa Luxemburg. Va detto tuttavia che la riscoperta di Rosa, la sua addirittura mitizzazione contro Lenin, è stata probabilmente una tardiva ricaduta della lettura spontaneista fattane proprio da Lelio Basso.

Col titolo di questo libro l'autore si è ispirato a una frase di Lenin: "Nonostante i suoi errori, era ed è rimasta un'aquila". Proprio lui pretendeva che di lei venissero tradotte in russo tutte le opere. Anche Karl Radek e Franz Mehring erano dello stesso avviso: "Con lei morì il più profondo cervello teorico del comunismo"; "Era il cervello più geniale fra gli eredi scientifici di Marx ed Engels". Eppure Rosa non capì quasi nulla del leninismo più strettamente politico, essendo continuamente tentata a equipararlo al blanquismo; e finché la III Internazionale rimase in vigore, le sue opere, già a partire dagli anni Venti, restarono nel dimenticatoio, grazie naturalmente all'ortodossia stalinista, che giudicava le idee di Rosa "una variante polacca del trotskismo".

In questa premessa si possono aggiungere altre due cose: 1) Rosa ha scritto un importante volume di economia politica, *L'accumulazione del capitale*, che qui si è cercato d'interpretare in maniera alquanto sommaria; 2) l'analisi dei testi di Rosa è continuamente intercalata da nostre considerazioni estemporanee sul *socialismo democratico*, che potranno dar fastidio, sia nel contenuto che nella forma, a uno studioso rigorosamente marxista. Consiglio quindi a persone del genere di non procedere oltre nella lettura, meno che mai se sono convinti che Rosa sia stata superiore a Lenin. Rosa non è mai stata una filo-bolscevica ma semmai una filo-menscevica. Non a caso da tanta sinistra europea è stata utilizzata, anche non molto tempo fa, per negare valore alla concezione leninista del partito.

Su di lei vale sempre quanto disse Lenin: "Accade a volte alle aquile di scendere persino più in basso delle galline, ma mai alle galline di salire al livello delle aquile. Rosa Luxemburg si è sbagliata sulla questione dell'indipendenza della Polonia; si è sbagliata nel 1903 nella sua valutazione del menscevismo; si è sbagliata nella sua teoria dell'accumulazione del capitale; si è sbagliata nei suoi scritti dalla prigione nel 1918 (peraltro essa stessa, dopo essere uscita di prigione, alla fine del 1918 e all'inizio del 1919 ha corretto gran parte dei suoi errori). Ma malgrado i suoi errori essa è stata e rimane un'aquila; e non soltanto il suo ricordo sarà prezioso per i comunisti del mondo intero, ma anche la sua biografia e le sue opere complete costituiranno una lezione utilissima per l'educazione di numerose generazioni del mondo intero. 'La socialdemocrazia tedesca dopo il 4 agosto 1914 è un fetido cadavere': è con questa senten-

6

za che il nome di Rosa Luxemburg entrerà nella storia del movimento operaio mondiale. Mentre invece nel cortile posteriore del movimento operaio, tra i mucchi di letame, le galline come Paul Levi, Scheidemann, Kautsky e tutta questa confraternita ammireranno soprattutto, ovviamente, gli errori della grande comunista. A ciascuno il suo".

Introduzione generale

Vi è una certa linea di continuità tra il Marx inglese, cioè l'economista politicamente sconfitto dalle rivoluzioni del 1848, e il suo primo interprete e compagno di lotta, F. Engels, che, dopo il 1850, cominciò a trasformare il marxismo in una sorta di determinismo evoluzionistico, che tanta parte ebbe nell'ideologia di K. Kautsky, il principale dirigente sia della II Internazionale e del partito socialdemocratico tedesco (SPD, all'epoca chiamato SAP), che, a partire dal 1883, della rivista "Neue Zeit", con cui molti teorici prestigiosi poterono trasformare il socialismo scientifico in una scienza cattedratica.

Il Congresso di Erfurt del 1891 aveva dimostrato che si potevano dire frasi rivoluzionarie e agire, nella pratica sociale e politica, in maniera del tutto riformistica.[1] La transizione al socialismo veniva pensata come l'esito di una crisi catastrofica del capitalismo, che in Germania si riteneva imminente, essendosi qui sviluppato il capitalismo per ultimo, in maniera piuttosto convulsa e frenetica, con una necessaria e diretta partecipazione dello Stato, a sostegno delle imprese che dovevano crearsi un vasto mercato interno, che si era unificato, a livello nazionale, solo per merito della Prussia intorno agli anni 1870-71. Le imprese andavano protette dalla forte concorrenza di Francia e Inghilterra, partite assai prima sulla strada del capitalismo industrializzato, e andavano anche aiutate ad acquisire colonie all'estero.

La socialdemocrazia tedesca era convinta che lo sviluppo industriale del Paese non poteva che favorire quella classe sociale, il proletariato, che avrebbe poi gestito il crollo del capitalismo stesso, impossibilitato a risolvere l'antagonismo sociale tra capitale e lavoro, e avrebbe avviato una transizione socialista con gli stessi strumenti produttivi dell'industria privata.

Si attendeva che il crollo avvenisse da sé, limitandosi a svolgere un'azione di tipo legislativo nel parlamento, culturale e ideologica nelle riviste, tattico-strategica nei congressi, sindacale nelle fabbriche e cooperativistica nell'ambito dei consumi. I dirigenti socialdemocratici (K. Kautsky, E. Bernstein, W. Liebknecht, A. Bebel...) non riuscivano a elabora-

---

[1] Tale Congresso elaborò il Programma di Erfurt, steso da Kautsky per la parte teorica, e da Bernstein per la parte pratica. Fu approvato da Bebel ed Engels. È la base riformistica della socialdemocrazia tedesca, che ereditò l'esperienza francese del socialismo, senza però arrivare mai a compiere qualcosa di analogo alla Comune di Parigi.

re una strategia rivoluzionaria vera e propria.

Senonché la Germania capitalistica fece giganteschi passi avanti nella produzione del ferro, dell'acciaio, del carbone, della chimica, dell'elettrotecnica... In 30 anni, dal 1870 al 1900, divenne una delle prime potenze europee, in grado di ambire a un ruolo internazionale, in competizione con Francia e Inghilterra, Stati Uniti e Giappone. Sostenere un imminente crollo del capitalismo sembrava non avere più alcun senso, anche perché lo Stato, che pur favoriva il riarmo della Germania, assumeva nei confronti delle tensioni sociali un ruolo paternalistico, al fine di attenuarle al massimo. Le stesse imprese garantivano salari sufficienti a non far desiderare agli operai alcuna rivoluzione politica.

In tali condizioni il fatto di trovarsi in parlamento con una presenza significativa di deputati, appariva alla socialdemocrazia un grande risultato. Si era convinti di poter influire sui processi sociali della borghesia imprenditoriale attraverso una prassi legislativa che tutelasse gli interessi dei lavoratori. L'attività politica veniva condotta esclusivamente nei limiti della legalità democratica, all'interno delle istituzionali statali (non a caso si favorì la richiesta degli imprenditori di ottenere dallo Stato dei dazi doganali).

Puntando prevalentemente sulla propria parlamentarizzazione e attenuando le proprie esigenze rivoluzionarie, il partito aveva voluto e dovuto estendere i propri consensi a strati sociali sempre più vasti di popolazione. Si arrivò persino a non contestare più la politica imperiale del governo, in quanto si riteneva che la diffusione internazionale del capitalismo avrebbe favorito la nascita del proletariato industriale, cioè della classe che prima o poi avrebbe sostituito quella borghese. Non solo, ma si pensava che la Triplice alleanza, stipulata nel 1882 tra gli imperi di Germania e Austria-Ungheria e il Regno d'Italia, in opposizione a Francia e Inghilterra, potesse essere considerata uno strumento di pace, e che in caso di guerra il partito avrebbe dovuto collaborare alla difesa del Paese (già lo faceva approvando le spese militari con cui il governo non voleva lasciare i soldati tedeschi esposti a maggior pericolo in caso di guerra. In cambio il partito chiedeva concessioni a favore delle politiche sociali).

Il revisionismo di Bernstein nacque in un contesto del genere, in una maniera piuttosto conseguente. Egli era una persona autorevole, in quanto incaricato da Engels a gestire i testi inediti di Marx. I primi articoli revisionistici li pubblicò nel 1896-98 nella "Neue Zeit" diretta da Kautsky. Venne criticato da Cunov, Parvus, Mehring, Plechanov, ma Rosa Luxemburg si lamentava che venivano stigmatizzati sono degli aspetti marginali. Le sue osservazioni più radicali, raccolte poi nel volume *Riforme sociali o rivoluzione?*, vennero rifiutate dalla redazione della suddetta rivista, sicché lei dovette accontentarsi di un altro organo di stampa, meno prestigioso: il quotidiano "Leipziger Volkszeitung". In ogni caso i suoi interventi stimolarono un dibattito (*Bernstein-Debatte*) che durò sino al 1910.

Bernstein non costituiva un caso isolato, ma la punta avanzata, quella più teorica, di tale prassi opportunistica. Il suo revisionismo non era che il riflesso di una diffusa prassi riformistica presente nei dirigenti sindacali, nei consiglieri comunali, nei deputati parlamentari...

Si pensava che il ritiro delle Leggi eccezionali contro i socialisti[2], voluto nel 1890, fosse un preciso segnale che la politica parlamentare poteva conseguire risultati significativi anche senza alcuna prassi rivoluzionaria in senso stretto.

Tale tendenza opportunistica non era dovuta soltanto al fatto che si erano aperte le porte del partito a moltissimi elementi piccolo-borghesi, ma anche e soprattutto al fatto che si era convinti che lo sviluppo del capitalismo avrebbe creato, *di per sé*, una "classe rivoluzionaria". E questo a dispetto del fatto che si sapeva benissimo che la classe operaia, usufruendo di garanzie sociali che altri lavoratori non potevano permettersi, finiva col rinunciare abbastanza presto a qualunque obiettivo rivoluzionario.[3]

Il fatto di esibire una teoria socialista rivoluzionaria, contraddetta da una pratica riformistica, è una caratteristica della cultura occidentale, che in Europa, dalla seconda metà dell'Ottocento in poi, sarà sempre molto accentuata, soprattutto nei momenti in cui gli antagonismi di classe sono più acuti. Quanto più tali antagonismi si attenuano, tanto meno la teoria assume toni rivoluzionari. Tuttavia quanto più la teoria e la prassi

---

[2] Le Leggi antisocialiste iniziarono a essere promulgate nel 1878, approfittando del fatto che vi erano stati due tentativi falliti di assassinare il kaiser Guglielmo I da parte di alcuni terroristi. Il loro principale proponente, il cancelliere Otto von Bismarck, temeva lo scoppio di una rivoluzione socialista simile a quella della Comune di Parigi nel 1871. Malgrado ciò i socialdemocratici passarono dai 437.000 voti del 1878 ai 763.000 del 1887. Nel 1890 persino i conservatori ritennero quelle leggi del tutto inutili.

[3] Da notare che, per Lenin, se tutte le masse operaie soffrono di opportunismo, la transizione è impossibile; e lo sarebbe anche nel caso in cui, in un periodo di acuta crisi del capitalismo, si risvegliasse lo spirito rivoluzionario. Questo perché, avendo vissuto nell'opportunismo eclatante nella fase pacifica, le masse lavoratrici non sarebbero pronte sul piano organizzativo per compiere una insurrezione armata. Di qui l'indispensabile presenza di un partito di professionisti della rivoluzione. Cosa che Rosa non riuscì mai a capire, se non alla fine della sua vita. E pensare che fu lei a vedere in anticipo che i partiti facenti capo alla II Internazionale non sarebbero stati in grado di compiere alcuna rivoluzione.

rinunciano a una lotta rivoluzionaria, tanto meno si è in grado di avanzare delle rivendicazioni anche solo riformistiche, e ancor meno si è in grado di conservare gli obiettivi già realizzati. Infatti il capitalismo tende sempre a rimangiarsi le concessioni fatte, approfittando della debolezza della resistenza allo sfruttamento.

Purtroppo la cultura occidentale è molto influenzata dallo stile di vita plurisecolare della borghesia, per cui anche quando si mette a contestare le contraddizioni del capitalismo, lo fa sempre in maniera moderata, prevalentemente individualistica o teoretica, o meramente parlamentare, nella convinzione che per ovviare agli antagonismi sociali sia sufficiente criticarli o svolgere un'opposizione nell'ambito delle istituzioni dominanti. L'analisi economica condotta dal Marx "inglese" non riuscì mai a sottrarsi a questa illusione illuministica. Egli, quand'era filosofo, aveva biasimato l'atteggiamento astratto della Sinistra hegeliana, che pensava di rovesciare il sistema limitandosi ad assumere posizioni ateistiche. Ma lui stesso, superando l'ateismo con l'analisi economica, era rimasto all'interno del momento "magico" della mera critica teorica.

In ciò gli intellettuali tedeschi riflettevano un atteggiamento che risaliva alla loro stessa cultura "protestantica". Lutero infatti era convinto di poter risolvere le antinomie del papato limitandosi a criticarle in maniera circostanziata e lasciando poi che sul piano pratico l'iniziativa fosse presa dalle istituzioni e dalle classi dominanti. Lutero, con le sue critiche radicali, non fece che estendere a tutta la popolazione "credente" quei comportamenti spregiudicati che nel mondo cattolico caratterizzavano soprattutto le gerarchie ecclesiastiche, nonché la borghesia dei Principati più in vista.

Il protestantesimo luterano e soprattutto calvinistico, dopo aver eliminato il tentativo insurrezionale dei contadini, guidati da Thomas Müntzer, in funzione antinobiliare, legittimò il trasferimento dell'arroganza individualistica dai vertici della politica cattolica alla base della società borghese. Marx non fece altro che contestare gli effetti di tale arroganza borghese, pensando, in tal modo, di porre le basi per un superamento di tipo "socialistico", cioè collettivistico, dell'intero sistema capitalistico. Difficile non vedere, in questo suo atteggiamento, un'influenza delle radici ebraiche nella propria cultura.

La critica del sistema, nei suoi aspetti fondamentali, veniva considerata da Marx un elemento sufficiente per impedire a detto sistema di riprodursi all'infinito. Veniva usata la critica in forma aristocratica, come se si volesse mostrare un proprio atteggiamento di superiorità intellettuale, che legittimava la volontà di non partecipare direttamente alla "gestione" dei fattori che tengono in piedi il sistema. A Londra Marx evitò d'impegnarsi in una battaglia politica di tipo parlamentare; né mai, d'altra parte, maturò, dopo il 1848, una strategia politica di tipo extraparlamentare. Il socialismo scientifico usava la teoria come arma di ricatto contro un sistema che non avesse voluto tener conto delle proprie antinomie di fondo e delle acute contestazioni che gli venivano mosse. La critica veniva usata per difendere una posizione di rendita intellettuale.

Il revisionismo di Bernstein non fa che prendere atto di una posizione politica alla lunga insostenibile. Non è infatti possibile contestare continuamente il sistema senza poterlo praticamente rovesciare. Se una prassi rivoluzionaria non riesce a imporsi, è la teoria che va cambiata, e in genere ciò viene fatto riducendo ai minimi termini le sue pretese contestative. Bisogna "adeguarsi" al sistema, impegnandosi non a superarlo, bensì a migliorarlo.

Il sistema borghese è "perfettibile", nel senso che le sue contraddizioni di fondo possono essere relativizzate, le sue asprezze possono essere ridimensionate di molto. Questa la convinzione di massima del riformistico socialistico. La funzione del proletariato diventa quella di promuovere il più possibile il benessere economico generalizzato, lottando per una più equa redistribuzione del reddito nazionale. Se si riesce a convincere la borghesia che il proletariato non è un nemico bensì un alleato, il sistema stesso – così pensava il revisionismo – assumerà un atteggiamento più benevolo, meno intenzionato a difendere gli interessi di un'unica classe sociale, quella che detiene la proprietà dei mezzi produttivi. Anzi, sarà compito del revisionismo dimostrare che la ricchezza materiale può essere messa a disposizione non solo di chi dispone di capitali, ma anche di chi possiede soltanto la propria forza-lavoro.

*

Dopo i tanti fallimenti compiuti per abbattere questo sistema perverso, oggi siamo arrivati alla conclusione che il capitalismo o viene soffocato nella culla, oppure tende a sfuggire a qualsiasi controllo. È infatti in grado, in virtù del benessere materiale che garantisce, di condizionare le menti. Sembra essere diventata la cosa più difficile di questo mondo cercare di approfittare dei suoi momenti di grave debolezza, che indubbiamente si ripetono periodicamente e in forme sempre più acute (a livello di durata o di intensità o di estensione geografica), per realizzare la conquista del potere politico e la transizione al socialismo.

Non si diventa opportunisti o revisionisti soltanto per motivi soggettivi, cioè per mancanza di carattere o di volontà o perché si frequentano ambienti non sufficientemente industrializzati o proletarizzati, ma anche per motivi oggettivi, dipendenti dal fatto che, attraverso la scienza e la tecnica, attraverso lo sviluppo del macchinismo, con cui si pensa di poter "dominare" la natura sotto tutti gli aspetti, diventa inevitabile pensare che una rivoluzione politica non abbia alcun senso. È sufficiente che il capitalismo industriale garantisca un relativo benessere alla stragrande maggioranza della popolazione per ottenere dei lavoratori l'assicurazione che al massimo si limiteranno a fare rivendicazioni sindacali o addirittura corporative, ivi inclusa la difesa dal carovita attraverso la cooperazione sul piano dei consumi.

Di fatto il proletariato industriale di un qualunque paese capitalismo del mondo non mostra alcun interesse per le condizioni di sfruttamento in cui sono costretti a vivere i lavoratori del Terzo e Quarto mondo, che sono poi quelle condizioni che garantiscono allo stesso capitalismo mondiale (fino a ieri "occidentale" ma oggi anche "asiatico") un relativo benessere.

Oggi un qualunque tentativo di liberarsi dall'influenza del capitalismo mondiale può nascere soltanto in qualche zona periferica del Terzo mondo, cioè nelle aree più degradate e sfruttate del pianeta, e sempre che sia presente una "intellighenzia" che faccia davvero gli interessi del proletariato. E non è affatto detto, se e quando ciò avverrà, che il proletariato terzomondiale incontrerà in quello occidentale (dominato dal capitalismo privato) o in quello asiatico (dominato dal capitalismo statale) un vero alleato. L'alleanza sarà tutta da costruire, poiché in nessun capitalismo del mondo si è abituati a pensare che il proprio benessere sia in stretta relazione con lo sfruttamento del Terzo mondo. Anzi, generalmente si pensa che sia questa area del pianeta ad aver bisogno della scienza e della tecnica occidentali.

Riforma sociale o rivoluzione?

Le tesi principali di Bernstein

Prima di parlare di Rosa Luxemburg (che chiameremo sempre, affettuosamente, Rosa) e del suo primo libro, *Riforma sociale o rivoluzione?*, che alcuni critici ritengono il migliore, occorre fare una breve sintesi del pensiero di E. Bernstein, principale bersaglio del suddetto libro. Dividiamolo per punti:

1. Il capitalismo è in grado di porre rimedio alle proprie crisi ricorrenti di sovrapproduzione, utilizzando trust e cartelli, cioè accordi tra aziende per limitare la produzione, per cui è assurdo pensare a un'intensità crescente di tali crisi, sino al punto in cui il sistema dovrebbe crollare su stesso. È nell'interesse stesso del capitalismo allargare il più possibile l'area dei consumatori e di ampliare la democrazia politica.

2. Non essendoci crisi che possano far pensare a un crollo del sistema, il proletariato industriale deve agire pensando a migliorare progressivamente le proprie condizioni lavorative. Il che significa che deve puntare sui sindacati, sulla cooperazione, sulla democrazia parlamentare, appoggiando l'espansione capitalistica in tutto il pianeta. Inoltre deve prendere consapevolezza che esiste una eterogeneità di mestieri con interessi molto diversificati. Il proletariato industriale vero e proprio non è che una minoranza nell'ambito del lavoro e neppure unanimemente indirizzato a sostenere il socialismo.

3. Con lo sviluppo del sistema non è la piccola borghesia che rischia di proletarizzarsi, ma è il proletariato che tende a far parte del ceto medio, diversificando di molto la tipologia delle classi sociali, in quanto il sistema è più disposto a fare concessioni. Lo dimostra il fatto che le società per azioni sono un fenomeno di diffusione e non di concentrazione del capitale. La partecipazione al capitale diventa alla portata di tutti e le piccole imprese aumentano in maniera esponenziale.

4. Il socialismo deve rigettare il materialismo storico e la dialettica hegeliana, troppo deterministici per essere realistici. Poiché non è vero che il capitalismo sia un sistema incapace di risolvere le proprie contraddizioni sociali, il socialismo deve porsi soltanto come un'esigenza etica (kantiana), la cui realizzazione dipende

14

dalla volontà umana. Sarebbe anzi meglio considerare il socialismo come l'erede storico del liberalismo, non il suo superamento. Certamente non un erede che pretenda di statalizzare tutta la proprietà privata dei mezzi produttivi. Una rivoluzione di questo genere porterebbe a una dittatura terroristica e a una gestione burocratica dell'economia.

5. Non ha quindi senso distinguere la strategia dalla tattica, in quanto se il fine non è quello di ribaltare il sistema ma di conviverci, l'unico problema diventa quello di come farlo nel migliore dei modi. Il fine è nulla, il movimento è tutto. Quindi le riforme sociali sono fini a se stesse, volte a "migliorare" il rapporto salariato, in attesa che il capitalismo capisca autonomamente che il modo migliore per sviluppare l'insieme delle sue forze produttive è trasformarsi in maniera socialistica.

Queste idee apparvero nel 1896-98, in una serie di articoli sulla rivista "Neue Zeit", diretta da K. Kautsky, poi raccolti nel libro *I presupposti del socialismo e i compiti della socialdemocrazia* (1899). Nonostante le crisi ricorrenti del capitalismo, le due guerre mondiali, le dittature nazifasciste, le rivoluzioni comuniste, la decolonizzazione conseguente al trionfo del comunismo sul nazismo e al superamento del primato delle nazioni europee, surclassate dagli Stati Uniti, le idee di Bernstein hanno trionfato su tutta la linea, imponendosi a livello mondiale, tanto che oggi nessuno le mette in discussione. Il Congresso di Hannover del 1899 le condannò, ma nella sostanza venne riconfermato il programma ambiguo del Congresso di Erfurt del 1891 e la prassi riformistica nell'azione quotidiana.

Col suo testo, *Riforma sociale o rivoluzione?*, il suo primo contributo teorico dato in qualità di militante della socialdemocrazia tedesca dopo la sua definitiva permanenza in Germania, Rosa si inserì con autorevolezza nel *Bernstein-Debatte* di quell'epoca, pur non avendo potuto utilizzare la prestigiosa rivista "Neue Zeit". Lo stesso Bernstein dovette ammettere che le critiche da lei rivoltegli erano di gran lunga superiori a quelle di Kautsky, Plechanov, Mehring, ecc.[4]

La seconda, riveduta, edizione uscì nel 1908, ma neppure allora qualcuno chiese l'espulsione di Bernstein dal partito socialdemocratico; anche perché si riteneva, in genere, che dopo la fine delle Leggi antisocialiste (1878-90), sarebbe stato meglio ostacolare chiunque, tra i socialdemocratici, propagandasse l'idea che per giungere al socialismo vi fosse

---

[4] Oggi è unanimemente ammesso che Rosa intuì prima di tutti, incluso Lenin, la deriva attendista della SPD e di Kautsky in particolare.

una strada diversa da quella parlamentare.

*

All'età di 16 anni Rosa, figlia di una agiata famiglia di commercianti ebrei, era entrata a far parte del Partito polacco socialista-rivoluzionario "Proletariat", ch'era illegale, ma due anni dopo, nel 1889, era fuggita da Varsavia, emigrando clandestinamente a Zurigo. Fu lì che, dopo essersi avvicinata agli ambienti marxisti, maturò la decisione di non tornare in Polonia, ma di trasferirsi in Germania attraverso un matrimonio di comodo con un amico, Gustav Lübeck, che le permise di ottenere la cittadinanza tedesca (1897). Che cosa la indusse a prendere una decisione del genere è difficile dirlo. Indubbiamente non nutriva alcuna simpatia per la classe dei contadini, nettamente prevalenti nel suo Paese. Ma era piuttosto pessimista anche nei confronti della Russia e riteneva che una rivoluzione socialista sarebbe stata più facile in Germania. La cosa curiosa è che, allo stesso tempo, Rosa era contraria all'indipendenza della Polonia dalla Russia, in quanto non la riteneva in grado di realizzare una rivoluzione socialista. Cioè avrebbe preferito che se in Russia fosse avvenuta una rivoluzione socialista, questa venisse esportata anche in Polonia. Insomma questo Paese veniva percepito da lei come un luogo d'origine puramente casuale, da cui – vista la profonda arretratezza economica e culturale – sarebbe stato meglio andarsene via il più presto possibile.

A dir il vero Rosa detestava il suo Paese non tanto perché esso manifestava idee nazionalistiche contro la Russia o contro la Germania, quanto perché lo riteneva governato da una "borghesia tedesco-giudaica polacca", capace di svendere le aspirazioni patriottiche per i più volgari interessi materiali. Una borghesia, quindi, più "internazionalista" che mai. D'altra parte a quel tempo neppure esisteva la Polonia come Stato. Era già stata spartita quattro volte tra il 1772 e il 1832, da potenze che apparivano invincibili, come Russia, Prussia e impero austro-ungarico. Rosa non vedeva alcuna possibilità che la Polonia si costituisse come Stato autonomo, anzi, una prospettiva del genere la terrorizzava, in quanto era convinta che, se si fosse realizzata, la borghesia polacca avrebbe trovato ancora più forza. Per lei l'unica soluzione era quella di abbattere lo zarismo in nome del socialismo e di esportare questa vittoria almeno nella parte del territorio polacco egemonizzato dai russi.

Fu questa sfiducia nella capacità combattiva del proletariato polacco, industriale e rurale, che la porterà a emigrare in Germania, dove però la sua incapacità ad affrontare concretamente gli aspetti organizzativi di una resistenza armata contro il capitale resterà una costante.[5] D'altra parte Rosa ha sempre visto la violenza rivoluzionaria solo come una semplice "risposta" alla violenza della borghesia, non come un aspetto di cui bisogna sempre tener conto quando si costruisce un movimento che pretende d'essere alternativo a un sistema che è violento per sua natura. In altre parole, è vero che la violenza va concepita come "legittima difesa", ma essa non può *mai* essere esclusa a priori nel mentre si lavora in maniera eversiva. Bisogna anzi abituarsi all'idea che dai poteri costituiti si può essere colpiti in qualunque momento e in qualunque modo, per cui ogni forma di ingenuità, non solo nei confronti di se stessi ma anche dei compagni di lotta, può essere pagata molto duramente. Chi dispone di proprietà privata è disposto, potenzialmente, a fare qualunque cosa pur di conservarla.

Una volta giunta in Germania, Rosa si buttò a capofitto nella polemica contro il revisionismo, mostrando di possedere un'acuta intelligenza. Dapprima lo fece nella rivista "Leipziger Volkszeitung", poi nel libro che qui prendiamo in esame. A motivo di questi articoli, Rosa ottenne dalla commissione stampa del partito la nomina alla direzione del quotidiano socialista di Dresda, "Sächsische Arbeiter-Zeitung".

A dir il vero Rosa tornò in Polonia nel 1906, alcuni mesi dopo lo scoppio della rivoluzione in Russia, per svolgere un lavoro di propaganda, ma verrà immediatamente arrestata. Liberata dietro cauzione, ritornerà in Germania, rompendo, questa volta, col "centro" kautskiano e fondando la lega spartachista, un gruppo di militanti comunisti. Nel Congresso di Stoccarda del 1907 intervenne, in rappresentanza della socialdemocrazia polacca, con un discorso antimilitarista, paventando la possibilità che stesse per scoppiare una guerra mondiale. In particolare fece approvare, insieme a Lenin e Martov, un emendamento alla risoluzione di Bebel relativa ai rapporti del militarismo col capitalismo. Siccome questa non indicava i compiti concreti del proletariato nella lotta contro la guerra, si fecero aggiungere tre punti: 1) il militarismo è il principale strumento dell'oppressione di classe (per cui non aveva senso che i socialisti mostrassero, in tempo di guerra, idee patriottiche); 2) era necessario svolgere un compito di agitazione socialista tra la gioventù, sperando di

---

[5] Nell'articolo "E si dicono unitari!", apparso nella "Za Pravdu" il 15-XI-1913, Lenin considera il circolo berlinese di Rosa, Tyzska e soci, che pretendeva di definirsi come "Direzione generale della socialdemocrazia polacca", un qualcosa di assolutamente "indegno", in quanto non riconosciuto dagli operai di Varsavia e di Lodz. Il motivo stava nel fatto che il circolo accusava l'organizzazione socialdemocratica di Varsavia, senza avere alcuna prova, d'essere collusa con la polizia politica, e accusava i bolscevichi d'aver fomentato la divisione tra i socialdemocratici polacchi.

indurla a non andare a combattere per gli interessi della borghesia; 3) si doveva utilizzare la crisi creata dalla guerra al fine di affrettare la caduta della borghesia. Tuttavia gli emendamenti, pur essendo stati approvati, non vennero presi sul serio.

Durante la guerra mondiale fu costretta a restare in carcere, come gran parte degli anni della sua breve vita (1871-1919). Sarà proprio l'indifferenza per gli aspetti organizzativi della sicurezza personale e collettiva, e nei confronti delle azioni clandestine e illegali, che porteranno Rosa a essere imprigionata più volte, fino al suo proditorio assassinio.

Rosa non aveva capito che il sistema non può essere sfidato come se si fosse dei semplici cittadini, disposti a rispettare le regole ufficiali. La rivoluzione non è un gioco alla pari, come nei tornei di tipo sportivo. L'avversario da sconfiggere dispone di tutti i poteri per difendersi e per attaccare, per cui non si farà molti scrupoli, in caso di necessità, a utilizzarli. Quel che a priori va escluso è che le classi privilegiate, il cui potere è basato sullo sfruttamento del lavoro altrui, rinuncino *spontaneamente* al loro ruolo. Le singole eccezioni, a questa situazione di fatto, confermano soltanto la regola. Lo scontro sarà inevitabilmente cruento, armato, e durerà tanto meno quanto più il proletariato sarà organizzato tatticamente e determinato a vincere. Il problema infatti non è soltanto quello di come sapersi difendere da un potere oppressivo, ma anche quello di come abbatterlo definitivamente, impedendogli di risorgere dalle sue stesse ceneri.[6]

Ciò naturalmente non vuol dire che un leader non possa essere disposto a subire qualunque conseguenza per le azioni che svolge. Ma non può pretendere che questo suo atteggiamento diventi una *regola* per i suoi seguaci. Un leader deve mettere i propri seguaci nella condizione di credere che le sue idee sono realizzabili e, per far questo, non può certo considerare il martirio come la suprema dimostrazione della fondatezza dei propri obiettivi rivoluzionari. Ecco perché man mano che la tensione

---

[6] Secondo Rosa l'organizzazione della classe operaia andava fatta, come per Kautsky, sulla base della gestione quotidiana delle istituzioni borghesi, mostrando che il socialismo ha una concezione superiore della democrazia. Poiché temeva soluzioni blanquiste nella conquista del potere, riteneva che il momento organizzativo vero e proprio, per tale conquista, andasse lasciato allo stesso proletariato, che l'avrebbe deciso sul momento. Poi, a rivoluzione compiuta, si poteva anche parlare di "dittatura del proletariato" contro l'inevitabile reazione borghese. Il concetto di "leader politico" che aveva Rosa era piuttosto *filosofico*: un soggetto che "illumina" le masse oppresse e le spinge a ribellarsi (come durante le rivoluzioni del 1848): e questo nonostante fosse aliena dall'esaminare i problemi filosofici. Solo alla fine della sua vita, quando ormai era troppo tardi, si convinse a creare un partito alternativo a quello socialdemocratico.

cresce e si comincia a prospettare una dura reazione da parte delle forze governative, occorre assolutamente addestrare i rivoluzionari all'uso delle armi, prospettando loro persino la possibilità di una guerra civile.

Non solo, ma la propaganda a favore di una transizione socialista va fatta anche all'interno delle forze armate, facendo in modo che sorga una contrapposizione tra gli ufficiali e i semplici soldati e marinai. Cosa, questa, che non venne mai affrontata dalla socialdemocrazia tedesca, se non da Liebknecht, in forma embrionale, nei suoi studi dell'antimilitarismo, in cui affermava ch'era insensato pensare che un soldato dovesse restare a priori un difensore delle classi dirigenti e che nei suoi confronti non servisse a nulla una propaganda socialista.

Come è stato osservato giustamente da più parti, Rosa racchiudeva la sua strategia rivoluzionaria in una tattica di offensiva permanente, in cui la ritirata non era neppure prevista, anzi, la sconfitta doveva essere accettata come gioiosamente inevitabile. Rifiutava le operazioni di tipo blanquistico, ma anche il suo modo agire non era meno avventuristico e irresponsabile. Rosa confidava troppo nell'istinto rivoluzionario di masse che potevano anche non essere debitamente organizzate. Un limite, questo, che si ritrova per intero nella rivoluzione russa del 1905, che però lei – a differenza di Lenin – non riuscì a cogliere nella sua drammaticità.

La stessa consapevolezza che aveva della natura dei soviet russi era piuttosto limitata. I soviet non erano tanto una palestra di opinioni sulla rivoluzione, un semplice luogo in cui autoeducarsi alla vera democrazia politica, quanto piuttosto una cellula combattiva in cui si univano aspetti altamente organizzativi e logistici. Nel corso delle rivoluzioni russe, nei soviet lavoravano, alla pari, operai, contadini, intellettuali, militari, uomini e donne: non c'era un aspetto della vita sociale, politica, culturale che non venisse preso in esame e concretamente affrontato.

Il fatto che a Rosa venisse attribuito l'epiteto di "sanguinaria" non era casuale. La sua tattica eversiva presentava aspetti spontaneistici sconcertanti, anzi, inquietanti, come quando p.es. era convinta che un governo, dopo aver operato ingenti massacri di cittadini pacifici in rivolta, sarebbe stato più facilmente disposto a patteggiare. Oppure quando deduceva dall'insuccesso di uno sciopero generale il momento migliore per insorgere. Esisteva indubbiamente una sorta di "estetismo intellettualistico" nel modo che aveva Rosa di concepire la rivoluzione. P.es. aveva un concetto di "masse popolari" piuttosto astratto: tendeva a collegare il valore della "democrazia" all'idea di "popolo" e non riusciva a capire che all'interno del popolo, genericamente inteso, solo gli elementi che più hanno combattuto per realizzare la rivoluzione possono dare alla democrazia il suo contenuto più qualificato.

La democrazia non è l'espressione di una volontà popolare generale, astrattamente intesa (come in genere pensa la piccola borghesia più illuminata), ma è il modo in cui deve esprimersi chi, tra le masse, ha maggiore consapevolezza dell'importanza del socialismo. Se si permette alla democrazia politica di prevalere sulla gestione sociale dei bisogni, si finisce con l'assegnare agli intellettuali (o comunque a chi ha maggiori capacità dialettiche, persuasive, retoriche) un ruolo arbitrario, che facilmente può essere strumentalizzato per esigenze tutt'altro che democratiche.

La democrazia può essere soltanto "dedotta" dal socialismo, non può essere la "direttiva" per realizzarlo. Il contenuto della democrazia, prima che essere "politico", deve essere "sociale". Anzi, finché esiste l'esigenza di affermare una democrazia "politica", mediante cui si confrontano opinioni opposte, è facile pensare che sul piano pratico il socialismo sia ancora in una fase molto embrionale. Ecco perché si può ipotizzare che la realizzazione piena del socialismo renderà superflua la democrazia politica come tradizionalmente la intendiamo. Non si dovranno più conciliare opinioni opposte, che riflettono interessi divergenti; si tratterà semplicemente di mettersi d'accordo nel realizzare nel migliore dei modi una soluzione ai problemi comuni che di volta in volta si affronteranno. La democrazia sarà una semplice amministrazione di bisogni condivisi, le cui caratteristiche andranno affrontate a livello *locale*. Quando si dice che la democrazia o è diretta o non è, s'intende, implicitamente, la realizzazione della proprietà *sociale* dei mezzi produttivi, al di fuori della quale anche l'idea di "democrazia diretta" diventa soltanto un gioco di parole.

Che Rosa fosse condizionata da idee piccolo-borghesi è dimostrato dal fatto che sino all'ultimo fu contraria all'idea bolscevica di organizzare un partito centralizzato di professionisti[7]; non condivise neppure l'idea di sciogliere la Costituente a rivoluzione compiuta. Il suo ragionamento, in pratica, consisteva in questo: la classe operaia è stata capace di fare la rivoluzione con l'appoggio dei contadini, ma siccome questi sono la stragrande maggioranza della popolazione russa, l'uso del potere non può essere di pertinenza esclusiva del proletariato industriale, ma può essere deciso solo dalla Costituente, da libere elezioni, dalla dialettica parlamentare.[8] Rosa non vedeva la democrazia come *gestione sociale di bisogni materiali* da parte di quelle categorie produttive maggiormente in-

---

[7] In un certo senso si può dire che mentre Lenin, quando parlava di "rivoluzionario professionale", pensava a un operaio di alta coscienza di classe, che, dopo aver rinunciato al lavoro in fabbrica, avrebbe dedicato la sua vita per il partito, in un difficile e rischioso lavoro politico nella miseria e nella clandestinità, Rosa invece vi vedeva il funzionario politico o sindacale tedesco, con una mentalità conservatrice, lontanissimo dall'idea d'impegnarsi in maniera rivoluzionaria.

teressate a trovare sull'argomento le soluzioni più convincenti; ma vedeva la democrazia come un semplice confronto di idee opposte, pur nell'ambito del socialismo. Incredibile che non si fosse resa conto che è una possibilità alquanto remota che dalla pura e semplice democrazia politica possa emergere un impulso alla realizzazione del socialismo.

La Premessa

Il testo di Rosa va diviso in due parti: la prima comprende una Premessa e cinque articoli; la seconda comprende altri cinque articoli. Tutti sono stati pubblicati nel 1898 nel quotidiano di Lipsia "Leipziger Volkszeitung", in quanto Kautsky le negò l'accesso alla "Neue Zeit". Rosa era appena arrivata in Germania dalla Svizzera.

Nella Premessa viene spiegata subito la differenza tra "riforma sociale" e "rivoluzione": la prima rappresenta il *mezzo* per ottenere il potere politico e la transizione al socialismo; la seconda è il *fine* che giustifica l'uso di questo mezzo. Sono aspetti che un socialista non dovrebbe tenere separati; invece Bernstein – secondo Rosa – l'avrebbe fatto, limitandosi appunto a parlare di "riforme sociali". In tal modo avrebbe giustificato una pratica opportunistica. D'altra parte per Bernstein "il movimento era tutto, mentre il fine era nulla".

Si noti che già nella Premessa vi è un evidente errore di Rosa: quello di parlare delle "riforme sociali" come della "sola via" possibile nell'ambito del capitalismo per raggiungere lo scopo della rivoluzione. Per tutto il libro non sentiremo mai Rosa parlare di mezzi e metodi di agitazione e propaganda, legali e illegali, ufficiali e clandestini, né tanto meno di guerra civile: sembra non rendersi conto che se le riforme sociali e il parlamentarismo sono gli "unici mezzi" con cui si deve compiere una rivoluzione, nulla potrà impedire che, prima o poi, spunti fuori dal partito un soggetto come Bernstein. Il quale infatti non era un caso isolato, ma l'espressione apicale di una prassi opportunistica generalizzata, quotidiana, cui egli, per la prima volta, ebbe l'ardire di dare una compiuta legittimazione teorica. Di qui il fatto che a partire dai suoi testi si parla anche di "revisionismo" delle basi teoriche fondamentali del socialismo scientifico.[9]

---

[8] Da notare che solo dopo il fallimento della rivoluzione russa del 1905 Rosa accettò l'idea di creare un "blocco di sinistra" coi contadini, che in precedenza aveva sempre giudicato irrimediabilmente piccolo-borghesi, incapaci di giocare un ruolo autonomo, come invece riusciva al proletariato industriale.

[9] Per Lenin la lotta quotidiana andava considerata come una forma di addestramento alla rivoluzione. Ma perché venga percepita come tale, occorre la funzione degli intellettuali, che hanno una visione d'insieme (olistica) delle contraddi-

Rosa vuole limitarsi a ribadire che il *fine* è quello, di rovesciare il sistema e non quello di conviverci nel migliore modo possibile. La sua posizione è astratta, intellettualistica, e la sua battaglia diventa di retroguardia, poiché ogni rivoluzione ha i suoi mezzi e metodi, che possono essere molto diversi da quelli "riformistici". In genere le rivoluzioni approfittano delle crisi del sistema per rovesciare il governo al potere: non si attende che il sistema crolli da sé, a motivo delle proprie acute e irrisolvibili contraddizioni.

E per essere sicura di farcela, la rivoluzione ha bisogno di un vasto consenso popolare o almeno del consenso di una popolazione adeguatamente consapevole dell'obiettivo da realizzare e dei mezzi per ottenerlo, poiché il vero problema non è solo quello di come conquistare il potere politico, ma anche quello di gestirlo in maniera *democratica*, cioè in modo tale da non creare nuovi antagonismi sociali. E questo secondo problema è spesso più difficile da risolvere dell'altro.

In tal senso Rosa doveva porre subito una differenza sostanziale tra "colpo di stato" e "rivoluzione popolare", precisando che l'alternativa al riformismo non è il blanquismo avventuristico di pochi soggetti risoluti, pronti a tutto, ma è una sollevazione di massa, debitamente preparata da un partito e da un movimento popolare, la cui intenzione è quella di realizzare con decisione la transizione a un sistema molto diverso da quello precedente.

Se buona parte della popolazione non condivide questa strategia, e anzi le si oppone, non è neanche il caso di parlare di obiettivi rivoluzionari o di rovesciamento del governo in carica. Che la realizzazione dei presupposti del socialismo, una volta compiuta la rivoluzione politica, debba essere graduale o progressiva, non ci piove, ma è anche vero che deve esser chiaro sin dall'inizio dove si vuole arrivare. La responsabilità del raggiungimento dello scopo rivoluzionario, ovvero la gestione concreta della transizione sociale non può essere a carico del solo governo al potere, ma anche e soprattutto dell'intera popolazione che si è impegnata, in qualche modo, ad abbattere il sistema.

Se chi compie materialmente la conquista del potere non è in grado di avvalersi di un ampio consenso popolare, difficilmente si potrà impedire che si formi una nuova dittatura politica. Ciò non vuole affatto dire che, per compiere una rivoluzione, sia necessario ottenere l'unanimi-

---

zioni del capitale. Senza i professionisti della politica (legale e illegale) i lavoratori tendono a rinchiudersi nel loro particolare, si limitano a battaglie settoriali, su obiettivi specifici o sindacali. Gli intellettuali hanno il compito di far capire alle masse che quanto stanno facendo può essere inserito in obiettivi di più vasto respiro.

tà dei consensi. È sufficiente che il consenso sia significativo, poiché senza di questo sarà impossibile affrontare la reazione dei nemici della democrazia. Si possono usare metodi violenti contro chi, con la violenza, vuole impedire la transizione al socialismo. Ma tali metodi vanno gestiti direttamente dal popolo, se non si vuole che il governo in carica si trasformi in un organo dittatoriale.

Il governo in carica può coordinare in maniera centralizzata le varie realtà sociali contro un nemico esterno, comune a tutte queste realtà, ma non può pretendere di dirigere l'azione repressiva contro tutti i nemici interni. Se lo facesse, diventerebbe troppo forte la tentazione di sostituirsi a queste realtà popolari, caratterizzate localmente (a livello provinciale, distrettuale, regionale), cioè sarebbe troppo forte il rischio che, sotto il pretesto di combattere dei nemici interni, il governo riduca sempre più la capacità decisionale delle popolazioni più consapevoli.

L'unico criterio possibile per assicurare il successo della transizione è quello di affidarsi alla *responsabilità del popolo*, che però non è in grado di garantire nulla in maniera incontrovertibile. La democrazia o è popolare o non è. Non può essere imposta con la forza, né gestita da una élite. I politici di professione devono soltanto porre le condizioni perché *ognuno diventi politico di se stesso*. Se e quando la democrazia usa la violenza contro i suoi nemici, può farlo solo transitoriamente e nell'ambito di ciò che viene considerato come "legittima difesa". Una violenza gratuita, incontrollata, di lunga durata o addirittura preventiva renderà impossibile la transizione democratica. Se la rivoluzione non trova in se stessa i criteri democratici per gestire la transizione, diverrà prima o poi inevitabile la sconfitta. Il fatto che si riescano a vincere dei nemici esterni non sarà in grado d'impedire che il sistema crolli in forza dei propri nemici interni.

Il metodo opportunistico

In questo primo articolo Rosa cerca di dimostrare, con esempi concreti, che le concessioni che la socialdemocrazia[10] può fare al sistema borghese non sempre vengono ricambiate con altrettante concessioni da parte del sistema borghese. Infatti che il proletariato abbia un atteggiamento più o meno condiscendente, non fa molta differenza per la borghesia, poiché essa cerca sempre di rimangiarsi le concessioni fatte, benché sia evidente che senza un proletariato combattivo, nessuna concessione

---

[10] Attenzione che con la parola "socialdemocrazia" s'intendeva, a quel tempo, un'ideologia che si rifaceva al socialismo scientifico, ancorché interpretato, da molti dirigenti della II Internazionale, in maniera riformistica.

verrà mai fatta.

Bernstein ragionava diversamente. Partendo dal presupposto che l'ulteriore sviluppo del capitalismo avrebbe reso sempre meno probabile il suo crollo, egli pensava che una politica di compromesso, limitata alle rivendicazioni sociali e parlamentari, senza alcuno scopo rivoluzionario, avrebbe indotto la borghesia a fidarsi maggiormente del proprio proletariato e avrebbe indotto quest'ultimo a trasformarsi, proprio in virtù delle maggiori concessioni ottenute, in una sorta di "ceto medio".

Bernstein in sostanza era convinto che per migliorare la condizione di vita della classe operaia sarebbero stati sufficienti i sindacati, le cooperative di produzione e di consumo, e naturalmente il confronto tra i partiti a livello parlamentare. Un miglioramento progressivo delle proprie condizioni di vita avrebbe permesso una partecipazione diretta alla gestione del capitale attraverso le società per azioni.

Per sostenere un'idea del genere egli doveva eliminare completamente la teoria del crollo del sistema e, per eliminare questa, doveva sconfessare quella delle crisi periodiche, o comunque l'idea che tali crisi siano sempre più acute. Ciò in quanto – a suo parere – il capitalismo è in grado di adattarsi alle necessità del proprio sviluppo in un tempo relativamente breve, perfezionando le proprie strategie operative e naturalmente i propri mezzi; è persino in grado di farlo con una pianificazione della propria produzione attraverso i cartelli monopolistici, con cui è in grado di ridurre di molto l'anarchia tra le imprese, nonché il contrasto tra produzione e consumo. Inoltre le imprese possono avvalersi del credito bancario, con cui far fronte alle proprie ristrutturazioni.

Rosa invece ribadisce l'idea che l'anarchia è insita al sistema, per cui è impossibile eliminarla. Non aggiunge però ch'essa può trasferirsi di livello, passando da quello *interno* alla singola nazione a quello *esterno* tra nazioni capitalistiche (lo dirà estesamente nell'*Accumulazione del capitale*). Bernstein infatti stava semplicemente constatando che lo sviluppo dell'imperialismo[11] era in grado di garantire un benessere più elevato alle nazioni capitalistiche, per cui il proletariato avrebbe avuto molti meno motivi per ribellarsi. Egli non era stato in grado di prevedere che proprio sul terreno della competizione internazionale sarebbe potuto scoppiare un conflitto tra le stesse nazioni capitalistiche per accaparrarsi quante più colonie possibili. In altre parole, se da un lato è vero che l'im-

---

[11] La formazione dei monopoli industriali risale al decennio 1860-70, per cui l'apogeo della concorrenza arriva agli anni 1860-80. L'economia europea è in fase di espansione nel periodo 1850-73, poi ha un improvviso crollo che si trascina sino al 1895, dopodiché i cartelli domineranno la scena internazionale. Tuttavia altre crisi economiche scoppieranno prima del conflitto mondiale: negli anni 1900-1903 e nel 1907-1910 (quest'ultima proveniente dagli USA).

perialismo può attenuare, a livello nazionale, l'asprezza dell'anarchia produttiva, poiché quanto più un paese si arricchisce (a spese delle proprie colonie), tanto meno vi è necessità, nella madrepatria, di passare al socialismo; dall'altro però è non meno vero che ogni paese capitalistico, per ottenere questo risultato, può farlo solo a spese di altri paesi capitalistici, proprio perché le risorse del pianeta non sono illimitate. Ogni Paese vuole il maggior numero possibile di colonie da sfruttare e per ogni nuovo Paese che intraprende la strada del capitalismo si ripropone il problema di come ripartire, a livello mondiale, le risorse da sfruttare.

Alla fine dell'Ottocento si era convinti, in Europa, che ci sarebbero state colonie sufficienti anche per le ultime due nazioni giunte alla produzione industriale avanzata: la Germania e l'Italia. Ma già in Asia stava emergendo la potenza nipponica e nel continente americano quella statunitense.

Bisogna ammettere che Rosa, su questo argomento, ha una posizione astratta, in quanto si limita a ribadire delle tesi antecedenti allo sviluppo dell'imperialismo. Non si rendeva ben conto che la crescente anarchia dell'economia capitalistica, quella che doveva portare alla scomparsa del capitalismo, era contraddetta non solo dallo sviluppo dei monopoli, ma anche da quello dell'imperialismo. Semmai avrebbe dovuto dire che la crescente integrazione della produzione capitalistica tra diverse nazioni fa sì che le decisioni prese nell'ambito di una nazione (soprattutto se questa svolge una funzione trainante) hanno ripercussioni, più o meno immediate, su tutte le altre, per cui né i monopoli né l'imperialismo sono in grado di scongiurare il fenomeno dell'anarchia produttiva e quindi la periodicità delle crisi. Semplicemente le contraddizioni si pongono a livelli superiori.

In altre parole, le crisi, in un sistema integrato mondiale, possono svilupparsi anche quando una determinata nazione, al proprio interno, vive una fase di prosperità, cioè anche quando le maggiori aziende di una determinata nazione presentano bilanci del tutto positivi e sono stabilmente quotate in borsa. In ogni caso non ha alcun senso sostenere che "una crisi generale distruttiva" possa portare il capitalismo al crollo. Il fatto che il capitalismo produca crisi autodistruttive non significa ch'esso non possa rinascere sulle proprie ceneri. Generalmente, anzi, le crisi servono per ristrutturarsi in forme e modi diversi.

Come, d'altra parte, non ha senso sostenere che l'acutezza delle crisi produca una "crescente *organizzazione* e *coscienza di classe* del proletariato". Cose di questo genere non sono affatto scontate. La consapevolezza di quale tipo di alternativa sia necessaria per superare il sistema borghese non può basarsi unicamente sul fatto che la produzione industriale è caratterizzata da un alto tasso di socializzazione, per cui l'unico problema da risolvere è quello di eliminare la proprietà privata dei mezzi produttivi. Questa è una soluzione semplicistica, che non tiene conto del fatto che una produzione industrializzata (ovvero l'impiego di macchine sempre più sofisticate nel processo produttivo) è un elemento strettamente connaturato alla formazione sociale capitalistica, che è storicamente determinata. Non può essere presa, tale produzione, come modello neutrale per la transizione al socialismo. Il capitalismo va ripensato nella sua *interezza*, anche perché i fattori che lo costituiscono non possono essere esaminati separatamente.

Completamente sbagliata è anche l'idea che le crisi sistemiche del capitale portino il proletariato ad acquisire maggiore capacità organizzativa. Nel corso di tali crisi il proletariato può non sviluppare affatto alcuna "coscienza di classe". Semmai può sviluppare una "reazione" alla crisi, come qualunque altra classe o categoria sociale, ma non è scritto da nessuna parte che tale reazione debba per forza trasformarsi in una modalità "rivoluzionaria". Anche qui non esiste alcun automatismo. Sono gli intellettuali piccolo-borghesi a credere che per poter superare le contraddizioni sociali basti conoscerne le ragioni che le hanno generate. Persino la psicanalisi freudiana, alle prese con le nevrosi della borghesia, si basava su questo ingenuo dogma.

In realtà nessuno è in grado di garantire che, siccome una sofferenza che non può essere sopportata, va necessariamente tolta, lo sarà nel migliore dei modi. Anche se ci fosse un crollo dovuto all'anarchia produttiva, l'esito potrebbe sempre essere una dittatura esplicita del capitale, cioè una trasformazione di tale dittatura da economica a politica. In fondo la borghesia ha sempre sperimentato, nel corso della propria storia, una certa interdipendenza o altalenarsi, a seconda dei casi, tra dittatura puramente economica e dittatura brutalmente politica. In genere il capitale usa la dittatura esplicita quando si sente particolarmente minacciato o quando non è più in grado di garantire determinati livelli di benessere.

Per poter conquistare il potere, il proletariato va preventivamente e debitamente organizzato, e ciò può essere fatto solo da leader politici in grado di rendere la propria attività un qualcosa di "specialistico". Solo dei politici professionisti, che sanno porre la loro vita al servizio della causa e che sono disposti a sopportare qualunque sacrificio, possono portare il proletariato a rovesciare il sistema, e certamente ciò non potrà avvenire in tempi brevi (per realizzare l'Ottobre russo ci vollero circa vent'anni). Solo dei leader altamente addestrati possono far sì che la rivoluzione non sia un moto ribellistico caratterizzato dalla semplice spontaneità. Se si vuole impedire che la protesta delle masse venga brutalmente repressa dal sistema, occorre ch'essa venga incanalata in una forma di resistenza molto efficiente, che preveda l'uso della forza militare.

Rosa era piuttosto lontana da questa consapevolezza, e si limitava a condurre una polemica sul piano puramente teorico. Se si legge ciò che scrive Lenin nella Prefazione al suo libro *Un passo avanti e due indietro*[12], ci si renderà facilmente conto che le critiche rivolte ai marxisti della "Nuova Iskra" (in particolare Aksel'rod e Martov) avrebbero potuto essere rivolte anche alla posizione politica e ideologica di Rosa, che preferiva l'autonomia al centralismo e la spontaneità delle masse ai politici di professione[13]:

- rifiuto di un'organizzazione di partito fortemente coesa e di una sua strutturazione dall'alto verso il basso;
- tendenza a dare a qualsiasi professore, studente di liceo e scioperante la possibilità di dichiararsi membro del partito, senza che gli venga richiesta l'adesione ad almeno una delle organizzazioni riconosciute dal partito;
- inclinazione verso la mentalità dell'intellettuale borghese, che riconosce soltanto platonicamente i rapporti di organizzazione, ma che nella realtà si abbandona alle elucubrazioni opportunistiche e alle frasi anarchiche.

Rosa riteneva che un partito centralizzato sarebbe stato sempre in ritardo rispetto allo slancio rivoluzionario delle masse. Era convinta che sarebbero state le contraddizioni stesse del sistema a indurre le masse a ribellarsi, cioè che una rivoluzione sarebbe potuta venir fuori in maniera naturale da una "situazione rivoluzionaria". Ecco perché non si preoccupò di creare un partito diverso da quello socialdemocratico subito dopo il tradimento del 4 agosto 1914, quando i socialisti europei votarono a fa-

---

[12] Stranamente quando gli Editori Riuniti pubblicarono, nel 1970, questo libro di Lenin, omisero proprio il capitolo relativo alla critica delle posizioni di Rosa. In tale capitolo (che si trova nel testo di Rosa, *Centralismo o democrazia? La rivoluzione russa*, ed. Samonà e Savelli, Roma 1970) viene detto che Rosa "ignorava del tutto i fatti concreti della nostra lotta di partito", cioè non sapeva nulla di come si era formata la maggioranza nel POSDR.

[13] Lo stesso G. Lukács, in *Storia e coscienza di classe*, si era accorto che Rosa aveva iniziato a criticare Lenin sin dal 1904, prendendo di mira proprio l'opuscolo *Un passo avanti e due indietro*. Va detto tuttavia che Rosa, insieme a Leo Jogiches e Felix Dzerzinskij, dirigeva in maniera autoritaria il piccolo partito socialdemocratico del regno di Polonia e Lituania (SDKPiL). Ne sapeva qualcosa Karl Radek, a capo dell'organizzazione di Varsavia, che fu espulso dalla SDKPiL in seguito a calunnie ingiustificate. Anche nel caso in cui si voglia sostenere che Lenin sottolineava l'importanza dell'organizzazione non contro la spontaneità, ma contro "la sottomissione servile alla spontaneità", mentre Rosa sottolineava l'importanza della spontaneità non contro l'organizzazione ma contro la burocratizzazione del partito, che nella socialdemocrazia tedesca era molto forte, resta il fatto che la differenza tra i due, sul piano dell'organizzazione del partito, era enorme.

vore dei crediti di guerra.[14] Non riuscì a comprendere, in maniera chiara e distinta, che l'opportunismo e il revisionismo erano il volto della borghesia nell'ambito del socialismo.[15]

Forme di adattamento del capitalismo

Quella di Bernstein e quella di Rosa erano due interpretazioni diverse di un medesimo "evoluzionismo economicistico", un'ideologia che ha caratterizzato il socialismo dell'Europa occidentale sin dalla sconfitta dei moti proletari negli anni 1848-49. Si pensava cioè che lo sviluppo progressivo del capitale avrebbe prima o poi portato, a causa delle sue interne contraddizioni, a rovesciare il sistema a favore del proletariato.

La differenza stava nel fatto che Bernstein considerava l'imperialismo come una garanzia di successo del capitale (almeno nell'immediato), per cui riteneva insensato continuare a parlare di "crollo del sistema", di "crisi periodiche sempre più acute" e quindi di "rivoluzione proletaria". A suo parere il socialismo sarebbe dovuto subentrare al capitalismo in maniera naturale, semplicemente dimostrando la propria superiorità organizzativa e assicurando che la transizione sarebbe avvenuta senza traumi particolari. Il revisionismo di Bernstein, infatti, non è che un socialismo imborghesito, causato dal crescente benessere sociale a spese delle colonie extraeuropee.

Rosa invece era convinta che i tentativi fatti dal capitale per ovviare alle proprie contraddizioni antagonistiche non lo avvicinassero affatto alla transizione socialista, ma anzi, rendessero questa sempre più difficoltosa. Ciò potrebbe far pensare ch'essa non fosse favorevole a una concezione evoluzionistica della transizione. In realtà essa accettava tutto del capitalismo, ad eccezione della proprietà privata dei mezzi produttivi. L'unico, vero, dissenso dalle posizioni di Bernstein stava proprio in que-

---

[14] Ad eccezione, naturalmente, dei bolscevichi. I socialisti italiani se ne uscirono con la nota formula ambigua: "non aderire (moralmente) né sabotare (politicamente)", in quanto il socialista è contrario alla guerra per motivi di principio, ma non può far vedere di stare dalla parte del nemico della patria.

[15] Tuttavia, e paradossalmente, nel suo art. "La questione nazionale e l'autonomia", pubblicato in una rivista di Cracovia nel 1908-9, sostiene che uno Stato socialista centralizzato deve concedere assai poco alle autonomie locali: al massimo è possibile fare un'eccezione per la Polonia, ancora molto arretrata. Commentando il suo articolo, Lenin invece arrivò a dire che lo Stato socialista dovrà assicurare una *vasta autonomia regionale*, permettendo alle popolazioni locali di decidere le loro condizioni economiche e di vita (in *Osservazioni critiche sulla questione nazionale*, dic. 1913-ago. 1914, in *Opere complete*, vol. XX, Editori Riuniti, 1966 Roma).

sto, che là dove uno pensava che i mezzi scelti dal capitale per risolvere le proprie contraddizioni rendessero sempre più irrilevante il peso della proprietà privata, l'altra invece pensava il contrario, cioè che proprio quei mezzi servissero solo per confermare ancor più i presupposti irrazionali del capitale, il quale, non essendo assolutamente in grado di scongiurare le proprie crisi periodiche, avrebbe reso queste ultime ancora più rovinose.

Dunque quali sono i mezzi indicati da Bernstein, per il quale il loro impiego avrebbe comportato una ricaduta positiva sullo stesso proletariato, anzi un aumento del benessere dell'intera società? Sono il sistema creditizio, il miglioramento dei mezzi comunicativi e le organizzazioni imprenditoriali (trust, cartelli...).

Secondo Rosa (ma si potrebbe dire secondo tutto il marxismo classico) ogni crisi è generata dalla contraddizione tra la tendenza espansiva della produzione (in virtù della scienza e della tecnologia) e la limitata capacità di consumo della popolazione. Quindi è vero che il credito può aumentare l'espansione del capitale, ma non è vero che favorisce, in misura proporzionale, quella dei consumi. I mezzi che il capitalismo usa per attenuare l'acutezza della fondamentale contraddizione tra capitale e lavoro saranno sempre dei palliativi. Che la proprietà dei principali mezzi produttivi appartenga a singoli imprenditori o a un gruppo di azionisti o sia gestita direttamente dallo Stato, la natura antagonistica del sistema permane, e le crisi non potranno mai essere scongiurate. La borghesia dovrà semplicemente decidere, ogni volta ch'esse appariranno, su chi farle pagare di più.

Ora, anche considerando che in virtù dell'imperialismo risultava assodato che il benessere nelle aree metropolitane aumentava considerevolmente, per cui non è vero che non ci sia una certa proporzionalità tra espansione del capitale ed espansione dei consumi, restano pur sempre veri alcuni punti fondamentali, che Rosa però non sottolinea con sufficiente chiarezza:

1. a partire dalla seconda metà dell'Ottocento il capitalismo ha potuto adottare nuovi mezzi e metodi di sviluppo proprio grazie all'imperialismo;
2. il capitalismo tende sempre più a spostare il peso delle proprie insanabili contraddizioni verso le aree coloniali;
3. tali contraddizioni potevano diminuire in intensità soltanto perché si erano estese geograficamente;
4. proprio a causa dell'imperialismo tali contraddizioni avevano assunto una fisionomia internazionale;
5. la mondializzazione degli antagonismi sociali tra capitale e lavoro avrebbe provocato col tempo forti tensioni non solo tra le ma-

drepatrie e le colonie, ma, inevitabilmente, anche tra le stesse madrepatrie.

Anche prescindendo da tutto ciò, faceva comunque bene Rosa a considerare insensato che il socialismo teorico potesse fare da puntello alle illusioni del capitale di poter risolvere le proprie contraddizioni senza che venisse toccata la questione della proprietà.

Tuttavia è oltremodo evidente che Rosa, mettendosi sullo stesso piano economicistico di Bernstein, non si era resa ben conto che le idee di quest'ultimo non avevano più nulla di "socialistico". Esse erano corrette soltanto dal punto di vista *borghese*, nel senso che effettivamente il credito bancario e le società per azioni aumentano gli investimenti produttivi e la sfera della circolazione monetaria, così come la fase monopolistica del capitale riduce i rischi della fase anarchica. Ma non avrebbe avuto senso mettersi a contestarle sul piano economico senza fare riferimenti espliciti all'imperialismo, poiché era proprio la natura dell'imperialismo che rendeva le idee di Bernstein credibili. In pratica Rosa non stava sviluppando le idee di Marx ed Engels in rapporto al nuovo contesto imperialistico, ma le stava soltanto ripetendo scolasticamente.

Viceversa Bernstein, prendendo atto che dopo il fallimento delle rivoluzioni del 1848 e della Comune di Parigi, il socialismo scientifico dei classici del marxismo, in alcune sue parti fondamentali, soprattutto quelle previsionali, aveva fatto il suo tempo, era riuscito a formulare una teoria economica molto più concreta, del tutto compatibile con le esigenze di un capitalismo più avanzato. Se si mettono a confronto le teorie economiche di Bernstein con quella di Rosa, questa ha ragione su tutti i fronti, ma solo a condizione che non si esca dal perimetro del *Capitale* di Marx.

Bernstein però aveva intenzione di superare Marx, per cui non aveva senso criticarlo di non essere "marxista". Il suo socialismo aveva consapevolmente rinunciato a qualunque caratteristica proletaria in senso rivoluzionario. Rosa avrebbe dovuto limitarsi a criticarlo nel suo ruolo di "fiancheggiatore del sistema", cioè sarebbe stato sufficiente affermare che le teorie revisionistiche servivano soltanto a legittimare l'antagonismo sociale, dietro il paravento del crescente benessere per tutti, ivi incluso il proletariato: un benessere di cui si voleva celare la vera natura, quella inerente allo sfruttamento delle colonie. I mezzi individuati da Bernstein non sarebbero stati fattori di stabilità non tanto perché il capitalismo è intrinsecamente lacerato dal conflitto tra produzione e consumo, quanto perché nell'ambito dell'imperialismo l'antagonismo sociale si pone a livello internazionale, andando ben oltre i limiti delle singole nazioni capitalistiche.

Rosa aveva tutte le ragioni nel sostenere ch'era insensato negare le crisi periodiche del capitale, ma avrebbe dovuto dimostrarlo a partire da un'analisi dell'imperialismo, non limitandosi a ribadire le tesi economiche del *Capitale*. Ogni volta che scoppiano delle crisi, a partire dai primi anni Venti dell'Ottocento, il motivo è sempre dovuto a un impetuoso sviluppo di qualche ramo produttivo. Il tipo di periodicità o di frequenza è del tutto irrilevante: quel che è necessario ribadire è che esse non sono evitabili. Anzi esse possono verificarsi proprio in quei paesi ove sono più avanzati i mezzi di adattamento del capitale: il credito, i cartelli e i servizi d'informazione.

Per certi versi le idee economiche di Rosa erano molto più corrette di quelle di Bernstein, in quanto non separavano mai le innovazioni tecnologiche, economiche, finanziarie e societarie dalla inevitabilità delle crisi. Era inutile farsi illusioni. Le sue riflessioni sul credito e sui cartelli non furono cosa di poco conto, poiché lo stesso Bernstein si vide costretto a replicare.[16] Tuttavia non entravano esattamente nel cuore del problema.

Cerchiamo di spiegarci. Bernstein si lamentava che Rosa avesse visto nel credito solo la "funzione distruttiva" e non anche quella "costruttivo-creativa". Ma non era vero. Rosa non era così stupida da non vedere entrambe le funzioni. La sua tesi era semplicemente quella di mostrare che l'uso massiccio del credito poteva portare, quando si era in presenza di crisi di sovrapproduzione, a conseguenze ancora più deleterie, per tutta una serie di ragioni:

1. "al primo segno di un ristagno [nella produzione], il credito si contrae, pianta in asso lo scambio là dove sarebbe necessario...", cioè, se da un lato favorisce al massimo la produzione, dall'altro "paralizza per il minimo motivo gli scambi", proprio perché "separa la produzione dalla proprietà, trasformando nella produzione il capitale in un capitale sociale, e per contro una parte del profitto in interesse del capitale, cioè in un mero titolo di proprietà";

2. il credito "offre il mezzo tecnico per mettere dei capitali altrui a disposizione di un capitalista, ma lo sprona a impiegare con audacia e senza scrupoli la proprietà degli altri, persino in speculazioni arrischiate";

3. il credito "trasforma tutto lo scambio in un meccanismo artificioso ed estremamente complesso, con una quantità minima di moneta aurea come base reale, e provoca così una perturbazione per ogni minimo motivo";

---

[16] Cfr le pp. 118-131 di *I presupposti del socialismo e i compiti della socialdemocrazia*, ed. Laterza, Roma-Bari 1974.

4. il credito "elimina da tutti i rapporti capitalistici ciò che ancora rimaneva in fatto di stabilità, introducendo ovunque il massimo possibile di elasticità, rendendo al massimo grado malleabili, relative e sensibili tutte le forme capitalistiche".

Rosa aveva anche constatato che l'uso massiccio del credito rendeva "necessaria l'intromissione dello Stato nella produzione". Vedeva questa ingerenza in maniera negativa, ma, al suo tempo, se non vi fosse stata, Paesi come Germania, Italia, Giappone, a fronte di colossi come Francia, Inghilterra e Stati Uniti, non sarebbero riusciti a decollare in maniera autonoma sul piano industriale.

Era tutto vero, e allora? Bernstein stava teorizzando le sue idee come se le crisi periodiche, in forza dell'imperialismo, fossero un ricordo del passato. Non aveva senso limitarsi a criticarlo dando per scontato che queste crisi dovevano ineluttabilmente ripetersi. Sarebbe stato meglio affrontare direttamente le dinamiche dell'imperialismo, mostrando a quale prezzo le colonie sopportavano il peso della stabilità nelle rispettive madrepatrie. Rosa non aveva offerto esempi pratici a sostegno delle proprie tesi, ma si era semplicemente limitata a costatare una progressiva trasformazione del capitalismo da industriale a finanziario. Ma tutte queste cose le sapeva anche Bernstein, benché si rifiutasse di prevedere che le prossime crisi avrebbero avuto un alto tasso di finanziarizzazione dell'economia (come poi effettivamente avverrà a partire da quella del 1929).

Rosa non avrebbe dovuto semplicemente sostenere che la funzione del credito era quella di illudere la popolazione che si può accedere facilmente all'usufrutto del capitale pur non disponendone in maniera significativa, nel senso che si può diventare "capitalisti" pur senza esserlo materialmente. Ma avrebbe dovuto far capire da dove proveniva questa esigenza di trasformare il capitale da industriale a monetario. Avrebbe dovuto dire che la rinuncia a compiere una rivoluzione politica contro il capitale, porta i lavoratori a rendersi indirettamente responsabili delle crisi del sistema, proprio partecipando in qualche maniera allo sfruttamento delle risorse umane e materiali che si trovano nelle colonie. Non vi è una terza via tra le due seguenti: o si lotta contro il capitale o se ne diventa complici.

A Bernstein appariva del tutto naturale che il proletariato industriale aderisse allo sviluppo del capitale, conseguente all'affermazione imperialistica delle nazioni europee. Eticamente si richiamava a Kant, come se la sua scelta di campo in economia avesse qualcosa di "etico"!

Rosa era convintissima che, nell'ambito del capitalismo, fosse impossibile che il mercato mondiale si allargasse illimitatamente. La riteneva un'ipotesi fisicamente impossibile, sia perché le risorse naturali non sono infinite, sia perché è proprio l'estendersi di tale mercato che provoca le crisi periodiche: esse infatti dipendono dal fatto che il capitale privato ha dimensioni ristrette e il credito non è in grado di allargarle oltre un certo limite.

Tuttavia avrebbe potuto dire di più. P.es. sarebbe stato sufficiente aggiungere che se le nazioni che vogliono condividere il modo di produzione capitalistico e lo stile di vita borghese (o perché indotte da un rapporto coloniale o di loro spontanea iniziativa), aumentano di continuo, e aspirano a un certo protagonismo internazionale, è molto facile che avvengano dei conflitti mondiali, proprio perché l'esigenza di colonie da sfruttare non è un aspetto opzionale del capitalismo ma *strutturale* al suo funzionamento, e le risorse del pianeta sono delimitate geograficamente dal fatto che alcune nazioni sono partite *prima* sulla strada di questa invadente formazione sociale.

Rosa aveva capito che le crisi di sovrapproduzione possono accadere non solo quando i mercati sono in contrazione, come voleva Bernstein, ma anche quando sono in espansione, e che anche i cartelli industriali sono soggetti alla medesima regola. Tuttavia non riusciva a vedere in maniera chiara e distinta che tutte le crisi del capitalismo della seconda metà dell'Ottocento erano strettamente connesse a dinamiche di tipo imperialistico, cioè il problema delle crisi non dipendeva soltanto dal fatto che le imprese, essendo gestite da un capitale privato, andavano incontro a limiti insuperabili (quei limiti che Rosa riteneva si sarebbero aggravati con gli strumenti suddetti indicati da Bernstein, il primo dei quali era il credito bancario).

A suo parere non avrebbe avuto alcun senso aiutare finanziariamente il capitalismo privato a svilupparsi (trasformandolo in società per azioni aperte a ogni socio), quando la capacità di consumo dei lavoratori restava molto limitata. Dicendo questo, non aveva capito che la trasformazione del capitalismo da privato a pubblico (ivi incluso lo sviluppo del credito) era proprio una conseguenza dell'imperialismo, che nella seconda metà dell'Ottocento era effettivamente in grado di garantire, a prescindere dai conflitti interimperialistici e dalle lotte delle colonie per l'indipendenza nazionale, un benessere apparentemente illimitato.

Gli imprenditori anglo-francesi, al loro esordio, non avevano avuto bisogno di ricorrere alla finanza pubblica, se non in maniera irrisoria. Invece il capitalismo tedesco, italiano e nipponico ebbe subito, per poter fronteggiare il mercato internazionale, una caratteristica monopolistica e una componente statalistica, in quanto le aziende private, lasciate a se stesse, non sarebbero state in grado di reggere la concorrenza di quelle anglo-francesi.

Il credito bancario poteva non risolvere il problema della periodicità delle crisi, però poteva diminuire di molto la loro gravità, aumentando l'espansione dei mercati e il potere d'acquisto dei salari. Era su questo che Bernstein puntava. Il capitalismo privato è riuscito non solo a diffondersi attraverso l'azionariato, ma anche a coinvolgere gli Stati nella gestione dell'economia e quindi il risparmio pubblico dei cittadini. Il capitalismo tende sempre più a legare al suo destino intere nazioni e, se vogliamo, popolazioni sempre più vaste, che vanno ben oltre i confini nazionali. Tutti devono subire le contraddizioni del capitale e tutti devono contribuire finanziariamente a ridurre il peso delle sue periodiche crisi.

Marx non scrisse il *Capitale* quando l'imperialismo era chiaramente e definitivamente trionfato, ma quando stava per nascere. Era un testo che aveva bisogno di ulteriori verifiche e approfondimenti. Rosa, invece, nel momento in cui scrive il pamphlet contro Bernestein, avrebbe dovuto accorgersi che l'imperialismo sembrava garantire all'occidente europeo ciò che Bernstein aveva constatato nei suoi articoli, e cioè uno sviluppo economico crescente. Cosa che sarebbe effettivamente accaduta se non fossero entrati in scena nuovi competitori internazionali, come Germania, Italia, Giappone e Stati Uniti.

L'analisi di Rosa era astrattamente giusta, ma non coglieva nel segno, in quanto non vedeva che proprio l'imperialismo avrebbe generato un arresto allo sviluppo del capitale a causa della inevitabile concorrenza che il capitalismo genera a livello di *nazioni*; un arresto che avrebbe naturalmente avuto la caratteristica di durare un tempo limitato, ma che si sarebbe ripresentato in occasione di nuovi conflitti mondiali causati dalla presenza di nuovi competitori con pretese internazionali. Questo poi senza considerare che le stesse colonie potevano, virtualmente, liberarsi del loro insopportabile fardello.

Oggi il problema principale che il capitalismo mondiale deve affrontare ha assunto una fisionomia che un secolo fa, al massimo, la si sarebbe potuta intuire, ma non sarebbe stata all'ordine del giorno: il facile accesso al credito pubblico, che in teoria avrebbe dovuto porre maggiori controlli sull'imprenditoria privata, non ha fatto altro che aumentare la speculazione finanziaria e la corruzione, nonché la convinzione che sia possibile risparmiarsi delle conseguenze penali a titolo personale, visto che le truffe e i raggiri vengono fatti nascondendosi dietro "entità collettive o anonime". I grandi capitali si sentono autorizzati a fare ciò che vogliono, e nessuno, di fatto, li controlla. Quando falliscono, mandano in rovina un numero spropositato di risparmiatori e di piccoli investitori, che non possono essere tutelati se non in minima parte dallo Stato.

Oggi tutto il capitalismo mondiale ha questa caratteristica fondamentale: gli Stati intervengono subito per risolvere le crisi economiche più gravi, ma lo fanno in maniera tale che il debito pubblico cresce spaventosamente; il che fa perdere la fiducia agli investitori. Questo per dire che nell'analisi di Rosa non appare il fatto che, nelle nuove nazioni che si affacciavano sulla scena internazionale (p.es. la Germania), il credito pubblico non sarebbe stato in grado di risolvere la contraddizione tra produzione illimitata e consumo ristretto, non perché insufficiente sul piano quantitativo né perché il capitalismo nazionale era afflitto da una grande concorrenza tra le diverse imprese (il cui egoismo economico induce sempre a guardare solo i vantaggi immediati), quanto perché tale credito non avrebbe trovato un riscontro effettivo, proporzionato ai capitali investiti, a causa delle nazioni che, essendo partite *prima* delle altre (come p.es. quelle anglo-francesi), non avrebbero mai permesso una redistribuzione pacifica delle risorse planetarie (umane e materiali) da sfruttare.

Bernstein aveva "revisionato" l'analisi marxiana, approfittando del fatto che l'imperialismo anglo-francese (e nella seconda metà dell'Ottocento anche tedesco) sembrava garantire un progresso illimitato, rendendo quindi superata la dicotomia tra produzione e consumo. Ma non aveva tenuto conto che per soddisfare le esigenze dei nuovi competitori (Germania, Italia, Giappone, Stati Uniti) andava completamente rivista la ripartizione delle colonie. Cioè non era più una questione da risolvere in ambito nazionale; non sarebbe stato sufficiente convincere lo Stato, le banche, i cittadini ad appoggiare in tutti i mezzi e i modi l'industria nazionale. Una guerra era inevitabile, così come la sua estensione geografica a gran parte del pianeta, proprio perché l'imperialismo impone che qualunque nazione voglia diventare capitalistica, debba necessariamente uscire dai propri confini nazionali. Il consumo diventa ristretto rispetto alla produzione proprio perché le aree mondiali da sfruttare sono sempre meno, a meno che non si rimetta tutto in gioco attraverso delle guerre, che però non possono essere locali-regionali quando i paesi che vogliono competere sanno di avere le condizioni sufficienti per farlo a livello planetario.

Su questo neanche Rosa aveva le idee chiare. L'accusa che da più parti le veniva rivolta era relativa al fatto di non credere possibile, in alcun modo, che il capitale potesse scongiurare la propria fine; anzi, essa riteneva che ogni tentativo di riforma, volto a superare la contraddizione fondamentale tra produzione e consumo, non avrebbe fatto altro che acuirla. Aveva piena fiducia nella teoria del sottoconsumo cronico e quindi nel crollo finale; in caso contrario – diceva – tutta la teoria di Marx non sta in piedi, quando invece le continue crisi stavano lì a dimostrare ch'era giusta. Un capitalismo fondamentalmente anarchico non può essere in grado di autoregolamentarsi attraverso l'estensione del credito, la formazione dei monopoli, il miglioramento dei sistemi comunicativi: tutto ciò non avrebbe fatto altro che accelerare il crollo del sistema, proprio perché all'aumento vertiginoso della produzione non avrebbe potuto far seguito un aumento altrettanto vertiginoso dei consumi. I capitalisti non sono altruisti e le crisi di sovrapproduzione sono inevitabili, anche perché si verificano quando vi è un improvviso estendersi del raggio d'azione del capitale. Aveva ragione? Sì, ma non per i motivi che diceva.

La teoria del crollo avrebbe potuto funzionare se non ci fosse stato l'imperialismo. In questo caso le nazioni europee avrebbero continuato a massacrarsi come durante la guerra dei Cent'anni, e all'interno di ognuna di esse le guerre civili tra ceti possidenti e nullatenenti avrebbero, prima o poi, riportato quelle nazioni a livelli pre-capitalistici. Viceversa, l'imperialismo ha aperto inaspettatamente le porte a un saccheggio che lì per lì, proprio per le risorse che offriva, appariva illimitato. È l'imperialismo che attutisce in maniera significativa il peso delle crisi europee di sovrapproduzione.

In secondo luogo va detto che anche quando avvengono dei conflitti mondiali per la ripartizione delle colonie, non sono mai tali conflitti che, di per sé, portano il capitalismo a crollare. Al massimo lo portano a rimodellarsi, a riconfigurarsi, ma per farlo davvero crollare occorre l'elemento *soggettivo* delle rivoluzioni politiche. Anche su questo Rosa non ha mai avuto idee molto chiare. La sua teoria del crollo poteva trovare una qualche ragion d'essere solo se le colonie, attraverso delle lotte di liberazione, si fossero sottratte al loro sfruttamento e avessero intrapreso la strada della transizione socialista.

Detto altrimenti, il capitalismo, in assenza di tali rivoluzioni in ambito coloniale, è sempre in grado di affrontare con successo le proprie contraddizioni; semmai possono cambiare i protagonisti storici, gli attori sulla scena internazionale. Quello che permane è la *logica del sistema*, che può anche assumere forme anonime, spersonalizzate, svincolate dalla volontà dei singoli imprenditori. Pur di sopravvivere il sistema può usare qualunque tipo di mezzo, anche quelli più vicini a una prassi di tipo "socialistico". Può favorire la crescita dei monopoli per eliminare dalla scena le piccole imprese, incapaci di resistere in un mercato troppo competitivo e internazionale; può sfruttare il credito finanziario per ricattare i Paesi debitori, oppure può offrire a quest'ultimi un credito a tassi molto vantaggiosi a condizione di poter accedere alle loro risorse naturali; può scatenare conflitti locali-regionali in cui, dopo aver distrutto gran parte delle infrastrutture, le ricostruisce a vantaggio del sistema stesso, e così via. Il capitalismo non ha in sé motivi per crollare come sistema. Al massimo ha in sé dei motivi per generare delle crisi periodiche, che possono risultare anche molto violente, sul piano economico o militare, ma finché esiste la possibilità di sfruttare le risorse altrui, umane e naturali, la sopravvivenza è assicurata.

A tutt'oggi il capitale ha avuto più paura dei conflitti mondiali provocati dai Paesi imperialisti in lotta tra loro, che non delle rivoluzioni politiche che han fatto nascere dei Paesi socialisti. Infatti il socialismo statale è crollato nei maggiori Paesi che l'avevano adottato come sistema alternativo. E di questi Paesi, l'unico che può impensierire il capitalismo occidentale a guida statunitense, ponendosi come nuovo competitore sulla scena internazionale, è attualmente la Cina. Questo immenso Paese è in grado di dimostrare che il capitalismo, una volta acquisito come sistema di vita, è libero di svilupparsi dove e come vuole: non si sente legato a una determinata cultura o tradizione storica. Già il Giappone, sin dalla sua guerra vittoriosa contro la Russia zarista (che nel 1905 non era più feudale ma capitalistica), aveva dimostrato che un Paese asiatico può essere attrezzato, sul piano imprenditoriale, meglio di un Paese europeo.

Puntare tutte le proprie carte su una teoria del crollo, come faceva Rosa, significava soltanto essere astratti, cioè applicare uno schema teorico precostituito alla realtà concreta: significava avere una fiducia ottimistica immotivata. Bernstein aveva buon gioco nel dimostrare che se Rosa poteva aver ragione sul piano teorico, quando diceva che il credito messo facilmente a disposizione dei capitalisti privati, avrebbe reso le contraddizioni più acute, aveva però torto sul piano pratico, in riferimento alla "situazione oggettiva odierna".

Tuttavia, anche Bernstein, che del credito vedeva solo la funzione costruttiva, esprimeva in un certo senso il rovescio della medaglia. Erano entrambe delle posizioni unilaterali. Bernstein infatti avrebbe dovuto spiegare come mai il fatto che il credito contribuisca a formare i monopoli ("l'unificazione di molti piccoli capitalisti" o la trasformazione di "enormi forze produttive in proprietà collettiva"), non può non essere considerato anche come un elemento favorevole allo sviluppo delle crisi di sistema, quelle di sovrapproduzione, che statisticamente apparivano cicliche sin dall'inizio dell'Ottocento. Invece si limitò ad affermare che il credito favorisce anche le imprese cooperativistiche del mondo operaio. Come se imprese del genere possano costituire un argine alle crisi del sistema! Come se queste imprese possano sopravvivere in un mercato capitalistico senza adottare metodi capitalistici! Cioè senza adottare lo sfruttamento della forza-lavoro, la politica di marketing, l'accaparramento di risorse a buon mercato, e così via.

Vi erano aspetti del tutto moralistici nella sua analisi, di derivazione kantiana, come quando p.es. sostiene che il sistema creditizio favorisce la speculazione solo se il capitalismo è immaturo, oppure solo nei nuovi rami della produzione industriale. In realtà la speculazione meramente finanziaria è il lato peggiore del capitalismo in qualunque momento storico e in qualunque settore economico produttivo. La speculazione finanziaria è frutto dell'idea di realizzare alti profitti in tempi molto brevi, senza impegnarsi in un alcun investimento industriale e spesso senza neppure rischiare in proprio. Per impedire ch'essa si formi bisognerebbe, quanto meno, chiudere le Borse di tutto il mondo, dove essa trova piena legittimazione. Tuttavia, prima di farlo, bisognerebbe impedire che delle imprese private vengano finanziate con denaro pubblico da parte dello Stato, che spesso lo concede a fondo perduto o a tassi molto agevolati, onde favorire le inevitabili ristrutturazioni o persino per ripianare i loro debiti.

La Borsa è l'esempio più eclatante di cosa si può fare di effimero col plusvalore estorto ai lavoratori. Ci si può arricchire notevolmente in poco tempo e altrettanto facilmente impoverire. Invece di far crescere l'economia in modo sicuro, la si fa crescere solo in maniera apparente, salvo mandarla improvvisamente e realmente in rovina quando tutti, presi dal panico per qualche ragione, vogliono vendere le loro azioni e non c'è nessuno disposto a comprarle. Può un'economia seria, di rilevanza mondiale, reggersi sul gioco d'azzardo? Le Borse di titoli e valori andrebbero semplicemente chiuse, in tutto il mondo e contemporaneamente. Chi vuol far fruttare i propri risparmi, li affiderà a una banca, la quale li presterà a un'azienda che vorrà investirli in maniera produttiva. Ognuno ci ricaverà un interesse. Certo, questo non è ancora il socialismo, ma almeno si è posta una differenza sostanziale tra economia produttiva ed economia fittizia. In queste condizioni la speculazione potrà avvenire solo in casi particolari: p.es. quando c'è scarsità sul mercato di un bene di largo consumo. In casi del genere la speculazione può essere perseguita penalmente: cosa che in Borsa non si fa quasi mai (solo in tempi recenti si è cominciato a legiferare sulle manipolazioni del mercato, dette in inglese *insider trading*).

*

Al tempo del *Bernstein-Debatte* le crisi di sovrapproduzione riguardavano anzitutto le merci, che restavano invendute a causa dei bassi salari e della poco abitudine a cambiarle di continuo, inseguendo le mode. Peraltro si pretendevano merci durevoli, in grado di vincere la concorrenza, e spesso venivano pagate a rate. Praticamente sino allo choc petrolifero degli anni Settanta del Novecento, le crisi han sempre riguardato, per motivi anche molto diversi tra loro, le merci. L'esempio più classico del surplus produttivo, non smaltibile velocemente dai mercati, fu quello del crack borsistico di Wall Street nel 1929.

Viceversa, a partire dagli anni Ottanta le crisi del capitale acquistano sempre più un carattere finanziario. Sono crisi per eccesso di liquidità, prevalentemente borsistiche o connesse a fallimenti bancari o all'incapacità, da parte degli Stati, di far fronte al proprio debito nazionale. Vi sono aziende che falliscono non perché producono troppo o male, ma perché i proprietari e i manager compiono investimenti finanziari sbagliati, eccessivamente rischiosi, hanno atteggiamenti speculativi truffaldini, truccano i bilanci ingannando gli azionisti o esportando i capitali nei cosiddetti "paradisi fiscali", nella convinzione che, se anche vengono smascherati, le pene non saranno mai troppo severe e non verrà mai chiesto loro di restituire tutto il maltolto.

Certo, esistevano "bolle finanziarie" anche nell'Ottocento, ma erano sempre relative a oggetti materiali. Oggi l'uso del denaro è diventato così autoreferenziale che le operazioni finanziarie sono incredibilmente complesse. Si specula senza pensare neanche lontanamente a un qualche investimento produttivo. Si sono inventate complicate operazioni finanziarie proprio per cercare di impiegare questi ingenti capitali in tutte le forme possibili, 24 ore al giorno e in qualunque parte del pianeta. Il rischio ha raggiunto livelli elevatissimi e sempre all'interno dell'illusione di poter realizzare in poco tempo guadagni favolosi. La stragrande maggioranza dei titoli in cui investire i propri capitali sono malati, affetti da "tossicità", inesigibili, proprio perché fini a se stessi, privi di riscontri reali, pure elucubrazioni matematiche e statistiche. Dietro esiste solo un'economia fittizia, del tutto virtuale, basata su presupposti puramente ipotetici. La nascita del web ha moltiplicato a dismisura le potenzialità degli investimenti finanziari in borsa. Ma ha moltiplicato anche i rischi, poiché molte aziende superquotate in Borsa, in realtà non producono nulla di materiale, nulla di oggettivamente sensibile. Si produce informazione, pubblicità, intrattenimento; si favoriscono gli acquisti online; si vendono prodotti che solo in rete possono funzionare. Il virtuale ha preso decisamente il sopravvento sul reale. L'infotelematica ha permesso la nascita di aziende che in poco tempo sono diventate ricchissime, ma senza i "fondamentali" di un tempo. Una cosa infatti è produrre computer, tablet, cellulari...: sono oggetti tangibili. Un'altra è produrre chat, forum, software per navigare o leggere la posta elettronica. Tutto ciò rende sicuramente più facile la comunicazione a distanza, ma davvero su queste cose si può costruire un'economia reale? Un'alternativa al sistema?

Le crisi non vengono più create dallo scompenso tra produzione e consumo, ma, al contrario, dal fatto che dietro gli scambi cresciuti a dismisura non vi è una produzione corrispondente. Non c'è vera crescita produttiva del capitale, ma soprattutto la crescita finanziaria e l'illusione che esista un'economia reale dietro quella virtuale e che quest'ultima sia alla portata di tutti. La capacità di arricchirsi attraverso il web ha dato l'impressione che il capitalismo abbia aumentato la propria democraticità. In realtà esso è diventato più aggressivo, più pervasivo, è entrato nelle case di chiunque possegga una connessione alla rete: arriva a controllare qualunque azione si faccia. Anzi, una qualunque azione, anche la più banale, può diventare occasione per trasformarsi in una proposta d'acquisto. Le potenzialità del mercato sono diventate quotidiane: è sufficiente accendere un computer o un tablet o addirittura uno smartphone. Si sta realizzando il controllo mentale del cittadino nell'ambito del capitalismo più avanzato. Le decisioni consumistiche possono, anzi debbono essere prese in fretta, sulla base dell'impulso ad acquistare velocemente l'oggetto più conveniente, più performante.

Si sta avverando quanto Orwell prevedeva nel romanzo fanta-scientifico *1984*, con la differenza che lui aveva in mente lo stalinismo, cioè il controllo "ideologico" delle menti. Sotto il capitalismo invece è sufficiente quello *psicologico*; infatti basta questo per diventare degli acquirenti compulsivi. Il cittadino non deve pensare di costruire un'alternativa al sistema, ma solo di poter essere felice come persona individuale, acquistando dei beni che gli offrono l'illusione di poter avere il mondo delle merci nelle proprie mani.

Alcune affermazioni di Rosa sembrano essere profetiche, in quanto si applicano benissimo alla situazione attuale, caratterizzata da bolle speculative borsistiche, come, p.es., quando dice che il credito offerto troppo facilmente al capitalista, "lo sprona a impiegare con audacia e senza scrupoli la proprietà degli altri, persino in speculazioni arrischiate... Trasforma tutto lo scambio in un meccanismo artificioso ed estremamente complesso, con una quantità minima di moneta aurea come base reale, e provoca così una perturbazione per ogni minimo motivo". La differenza, rispetto ad oggi, è che non vi è neppure bisogno di una "base aurea minima".

E poi aggiunge (siamo sempre nel II cap.): il credito "introduce nel capitalismo il massimo possibile di elasticità e rende al massimo grado malleabili, relative e sensibili tutte le forze capitalistiche". In sostanza aveva perfettamente intuito che lo sviluppo meramente finanziario dell'economia avrebbe favorito il capitalismo solo in maniera apparente, poiché, in realtà, l'avrebbe reso più instabile, in quanto i capitalisti non avrebbero più fatto riferimento a condizioni *reali* dell'economia, ma, presi dalla smania di accumulare rendite notevoli in poco tempo, avrebbero preferito diventare dei "giocatori d'azzardo". Oggi lo si fa anche a costo d'inventarsi monete del tutto virtuali come i bitcoin.

Ad un certo punto lo Stato non sarà più in grado di far fronte, coi risparmi dei cittadini e con le tasse sempre più onerose, ai tanti casi di fallimento (soprattutto bancari) che le bolle speculative creano periodicamente in misura sempre più rovinosa. Una volta si cercava di risolvere le crisi di sistema scatenando "guerre ideologiche" (p.es. le crociate o le guerre tra cattolici e protestanti o quelle tra papi e imperatori o tra occidente "civilizzato" e resto del mondo "barbarico"). Ma oggi possono bastare gli interventi finanziari? Se gli attuali Stati capitalistici non sono in grado di attutire i guasti prodotti dalle speculazioni finanziarie, diverrà a un certo punto inevitabile ricorrere ai mezzi tradizionali di un tempo. In fondo lo sviluppo impetuoso del capitalismo, avvenuto negli ultimi duecento anni (che non è stato interrotto neppure da due guerre mondiali), non ha fatto altro che portare alle sue estreme conseguenze, migliorando continuamente la tecnologia, un'illusione nata sin dagli albori del capitalismo commerciale, quello dei Comuni medievali italiani: l'illusione che si possa creare una società *stabile* sfruttando le risorse e il lavoro altrui. Tale illusione è stata progressivamente e incessantemente alimentata dal progresso tecnico-scientifico, che, seppur tra alti e bassi, non ha conosciuto soste.

L'aumentata, apparente, democraticità del capitalismo, strettamente correlata oggi agli strumenti infotelematici, assomiglia all'apparente crescita illimitata della ricchezza dovuta al "carattere rivoluzionario" del credito pubblico, così come si poteva constatare già alla fine dell'Ottocento. Secondo Rosa il credito dava l'impressione di "trascendere lo stesso capitalismo", al punto che qualcuno aveva addirittura pensato di proporre "progetti di riforma ispirati al socialismo": e qui cita il caso dei fratelli Pereire in Francia, che, secondo l'espressione di Marx, erano "metà profeti e metà furfanti". Sono parole, queste, che, *mutatis mutandis*, potrebbero essere applicate a tanti rappresentanti dell'economia puramente finanziaria o virtuale di oggi.

*

Lo scetticismo di Rosa sulla funzione regolativa dei monopoli, in opposizione alle tesi riformistiche di Bernstein, verrà ampiamente giustificato da Lenin nel suo testo sull'*Imperialismo*, scritto circa una ventina d'anni dopo. Rosa comunque doveva ammettere che sul fenomeno dei monopoli si sapeva ancora poco. Tuttavia, secondo lei l'idea che Bernstein aveva di considerarli come espressione dell'esigenza di pianificare il profitto privato, era completamente sbagliata. Che i monopoli non possano evitare le crisi è stata la storia a dar ragione a Rosa e a Lenin.

Trust e cartelli si formano perché nell'ambito dell'anarchia produttiva e della libera concorrenza, cioè nel più assoluto individualismo, non è detto che chi si sente più forte e vuol dominare a tutti i costi i più deboli, ne abbia effettivamente le capacità. Anche l'individualismo va regolamentato, che è poi la stessa cosa che succede nel passaggio dai banditi che agiscono in proprio, rendendo conto solo a se stessi, e la criminalità organizzata, che deve sottostare a determinate e imprescindibili regole di funzionamento. Salvo poi rendersi conto che, nell'ambito del capitalismo, non c'è nessuna regola che davvero venga rispettata, anche quando tutto sembra essere perfettamente organizzato.

Nelle civiltà basate sull'antagonismo sociale è sempre stato così. Era così persino nel socialismo statale, i cui governi avevano dato all'antagonismo un contenuto non economico bensì *ideo-politico*. Persino il diritto era del tutto sottoposto a valutazioni politiche, da decidersi di volta in volta. Una situazione monopolistica in economia o autoritaria in politica sembra offrire l'impressione di una gestione più sicura del potere, più agevole. L'affronto della concorrenza o del dissenso è sempre molto stressante e può comportare rischi inaspettati, quelli tipici dei confronti dialettici che hanno una certa democraticità.

Nella libera concorrenza tutti i produttori di una medesima merce hanno l'impressione di poter agire alla pari, per quanto sia evidente la disparità dei mezzi a disposizione. Tuttavia col tempo tale disparità diventa sempre maggiore, soprattutto quanto più si allarga l'area geografica del mercato. Non si può sopravvivere in un contesto di competizione internazionale senza mezzi più che adeguati. Ad un certo punto si crea una situazione per cui lo Stato, invece di aiutare il più debole, sostiene il più forte. Cioè mentre nella libera concorrenza lo Stato sembra non volersi intromettere nella gestione del mercato; viceversa, appena si forma una situazione di "prevaricazione", che potrebbe anche portare alla creazione di un monopolio, lo Stato fa vedere subito da che parte sta: non interviene per riportare le cose alla normalità della libera concorrenza, ma comincia a parteggiare per il più forte o il più capace o il più spregiudicato, proprio perché è uno Stato "classista", preposto a tutelare gli interessi della borghesia e, all'interno di tale classe sociale, gli interessi dei soggetti economicamente più forti, che possono rendere forte anche lo Stato. Non esiste uno Stato etico o equidistante nel mondo del capitale. Ecco perché quando si parla di "capitalismo monopolistico" si deve aggiungere anche l'aggettivo "statale". Lo Stato si pone sempre in funzione degli interessi dei monopoli, anche quando "cura" i loro disastri ambientali, economici o finanziari. Lo fa in diverse maniere: facendo pagare loro poche tasse, favorendo il loro export, difendendoli nelle cause giudiziarie, finanziandoli col debito pubblico per le loro ristrutturazioni, ecc.

In tutto ciò Bernstein vedeva un "progresso" del capitalismo, un segno di maggiore stabilità, una garanzia di occupazione e di alti salari per gli operai. Rosa invece vedeva il bicchiere mezzo vuoto. Anzitutto perché, secondo lei, il monopolio che guadagna di più in un determinato settore industriale, lo fa a spese di altri settori. Rosa si immaginava una massa standard di profitti che andava ripartita tra varie branche industriali: se qualcuna pretende di più, altre ottengono di meno. Questo vuol dire squilibrare il mercato. I profitti complessivi non possono aumentare solo perché esistono i monopoli. Qualcuno deve per forza rimetterci e uscire dal mercato.

Tuttavia Rosa non si sforza di precisare bene questo ragionamento. Infatti in una situazione di imperialismo son proprio i monopoli che si accaparrano la quota maggiore dei profitti delle colonie, per cui la massa complessiva dei profitti tende ad aumentare per tutti i monopoli e non solo per alcuni a discapito di altri. Cioè non è vero che se tutti i principali settori economici fossero gestiti da pochi monopoli, questi ultimi, per conservare l'equilibro del sistema, si dovrebbero spartire, col tempo, una fetta di torta sempre uguale a se stessa, se non addirittura più piccola, per cui alla fine l'idea stessa di monopolio, privata della riproduzione allargata, non avrebbe alcun senso. Questo sarebbe vero se non esistesse l'imperialismo. A Rosa infatti occorrerà un po' di tempo prima di capirlo col suo testo sull'*Accumulazione del capitale*.

Semmai una situazione imperialistica potrebbe favorire facilmente la sovrapproduzione, ma sarà proprio l'imperialismo che permetterà ai monopoli di tenere alti i salari, facendo aumentare i consumi. Rosa invece in quel momento vedeva i monopoli delle singole nazioni come costretti a vendere le loro merci all'estero a un prezzo molto più basso che nel loro Paese, al fine di vincere la concorrenza straniera. In questa maniera, secondo lei, vi era soltanto un trasferimento della competizione dall'ambito nazionale a quello mondiale, per cui in sostanza non cambiava nulla.

Questo sarebbe stato vero se lo scambio fosse avvenuto solo tra Paesi capitalistici. Senonché nell'ambito dell'imperialismo, cioè nel rapporto tra madrepatria e colonie, non vi è alcuna concorrenza. Sono i monopoli che dirigono i mercati nelle colonie, dopo che queste sono state occupate militarmente dagli Stati. Ecco perché la prima guerra mondiale scoppierà per ripartire la torta delle colonie. La concorrenza tra i monopoli dei vari Stati capitalistici europei si trasformerà in conflitto tra Stati proprio perché la formazione dei monopoli è legata, soprattutto nei Paesi che sono giunti per ultimi sulla strada del capitalismo industriale, all'intervento diretto dello Stato. Paesi come Germania, Italia, Giappone hanno visto l'industria monopolistica chiedere insistentemente allo Stato d'intervenire sul piano economico, proprio per fronteggiare meglio i monopoli industriali di Paesi molto più avanzati come Francia e Inghilterra (che già disponevano di un immenso impero coloniale) e Stati Uniti (che invece non avevano bisogno dello Stato in quanto era già immenso il loro mercato interno e avevano appena iniziato a colonizzare l'America Latina). La seconda guerra mondiale avverrà sostanzialmente per lo stesso motivo.

Rosa invece pensava che la soluzione monopolistica non avrebbe funzionato in quanto la caduta tendenziale del saggio di profitto è una legge che non si può in alcun modo evitare. Sosteneva che quando si formano i monopoli (tramite i cartelli) una parte dei loro capitali non viene investita, poiché si teme proprio la suddetta legge sulla caduta del profitto. I monopoli cioè, avendo timore del rischio di produrre più del previsto, avrebbero evitato di fare investimenti eccessivi nel capitale fisso (i macchinari).

Era ferma su posizioni "marxiane", che al suo tempo apparivano schematiche. Già nel periodo in cui essa scriveva queste cose, le crisi avvenivano non per difetto di profitti ma semmai per un loro eccesso, e proprio in virtù dell'imperialismo. Francia e Inghilterra occuparono quasi tutta l'Africa in pochissimo tempo, proprio perché temevano la concorrenza di altri Paesi capitalisti che si venivano formando. Questa corsa frenetica alla conquista delle colonie ha provocato crisi di sovrapproduzione, ma dopo la prima guerra mondiale vi è stato un periodo di assestamento notevole, bloccato soltanto dal crack borsistico di Wall Street nel 1929, causato da un Paese che aveva vinto la guerra mondiale senza subire danni al proprio interno e che era diventato un creditore di tutti gli altri Paesi europei, ch'erano semi-distrutti. L'euforia di poter speculare in Borsa la massa ingente di liquidità che il Paese si trovava ad avere, aveva coinvolto l'intera popolazione.

Certamente le imprese potevano investire una parte dei loro capitali nella finanza, ma la preoccupazione principale, a quel tempo, era quella di espandersi a livello industriale il più in fretta possibile e in tutto il mondo. Il rischio che Rosa paventava, secondo cui, a fronte di crisi economiche internazionali, i monopoli che non hanno investito una buona parte dei loro capitali nei macchinari, si frantumano in tante piccole aziende, ricominciando così il regime della concorrenza vera e propria, era un rischio puramente teorico, tant'è che Rosa non ha alcun esempio da mostrare.

La sua idea fissa era che le crisi sono inevitabili e sempre più gravi, per cui la formazione dei monopoli non avrebbe fatto altro che accelerare il crollo del sistema. I cartelli possono soltanto acuire le contraddizioni, di cui la principale è tra modo di produzione e modo di appropriazione, e anche tra il carattere internazionale del capitalismo e quello nazionale dei singoli Stati, sempre più intenzionati a porre guerre doganali per difendersi dalla concorrenza straniera. Dopodiché, a sostegno della sua tesi, si mette a fare un lungo elenco di crisi economiche più o meno mondiali, causate "dall'improvviso estendersi del terreno dell'economia capitalistica e non dal restringersi del suo campo d'azione", come succedeva nelle crisi precedenti.

Tuttavia, se si guarda il trend produttivo del capitalismo mondiale dalla seconda rivoluzione industriale alla seconda guerra mondiale, tutte le crisi appaiono come incidenti di percorso, che non hanno mutato di una virgola lo sviluppo incessante dei monopoli, anzi, hanno consolidato l'intervento sempre più diretto dello Stato nell'economia. Oggi il capitalismo non viene mandato avanti soltanto dai monopoli, ma anche dagli Stati e quindi dalle loro popolazioni, coi loro risparmi, coi loro investimenti in titoli statali, aziendali, bancari, borsistici, assicurativi... Il capitalismo è riuscito a coinvolgere direttamente l'intera collettività, al punto che se anche un monopolio trasferisse all'estero le proprie sedi manageriali, cioè si snazionalizzasse, non cambierebbe nulla. Un qualunque monopolio può essere sostituito da un qualunque altro monopolio in qualunque luogo e momento.

Il capitalismo è un fenomeno assolutamente mondiale. Non si esce dalla sua rete puntando sul tema della *sovranità nazionale*, anche perché gli stessi Stati nazionali ottengono finanziamenti da investitori internazionali. Le agenzie di rating stabiliscono la solvibilità di ogni singolo Paese del mondo e ne condizionano la fiducia all'estero. Le imprese nazionali di qualunque Paese possono essere rovinate o acquistate dalla concorrenza straniera, ma per i lavoratori si tratterà soltanto di cambiare "padrone", previa decurtazione del personale, in quanto gli investimenti per realizzare fusioni, accorpamenti, ecc. hanno sempre un prezzo da pagare. Il che ovviamente non vuol dire che le condizioni di lavoro degli operai ricollocati andranno a peggiorare, né che andranno a migliorare. Diciamo che, in genere, col pretesto di un enorme indebitamento o di un imminente fallimento, il monopolio straniero che subentra a uno nazionale impone condizioni capestro, che non si riescono però a rifiutare, poiché l'alternativa è ancora peggiore. Meno che mai si riesce a farlo quando la coscienza di classe è caratterizzata da livelli combattivi molto bassi.

Rosa sopravvalutava di molto l'importanza delle crisi, in quanto le collegava alla teoria del crollo del sistema. Non le interessava tanto la periodicità di tali crisi: non voleva legarsi le mani indicando un periodo di frequenza più o meno preciso. Le interessava la loro inevitabilità, nonché la loro ampiezza e profondità, cioè in sostanza il fatto che i monopoli non saranno in grado di impedirle, proprio perché il mercato non può espandersi all'infinito. Secondo lei i monopoli non potevano neppure ridurre l'apporto delle innovazioni tecnologiche, le quali, per loro natura, nell'ambito del capitalismo, sono incessanti. E invece essi lo facevano in ambito nazionale, in presenza di una concorrenza ridotta al minimo; semmai non potevano farlo quando la competizione si spostava sul terreno internazionale.

È senza dubbio vero quel che Rosa diceva in merito ai piccoli capitali, che "rappresentano la parte dei pionieri della rivoluzione tecnica". Infatti questo è il solo modo che hanno per affermarsi, benché poi siano costretti a scendere a patti col grande capitale. Ma è anche vero che nell'ambito del capitalismo chi per primo diventa un grande imprenditore, difficilmente tollera la concorrenza nel suo settore produttivo. Anzi, man mano che aumentano i suoi capitali, egli tende a investirli anche in settori industriali che non sono di sua stretta competenza; tali settori, quando presentano notevoli difficoltà finanziarie, sono indotti ad accettare d'essere assorbiti o accorpati. Il capitalismo è fatto per chi arriva primo, ma chi parte per secondo non può permettersi il lusso di usare gli stessi mezzi e metodi del precedente. Non si fanno sconti a nessuno, poiché se si arriva secondi in questa corsa sfrenata al successo, c'è sempre il rischio di finire male. Ecco perché il capitalismo esprime la quintessenza economica e ovviamente culturale del moderno individualismo, il quale ha origini nettamente calvinistiche. Perché qualcuno possa emergere in una società del genere, deve saper trovare una strada che nessuno ha percorso prima, oppure una strada che non è stata ancora percorsa nel luogo in cui vuol fare affari.

Tuttavia questo trend affannoso è diventato sempre più difficile dalla seconda rivoluzione industriale ad oggi. Cosa si può scoprire o inventare che non sia stato già scoperto o inventato? Oggi le strade che si percorrono sono quelle dell'infotelematica e della finanza estremamente rischiosa. Per poter emergere si deve anzitutto produrre per il capitale, non per rispondere a dei bisogni effettivi. L'idea di "creare" dei bisogni (indotti) viene sempre sollecitata dall'esigenza di soddisfare un profitto. Chi non vuole investire in qualcosa per ottenere profitti deve adattarsi ad essere sfruttato o comunque a percepire un salario o uno stipendio ridicolo. Il capitale fa presto a distinguere chi è in grado di "combattere" da chi invece è destinato a "subire". I migliori combattenti sono quelli che non hanno scrupoli di sorta e che soprattutto non fanno vedere di non averli.

Qui è difficile dar torto a Rosa quando, parlando della concorrenza aperta tra capitalisti, dice che il duello della media azienda col grande capitale si risolve sempre in "una falciatura periodica dei piccoli capitali". Cosa che si verifica soprattutto quando avvengono crisi di sovrapproduzione. Quanto più forti esse sono, tanto più i monopoli si rafforzano. Rosa aveva capito che, col passar del tempo, nell'ambito del capitalismo avviene "l'aumento progressivo del capitale minimo" per sopravvivere. Il che, in sostanza, voleva dire che quanto più il capitale si sviluppa, tanto di più ne occorre per avviare una nuova impresa produttiva. Oggi, p.es., si punta molto sull'infotelematica e sulla finanza speculativa solo perché i capitali di partenza possono essere risicati. Ma per entrare nel mondo della produzione dei beni durevoli, materiali e non virtuali, ci vogliono ben altri fondi, che pochi possono permettersi. Persino nel ceto medio dei professionisti si cerca, di preferenza, di presentarsi sul mercato non in maniera individuale ma come *gruppo associato*.

Il socialismo per mezzo di riforme

In questo terzo capitolo Rosa critica le tesi di Conrad Schmidt, aperto sostenitore di Bernstein, delle quali la principale è che lo sviluppo dei sindacati, delle riforme sociali e della lotta parlamentare toglieranno progressivamente al capitalista il diritto alla proprietà privata, in quanto mostreranno l'inutilità di tale diritto, e quindi trasformeranno l'imprenditore in uno degli amministratori nella gestione sociale della sua impresa.

Rosa sostiene subito che il ruolo dei sindacati è piuttosto limitato nell'ambito del capitalismo.[17] Lo stesso Schmidt è stato costretto ad ammettere che la loro presenza nella regolazione della produzione è soltanto una speranza per il futuro. In effetti i sindacati possono sì ridurre di molto il tasso di sfruttamento aziendale, ma non possono certamente eliminarlo. La loro è una battaglia quotidiana per rendere lo sfruttamento accettabile, ma non possono far nulla se il capitalista decide di vendere l'impresa o di trasferirla all'estero o di licenziare il personale perché vi è in atto una crisi. Se un sindacato organizzasse un'occupazione della fabbrica, lo Stato invierebbe le forze armate a tutela della proprietà, proprio perché avrebbe timore che l'eccezione diventasse la regola. Tuttavia, se i sindacati pensano, col loro impegno quotidiano, di rendere inutile la transizione al socialismo, diventano oggettivamente reazionari.

Il massimo che i sindacati possono fare, quando le crisi sono molto forti e la disoccupazione è di massa, è di trasformare le rivendicazioni economiche in *scioperi politici*, ma in questi casi dovrebbero essere sostenuti dai partiti. È evidente, infatti, che se un sindacato propone ai propri iscritti di occupare le fabbriche, si è già a uno stadio avanzato di un processo rivoluzionario in corso, in cui le forze di opposizione al sistema devono restare unite. Se un sindacato rifiuta lo sciopero politico di massa, quando la situazione critica lo richiederebbe, allora è evidente ch'esso accetta soltanto una politica riformistica: in questo caso non si

---

[17] I sindacalisti tedeschi, in genere del tutto riformisti, detestavano Rosa per l'espressione che aveva usato nei loro confronti: "lavoro di Sisifo", che venne interpretato come "lavoro inutile". In Germania essi si sentivano, a quel tempo, sul piano sia numerico che finanziario di gran lunga superiori al partito socialdemocratico e non sottostavano alle direttive di alcun partito. D'altra parte la socialdemocrazia li considerava come uno strumento molto efficace per sostenere in parlamento il proprio riformismo.

può neppure escludere che il padronato compri la complicità di alcuni dirigenti sindacali.[18]

Il plusvalore estorto agli operai ormai è diventato talmente grande che è difficile pensare che i capitalisti non abbiano tutti i mezzi per corrompere chi dice di stare dalla parte del mondo del lavoro. Il fatto stesso che i sindacati difendano anzitutto chi ha *già* un lavoro e soprattutto chi, avendolo, è disposto a eseguire con più determinazione le direttive dei dirigenti sindacali, dimostra che i sindacati tendono a tutelare maggiormente solo determinate categorie di lavoratori. D'altra parte il problema maggiore dei sindacati è proprio quello di avere una visione settoriale dei problemi economici. Non fanno mai un discorso complessivo sul superamento del sistema. Fanno rivendicazioni particolari dando per scontato che i presupposti del sistema vadano accettati così come sono. Pertanto non si preoccupano di coordinare tra loro le rivendicazioni compiute da lavoratori appartenenti a settori d'impiego completamente diversi.

Ogni categoria di lavoratori è considerata a se stante, separata dalle altre. Questa però è un'esigenza del padronato, refrattario a mettere a confronto i vari diritti che i lavoratori riescono a ottenere nella loro specifica mansione. I lavoratori non solo sono divisi nelle varie appartenenze sindacali, ma lo sono anche nelle *modalità* con cui avanzano le loro rivendicazioni all'interno di uno stesso sindacato. Spesso si formano categorie di lavoratori che, conoscendo bene l'importanza del loro ruolo per gli interessi del capitale, appaiono come dei privilegiati, tant'è che proprio nel corso dello sviluppo dell'imperialismo si coniò l'espressione di "aristocrazia operaia". Si finisce col vendere la primogenitura per un

---

[18] Al Congresso di Bruxelles del 1891 fu respinta la proposta di indire uno sciopero generale in caso di guerra. Generalmente gli scioperi generali venivano considerati un'espressione anarchica di protesta. Al Congresso di Zurigo del 1893 si disse che solo in determinate circostanze potevano essere accettati. La tesi venne ribadita al Congresso ad Amsterdam del 1904 e al Congresso a Iena del 1905, specificando che le circostanze potevano essere un rivolgimento sociale o per difendere i lavoratori da attacchi reazionari. Il Congresso sindacale di Colonia del 1904 era nettamente contrario agli scioperi politici, in quanto temeva che il governo prussiano potesse utilizzare i contadini contro gli operai. La stessa Rosa non ha mai nascosto che lo sciopero generale, di tipo politico, doveva essere usato solo come arma per la conquista del potere, quindi in un periodo di acuta tensione. Solo dopo la rivoluzione russa del 1905 la socialdemocrazia tedesca arrivò ad accettare lo sciopero politico di massa: il primo in Germania avvenne ad Amburgo il 17 gennaio 1906 contro le restrizioni sul diritto di voto. Tuttavia al Congresso di Mannheim del febbraio 1906 il sindacato ribadì la propria posizione.

piatto di lenticchie.[19]

Tuttavia le lotte sindacali – questo è sempre stato detto nel socialismo – costituiscono un esercizio quotidiano per sviluppare la coscienza di classe. Servono per far capire che con la rassegnazione non si ottiene nulla, e che anzi, nell'ambito della categoria lavorativa, la reciproca solidarietà è fondamentale, poiché quando vengono colpiti i diritti anche di un solo lavoratore, e lo si lascia indifeso, isolato, vengono colpiti i diritti di tutti. Quando il padronato ha la percezione che la coscienza di classe è molto scarsa, sa di poterne approfittare per imporre ulteriori soprusi. L'arrendevolezza dei lavoratori non induce gli imprenditori a mitigare il loro sfruttamento, ma anzi ad aumentarlo, e non perché siano umanamente rivoltanti, ma semplicemente perché vengono indotti ad assumere atteggiamenti del genere dalle esigenze stesse del sistema, in cui la competizione senza esclusione di colpi non è l'eccezione bensì la regola.

Certo è che se i sindacati non si limitassero a compiere rivendicazioni normative o salariali, ma pensassero anche a garantire una informazione *culturale* o scientifica sulle caratteristiche generali del sistema capitalistico, sul suo funzionamento complessivo e sul ruolo specifico del comparto produttivo di una determinata categoria di lavoratori nell'ambito di tale sistema, potrebbero diventare anche una fucina di potenziali aspiranti a un ruolo politico nei partiti o nei parlamenti o nella gestione degli Enti locali territoriali.

I lavoratori possono pretendere, visto che versano quote sindacali mensili, detratte da salari e stipendi, che i loro dirigenti si preoccupino di renderli edotti sulle dinamiche internazionali del capitalismo, anche per capire che al giorno d'oggi tutto è incredibilmente interconnesso. È diventato quasi impossibile capire i motivi di una qualunque crisi aziendale

---

[19] D'altra parte non si può ipostatizzare un ruolo rivoluzionario in una determinata categoria di lavoratori, non foss'altro che per una ragione: le idee del socialismo scientifico maturarono nella mente di intellettuali piccolo-borghesi. Non solo, ma ben prima delle lotte operaie vi sono state migliaia di lotte contadine contro il servaggio e il latifondo della classe aristocratica. La storia del socialismo ha dimostrato che, sotto il capitalismo, il fatto d'essere operaio di una grande industria non implica che la lotta contro il padronato assuma una caratteristica più radicale, né che tale lotta implichi, in maniera automatica, la volontà di liberare l'intera società dal peso degli antagonismi sociali. Per coordinare le lotte di tutti gli operai, anzi di tutti i lavoratori, qualunque sia la mansione svolta, in direzione di un obiettivo comune, non basta la funzione del sindacato: ci vuole quella del *partito*, i cui dirigenti non siano opportunisti e che abbiano del tutto chiaro che la meta finale è quella di superare definitivamente il conflitto tra capitale e lavoro, cioè quella di porre fine al lavoro salariato, socializzando la proprietà dei principali mezzi produttivi.

se non la si colloca in un contesto internazionale. Si pensi solo al fatto che gli operai vengono completamente tenuti all'oscuro dal padronato sui rapporti tra Paesi capitalisti avanzati e Paesi in via di sviluppo, dove pur esistono determinati rapporti di dominio o di dipendenza economica. Agli occhi del capitale i lavoratori non sono tenuti a sapere né l'origine delle materie prime che loro trasformano, né la destinazione dei loro prodotti finiti. P.es. si accorgono dell'impatto ambientale delle loro merci solo a livello locale e solo quando è eclatante. E non hanno mai il coraggio di anteporre le esigenze riproduttive della natura a quelle produttive dell'azienda in cui lavorano, proprio perché temono di perdere il salario. Spesso rivendicano il diritto al lavoro pur sapendo che proprio questo diritto viola quello alla salute.

Vi sono delle affermazioni in questo cap. 3 in cui la critica ai sindacati è durissima, pari a quella nei confronti dei revisionisti ed opportunisti politici. P.es. là dove viene detto che se è nell'interesse del capitalista migliorare le tecnologie per aumentare i profitti, il sindacato invece tende ad avversare tali innovazioni, poiché queste "deprezzano la forza-lavoro e rendono il lavoro più intensivo, monotono, penoso". Sembra che qui Rosa abbia in mente la catena di montaggio di Ford, dove l'automazione obbligava a operazioni molto semplici e quindi poco qualificate. Operai del genere potevano essere facilmente sostituiti, per cui era difficile per loro rivendicare dei diritti. Rosa tuttavia aggiunge che sarebbe sbagliato ostacolare il progresso tecnico, poiché ciò è nell'interesse anche della classe operaia nel suo complesso. Inoltre se i sindacati pretendono di "fissare i limiti della produzione e i prezzi delle merci", rischiano di formare un cartello con gli imprenditori contro i consumatori, i quali, p.es., potrebbero aver bisogno che una data merce fosse molto diffusa per vederne diminuire il prezzo.

Bisogna dire che, mentre sulla funzione "politica" dei sindacati Rosa poteva anche aver ragione, in quanto i sindacati, oggettivamente, non lavorano per rivoluzionare il sistema, ma per adeguarvisi nei limiti della dignità del lavoratore; viceversa, sulla loro funzione "economica" faceva considerazioni un po' astratte, che avrebbero potuto essere facilmente contraddette. Generalmente infatti i sindacati non si oppongono alle innovazioni tecnologiche, se queste non comportano licenziamenti del personale o minori assunzioni della forza-lavoro. Si decide di volta in volta quale sia l'atteggiamento migliore da assumere di fronte a determinate decisioni imprenditoriali. Di per sé le macchine non producono "un lavoro più intensivo, monotono e penoso", né un deprezzamento della forza-lavoro. Macchine più evolute possono anche comportare una competenza più sofisticata per farle funzionare e quindi un aumento dei salari, senza considerare che possono anche aumentare la ricchezza generale di un Paese, se le loro merci sono appetibili. Né ha senso che l'operaio si opponga all'idea che una macchina si accolli l'onere di svolgere le mansioni più monotone o rischiose o faticose. Anzi, possono essere gli stessi operai a suggerire all'imprenditore come migliorare le macchine utensili che usano quotidianamente.

I rapporti di lavoro e quindi sindacali sono come dei vasi comunicanti: se si interviene in un punto, modificando qualcosa di sostanziale, è facile che si debba intervenire in un altro punto, che, indirettamente, viene coinvolto in quella modifica. Ogniqualvolta gli imprenditori operano modifiche strutturali agli impianti, sta nella combattività e nell'intelligenza del sindacato strappare nuovi diritti o nuove condizioni lavorative favorevoli agli operai. Se di fronte agli operai che producono macchine sofisticate da vendere agli imprenditori che le useranno per ottenere più profitti, sfruttando meglio i loro operai, i sindacati non dicessero una parola, il loro ruolo finirebbe assai presto. In un'azienda altamente automatizzata, dove il ruolo degli operai è di tipo più intellettuale che manuale, o dove il lavoro manuale consiste nell'assemblare singoli pezzi realizzati dalle macchine, dove cioè la presenza degli operai si riduce al minimo indispensabile, la funzione del sindacato può apparire pleonastica.

Tuttavia, se le cose stanno in questi termini, anche la proprietà privata dei mezzi produttivi può apparire un retaggio del passato. Se la gran parte del lavoro viene svolta da macchine che devono soltanto essere controllate, la differenza tra operaio e imprenditore si riduce di molto. Se la parte tecnica dell'impresa viene svolta dalle macchine, la parte più propriamente economica (la ricerca dei mercati di sbocco, il reperimento delle materie prime, il marketing, la pubblicità ecc.) potrebbe essere svolta di concerto tra imprenditori e operai. Tutti potrebbero considerarsi soci di una medesima impresa. Agli operai, che un tempo svolgevano funzioni meramente manuali, potrebbero venire richieste competenze più intellettuali o comunicative (relative alla promozione del prodotto, alla sua collocazione strategica sul mercato, ecc.).

Un operaio può svolgere mansioni meramente manuali dovute al fatto che talune circostanze della sua vita l'hanno portato a ridursi così, ma questo non significa che non possa essere dotato di un'intelligenza con cui, una volta addestrato, sia in grado di svolgere mansioni di più alto livello. È un'arte anche quella di saper individuare le potenzialità nascoste in ogni lavoratore. Questo per dire che i sindacati possono intervenire in varie maniere nella vita specifica di un'azienda, ed è un loro compito quello di dimostrare che le competenze degli operai possono arrivare a un punto tale da rendere del tutto superflua la proprietà privata dei mezzi produttivi.

Compito dei sindacati è quello di dimostrare che gli operai non sono una semplice "componente" delle macchine, ma i loro veri "proprietari", in quanto gli unici a saperle gestire. Essi cioè possono assumersi non solo la responsabilità *tecnica* di farle funzionare, ma anche quella di farle produrre al meglio sul piano *economico*, in modo che l'azienda non abbia a subire perdite finanziarie. Se gli imprenditori privati o associati in cartelli rifiutano di concedere agli operai una responsabilità del genere, allora bisognerà far capire loro che la gestione privatistica del sistema, ovvero la separazione tra proprietà e uso della macchina, è giunta al capolinea e che si rende necessaria una netta transizione. In caso contrario gli imprenditori, privati o associati, assumendosi la responsabilità di voler frenare il sistema, troverebbero negli operai non dei soci alla pari ma degli irriducibili nemici. A quel punto l'occupazione delle fabbriche diverrebbe una necessità dell'intera società, non solo degli operai.

Ormai una gestione davvero razionale della tecnologia industriale riguarda soprattutto il suo impatto sull'ambiente: cosa che gli imprenditori vedono solo come un costo. Al giorno d'oggi non ha più senso trascurare, in nome della produzione economica, gli aspetti ecologici. Il fatto che gli imprenditori non vogliano assumersi responsabilità in questa direzione, sta a indicare che il loro ruolo tradizionale è finito. Se un imprenditore deve essere "costretto" a tutelare l'ambiente, poiché non è nel suo interesse farlo, allora vuol dire che alla prima occasione troverà delle scappatoie per non rispettarlo.

Non solo, ma se un imprenditore ha in mente di realizzare soltanto dei profitti, non si preoccuperà mai di produrre anzitutto per soddisfare dei bisogni reali. Col marketing, la pubblicità, ecc. farà anzi in modo che i bisogni vengano creati artificialmente. Il bisogno diventerà (e già oggi, per gran parte, lo è) una moda, uno status symbol, un lusso, un qualcosa che potrebbe essere inutile, un oggetto superfluo, non strettamente indispensabile, non vitale per la sopravvivenza quotidiana.

Gli operai non possono più accettare comportamenti del genere. Il loro lavoro deve rispondere a bisogni effettivi, decisi dalla popolazione, di cui gli operai stessi devono essere a conoscenza per *esperienza diretta*. È infatti sulla base di queste esigenze concrete che gli operai possono capire come rispettare quelle della natura, poiché non ha alcun senso produrre per ammalarsi.

Sotto questo aspetto occorre dire con fermezza che più importante del mercato mondiale è quello *locale-regionale*. La produzione va finalizzata a soddisfare bisogni tangibili, osservabili direttamente, sulla base di risorse reperibili in loco o scambiabili in un contesto geografico non troppo esteso. Già il livello nazionale va considerato inaccettabile, in quanto non ha alcun senso permettere alle merci di fare lunghi viaggi, costringendole a subire trattamenti particolari per meglio conservarle, per impedire che si deteriorino. Senza poi considerare il fatto che gli stessi mezzi con cui esse vengono trasportate inquinano l'ambiente, creano situazioni insostenibili di traffico stradale e possono causare incidenti molto gravi. Le merci dovrebbero viaggiare il meno possibile, e si dovrebbero consumare solo le derrate alimentari di stagione, in quanto migliori sotto ogni punto di vista. Qualunque modificazione genetica va vietata, così come qualunque uso della chimica in natura.

Ogni comunità locale dovrebbe essere messa in grado di produrre tutti i beni di cui ha bisogno. Se una comunità è costretta, per motivi ambientali, ad acquistare da un'altra comunità i beni necessari alla propria sopravvivenza, rischia di essere sempre soggetta a un eventuale ricatto o minaccia. Per evitare situazioni in cui la propria autonomia venga messa in pericolo, occorre, quanto meno, che entrambe le comunità siano reciprocamente dipendenti in qualcosa di essenziale per la loro esistenza. È molto difficile che una comunità non autosufficiente sul piano economico riesca a conservare la propria indipendenza sul piano politico. Se pensa di farlo ricorrendo alle armi, nessuna transizione democratica sarà mai possibile. Non si uscirà mai dalla spirale della schiavitù, della forzata soggezione. Se si accetta una reciproca dipendenza, deve essere fatto nella reciproca libertà.

In ogni caso sarebbe pazzesco pensare che gli operai possano creare un cartello con gli imprenditori privati delle aziende in cui lavorano, un cartello che, decidendo prezzi e quantità delle merci, si ponga contro i consumatori. Questa è fantascienza. D'altra parte la stessa Rosa lo ammette: "il corso dell'evoluzione sindacale si dirige... verso lo svincolo completo del mercato del lavoro da ogni rapporto immediato col mercato delle altre merci". Cioè i sindacati preferiscono porsi delle domande su un'unica merce: la *forza-lavoro*. Il che però non è detto che sia un bene. Un sindacato dovrebbe avere una visione a 360 gradi circa le relazioni industriali, proprio per poter intervenire, a difesa del lavoratore, in qualunque aspetto e momento del sistema aziendale. Un sindacato non può disinteressarsi di nulla che riguardi una specifica azienda. Se un sindacato vuole limitarsi soltanto a contrattare il salario e l'orario di lavoro, non potrà mai chiedere che gli operai assumano il ruolo di imprenditori di se stessi.[20]

---

[20] Forse non è eccessivo sostenere che quando uno, essendo nullatenente, è costretto a vendere la propria forza-lavoro in cambio di un salario, sta compiendo una forma di prostituzione, poiché vende una parte del proprio corpo, fisica (se deve compiere lavori manuali) o mentale (per i lavori intellettuali). Il corpo non viene messo a disposizione di un collettivo i cui componenti faranno altrettanto, essendo nessuno proprietario di qualcosa da risultare un privilegiato, cioè uno che non ha bisogno della disponibilità altrui. Comunismo, in fondo, vuol dire

Semmai è vera un'altra cosa. Oggettivamente, cioè a prescindere dalle loro intenzioni, gli operai di un'impresa "occidentale" sono necessariamente coinvolti nello sfruttamento del Terzo mondo. Partecipano, proprio in quanto operai di un'azienda capitalistica, al saccheggio o depauperamento di vaste aree geografiche "colonizzate" del pianeta. Sotto questo aspetto una coscienza di classe meramente "nazionale" o "locale-regionale" è quanto di più limitato vi possa essere. O la coscienza di classe è internazionale o la transizione socialista è impossibile. Se una transizione del genere viene compiuta a livello nazionale, occorre ripensare immediatamente i rapporti di dipendenza coloniale.

Certo è che se le crisi sistemiche avessero una periodicità piuttosto lunga, cioè se tra l'una e l'altra crisi economica o finanziaria passasse troppo tempo, sarebbe impossibile pretendere un tasso molto elevato di coscienza di classe. Si è combattivi quando c'è motivo di esserlo. Infatti è piuttosto facile, in un sistema come quello capitalistico, che tutti si imborghesiscano, diventino degli opportunisti, si corrompano. I condizionamenti sono troppo forti. Per vincere la tentazione a vivere una vita comoda bisognerebbe imporsi un'esistenza spartana, frugale, ascetica, senza preoccuparsi del giudizio altrui. Sotto questo aspetto la vera cartina di tornasole del carattere eversivo di un lavoratore viene offerta proprio dalla sua capacità di resistere alle lusinghe delle comodità, degli agi, soprattutto quando il capitale è in ascesa e non sembra incontrare ostacoli al proprio sviluppo. Chi si lascia corrompere facilmente dal benessere, non può essere considerato una persona affidabile.

Indubbiamente l'idea di considerare lo Stato un ente preposto a difendere gli interessi del capitale sempre e comunque, può aiutare a tutelarsi dalla corruzione morale. Bisogna evitare di credere nel miraggio della equidistanza da parte delle istituzioni. Persino una semplice partecipazione a un qualunque organo di potere della società borghese può cor-

---

soltanto questo, che nessuno, per vivere, deve sentirsi obbligato a vendersi solo perché non dispone di una sufficiente proprietà privata. Al massimo si può concedere una proprietà "personale" dei mezzi produttivi, ma a condizione che tutti ne abbiano a sufficienza. Nel capitalismo quando si parla di "proprietà privata" s'intende sempre qualcosa di "esclusivo", che si è ottenuto per via ereditaria o sfruttando il lavoro altrui, e questo è inaccettabile quando si privatizzano i mezzi che rendono possibile l'esistenza di un'intera collettività. Quando è in gioco un'esistenza del genere non c'è diritto che tenga, né ci si può appellare a una precedenza cronologica. I diritti acquisiti che impediscono l'uguaglianza sociale vanno eliminati senza alcun compromesso. O la proprietà viene data a tutti in parti uguali, conformemente ai propri bisogni, oppure chi dispone di proprietà in eccedenza e non permette ad altri di acquisirla, va considerato un soggetto pericoloso, che mina la stabilità del sistema.

rompere, se non si pongono delle condizioni a se stessi. La sensazione del potere inebria, dà alla testa, soprattutto a causa degli alti stipendi che si percepiscono.

È vero che il sistema borghese va combattuto ovunque esso si manifesti, ma la partecipazione agli organi di gestione del potere può comportare rischi non indifferenti. Nessuno deve sentirsi obbligato a vivere un'esperienza frustrante, in cui le proprie idee rivoluzionarie verranno sistematicamente respinte dalla maggioranza dei parlamentari. È molto meglio far sentire la propria voce al di fuori delle istituzioni di potere, eventualmente cercando, all'interno di queste, degli appoggi significativi, le cui condizioni da contrattare vanno però stabilite di volta in volta.

Certo, ciò che si deve evitare è di credere che, siccome lo Stato svolge il ruolo di cane da guardia del capitale, allora, privatamente, ci si può sentire autorizzati ad assumere atteggiamenti cinici, indifferenti al bene comune (come in genere fa la criminalità organizzata). Sarebbe un grave errore. Un soggetto rivoluzionario deve essere in grado di dimostrare che, sul piano etico, non è ipocrita come la borghesia, che pubblicamente afferma dei valori umani e poi è la prima a non rispettarli. Se si vuole costruire un'alternativa, bisogna farlo anche *prima* d'aver conquistato il potere politico. Bisogna dimostrare d'essere migliori dei nemici anche sul terreno pre-politico, quello appunto *etico*. Chi non dimostra la propria coerenza su questo terreno, prima di compiere la rivoluzione, non riuscirà a dimostrarla neppure dopo.

*

Rosa non si faceva alcuna illusione sulla vantata natura interclassista degli Stati borghesi. Pertanto non le riusciva di credere neanche per un attimo che fosse possibile una espropriazione "graduale" dei capitalisti, agrari o industriali che fossero. Certamente gli imprenditori possono essere rovinati dalla concorrenza, soprattutto da quella che si pone su un piano internazionale, ma la tendenza, nei paesi a capitalismo avanzato, è quella della formazione dei monopoli, i quali inevitabilmente inglobano, in varie maniere, le imprese di piccole dimensioni. Parlare di espropriazione "graduale", al cospetto dei monopoli, sarebbe assurdo, oltre che ridicolo. Anzi, quando sono attivi colossi del genere, è molto più difficile iniziare una rivoluzione, poiché i mezzi dissuasivi in loro possesso sono enormi. Ecco perché nella storia succede sempre che quando si perde un'occasione propizia per modificare le cose qualitativamente, la seconda volta i sacrifici per poterlo fare saranno molto più grandi. Non c'è errore che non si paghi molto duramente.

Questo per dire che la proprietà privata – ha perfettamente ragione Rosa – possiede nell'ambito del capitalismo un carattere di assolutezza. Cioè al massimo può essere ripartita tra gli azionisti, ma non tra questi e i lavoratori di una determinata impresa. Infatti, anche quando diventano azionisti gli stessi lavoratori, questi dovranno comunque sottostare alla gerarchia di chi possiede più azioni; e i manager o gli imprenditori o gli investitori che vogliono ricavare profitti dai loro capitali non faranno certamente gli interessi di chi possiede di meno.

La partecipazione azionaria degli operai potrebbe avere un qualche senso se esistesse una cooperativa i cui soci sono gli stessi operai dell'azienda, i quali gestiscono una proprietà comune. Ma una soluzione del genere diventerebbe pericolosa se l'azienda si quotasse in borsa, poiché qui si esporrebbe alle speculazioni incontrollate dei privati.

Se poi la proprietà di un'azienda appartiene ai maggiori azionisti e gli operai hanno accettato d'investire una parte dei loro capitali, il rischio, per questi ultimi, è di gran lunga superiore, poiché i manager, i dirigenti ecc., cioè tutti quelli che detengono le quote azionarie più consistenti, avendo a che fare anche coi capitali degli operai, facilmente sono indotti a compiere azioni molto azzardate, le cui conseguenze, se gli esiti saranno negativi, si faranno sentire di più sugli stessi operai. In Italia, la Parmalat, un'ottima azienda molto produttiva, rischiò il fallimento per colpa dell'avidità dei propri dirigenti: molti operai azionisti persero tutti i loro risparmi. Sotto il capitalismo la ricchezza monetaria è molto volatile: a volte basta un nonnulla per perdere tutto.

Rosa inoltre faceva benissimo a criticare Conrad Schmidt, il quale sosteneva, molto ingenuamente, che si sarebbe verificata, anche sotto il capitalismo, una graduale trasformazione del proprietario di un'azienda privata in un semplice "gestore", in quanto la proprietà effettiva sarebbe stata progressivamente distribuita a tutti i lavoratori. In realtà – e qui Rosa pescava nettamente nel vero – nelle società per azioni avviene proprio il contrario: il proprietario dell'impresa non fa più nulla per gestirla, ma si affida totalmente ai manager, tenendosi però la maggioranza delle azioni. In tal modo può vivere una vita da totale parassita. Come faranno gli operai a strappare "gradualmente" i diritti alla proprietà di un capitalista che vive completamente di rendita, resta un mistero.

Quand'è che una situazione può essere considerata "matura" per compiere una transizione politica da un sistema di vita a un altro? Non esiste un criterio oggettivo, valido sempre e in ogni luogo. Indubbiamente le rivoluzioni si fanno quando esistono condizioni oggettive (economiche) assolutamente insopportabili, ma molto dipende dalla coscienza soggettiva, dalla volontà degli oppressi di ribellarsi e dalla intelligenza di saper creare un'efficace alternativa. Se in un Paese di oltre 60 milioni di abitanti, come l'Italia, un decimo della popolazione è a livelli di povertà assoluta o relativa e, nonostante questo, si limita a sopportare con rassegnazione, a campare con mille sotterfugi o a dedicarsi alla criminalità (piccola o grande), senza scendere in piazza, senza protestare energicamente, l'altra parte della popolazione, quella che sta molto bene o anche solo relativamente bene, non può avere la percezione che la situazione sia molto grave e che occorra una svolta radicale per risolverla. Se chi sta assolutamente o relativamente bene non si sente minacciato nella propria sicurezza economica, non ha motivo di pensare che occorra una transizione, anche perché i mass-media non vengono certamente gestiti dagli strati sociali più poveri della popolazione.

Generalmente la povertà viene sfruttata come argomento elettorale per abbattere un governo in carica, ma non viene affrontata come problema da risolvere, se non in forme del tutto palliative. Infatti, quando lo si fa, è solo per concedere delle elemosine o per fare dell'assistenzialismo statale. Le persone benestanti, i cui rappresentanti governano la nazione, non hanno idea di come si possa risolvere il problema della povertà, proprio perché non vogliono rinunciare al loro benessere. Quando vedono che, a causa della povertà, aumenta la criminalità, chiedono soltanto maggiore autoritarismo. Quando vedono che lo Stato non è in grado di difendere efficacemente il loro benessere, tendono a difendersi da sole. È sempre stato così da millenni.

Se non sono i poveri a porre le condizioni per una svolta democratica, lo faranno di sicuro i ricchi, ma per una svolta autoritaria. A loro sarà sufficiente chiedere leggi più repressive, controlli più polizieschi e, in casi estremi, interventi delle forze armate. Naturalmente si chiederà anche di poter estendere al massimo le possibilità della "legittima difesa", fino all'uso massivo della pena di morte. Si chiederà cioè che la società possa tutelarsi in tutte le maniere, istituzionali e private, dalle minacce provocate dalla povertà. Naturalmente prima di arrivare a legittimare le azioni estreme da parte dei ceti benestanti (una volta si usavano i linciaggi), si tenderà a rafforzare al massimo i poteri dello Stato. Quante volte nel passato le istituzioni han tollerato le persecuzioni a danno di singole categorie sociali (etniche, religiose, politiche ecc.) per far credere che la causa della povertà dipendesse da questi particolari gruppi di persone?

Se vi è una cosa che viene usata per dimostrare che di fronte alla legge si è tutti uguali, è proprio lo *Stato*, questo organo di potere fatto passare per "equidistante", cioè per far credere che l'uguaglianza giuridica è sufficiente a garantire quella economica, e che i reati compiuti a causa della disparità economica vanno sanzionati secondo le disposizioni previste dalla legge. Lo Stato è il risvolto politico del Mercato: entrambi vengono considerati come luoghi in cui si esercita la *democrazia reale*, in quanto si è tutti "cittadini liberi". Come nel Mercato si considerano paritetici chi vende e chi compra, così nello Stato vengono considerati uguali i cittadini quando esercitano il loro diritto di voto, il loro dovere di essere sottoposti a medesime leggi. Stato e Mercato sono le due grandi illusioni che propina la borghesia, sin da quando è nata, all'intera società, anzi, al mondo intero.

Dunque non basta sapere che esistono milioni di persone in povertà per convincersi che bisogna cambiare sistema di vita. Bisogna che queste persone facciano sentire la loro voce e che propongano un'alternativa praticabile, che andrà naturalmente a ledere gli interessi e i privilegi dei benestanti. Occorre un'intelligenza delle cose; occorre una "teoria rivoluzionaria", una teoria che non solo sappia smascherare le ipocrisie del sistema, ma sappia anche indicare come uscire concretamente dall'antagonismo sociale, possibilmente senza ripetere gli errori del passato.

Non è da oggi, infatti, che si combatte per superare le contraddizioni del capitalismo. Ma è fuor di dubbio che le soluzioni "statalistiche" offerte nel passato si sono rivelate tutte fallimentari. Non c'è modo di realizzare il "socialismo democratico" usando gli strumenti dello Stato, se non per reprimere, nella fase iniziale della transizione, chi vi si oppone in maniera violenta, armata. È stata fallimentare persino l'idea di usare la stessa tecnologia del capitalismo in un contesto collettivistico come quello del socialismo statale: i disastri ambientali sono stati enormi e non si è mai raggiunto un livello di benessere economico paragonabile a quello medio delle società capitalistiche avanzate. E neppure si può pensare che un "socialismo di mercato", come quello attuale in Cina, sia in grado di risolvere il problema della povertà. Se per uscire dalla povertà c'è bisogno che chi vende abbia continuamente bisogno di qualcuno che gli acquisti le sue merci, si finisce in un giro vizioso. Si arricchisce chi vende, non chi compra, a meno che chi compra non voglia poi rivendere in altra forma.

In realtà è proprio da questa logica mercantilistica che dobbiamo uscire. Non ha alcun senso che si debbano creare mercati mondiali in cui pochi produttori vogliono arricchirsi sulle spalle di tanti acquirenti. Non si diventa ricchi comprando ma vendendo, cioè facendosi una clientela. Ed è noto a tutti che, per farsi una clientela, i produttori sono disposti a tutto. I produttori son sempre in guerra tra loro, anche quando dicono di rispettare le regole del mercato, anche quando formano trust e cartelli, anche quando, a livello nazionale, detengono una posizione monopolistica.

Non solo quindi bisogna uscire dallo Stato, ma bisogna uscire anche dalla logica del Mercato. Per farlo l'unica alternativa possibile è quella di creare delle *comunità locali autogestite*, cioè capaci di praticare l'*autoconsumo*; comunità del genere, sul piano pratico, non possono che esercitare la *democrazia diretta*. Queste due soluzioni sono radicalmente alternative non solo al sistema capitalistico, ma anche a quello socialistico-statale e socialistico-mercantile. Qualunque proposta in questa direzione non potrà che essere ferocemente combattuta, proprio perché antitetica a qualunque logica dominante.[21]

Ora, siccome è impossibile pensare di poter realizzare una cosa del genere in un sistema di vita che le è radicalmente opposto, viene inevitabile chiedersi come comportarsi in attesa. Di sicuro non possiamo ricadere nelle illusioni del socialismo utopistico: non avrebbe senso compiere sforzi enormi per ottenere risultati minimi. Quindi l'unica cosa che si può fare è parlarne, mettere l'argomento al centro dell'attenzione pubblica e, nel contempo, prepararsi alla rivoluzione.

Lenin diceva, ai suoi tempi, che in Europa occidentale era difficilissimo far scoppiare una rivoluzione socialista. Oggi, a distanza di un secolo, dobbiamo aggiungere, alla luce di ciò che è stato fatto in Russia e in Cina, che è ancora più difficile gestire il successo di una rivoluzione in maniera autenticamente democratica. I comunisti al potere non vogliono sentir parlare di *comunità locali autogestite*, di autoconsumo, di democrazia diretta, di baratto delle eccedenze, e così via. Per loro questo sarebbe un "socialismo della miseria", un tornare indietro, ai tempi del Medioevo o addirittura al Paleolitico. I comunisti vogliono il benessere del capitalismo senza le contraddizioni antagonistiche, senza i conflitti sociali. Vogliono una regolamentazione pubblica di un'economia industrializzata. Non vogliono rinunciare al ruolo dello Stato né alle comodità offerte dal Mercato. Vogliono anzi dimostrare d'essere più efficienti dei capitalisti, schiavi come sono, quest'ultimi, del loro individualismo.

In Russia e in Cina si è concesso alla società civile d'arricchirsi alla maniera borghese, e si pensa di poter gestire questi nuovi processi grazie appunto alla presenza dello Stato. Da un lato quindi si è concessa maggiore autonomia sul piano economico e finanziario; dall'altro però ci si riserva d'intervenire energicamente quando la situazione rischia di diventare critica e di sfuggire ai necessari controlli. In poche parole i poteri politici agiscono in maniera paternalistica, nella convinzione d'essere riusciti a trovare un efficace compromesso tra esigenze di benessere individuale e autoritarismo statale.

---

[21] Per noi l'unico vero esempio di democrazia diretta, durato migliaia di anni, si è verificato nel *comunismo primitivo*, che aveva un'unica industria, quella litica, con la quale era perfettamente in grado di rispettare le esigenze riproduttive della natura. Sotto questo aspetto riteniamo del tutto superata la tesi secondo cui per giungere al socialismo democratico occorre necessariamente passare per l'industrializzazione del mondo contemporaneo.

Quanto possa durare un compromesso del genere è difficile dirlo, ma è evidente che quanto più le classi produttive, quelle che "vendono", si arricchiscono, tanto più pretenderanno maggiori poteri decisionali sul piano politico. Questo è del tutto normale. Ovunque si formi, il capitalismo presenta tale caratteristica fondamentale: *la politica deve stare sottomessa all'economia*. Se all'inizio non è possibile farlo, resta comunque un obiettivo finale. Prima o poi la borghesia produttiva chiederà allo Stato maggiore libertà d'azione. Non solo, ma spingerà anche i governi a compiere guerre imperialistiche per spartirsi le zone d'influenza.

È dunque solo in apparenza che le guerre scoppiano tra Stati politici. In realtà scoppiano tra borghesie produttive, che si servono dei loro rispettivi Stati. È il capitale che comanda e tutti devono piegarsi alla sua volontà.

Politica doganale e militarismo

Il cap. 4 è intitolato "Politica doganale e militarismo", ma in realtà vuole contestare la tesi di Bernstein secondo cui lo Stato capitalistico tende a trasferire sempre più le sue tradizionali funzioni alla società civile, per cui diventa irrilevante compiere delle rivoluzioni politiche.

Il capitolo è impostato male, in quanto Rosa vuole dimostrare che lo Stato, proprio in rapporto alla politica doganale e al militarismo, fa gli interessi di *una sola classe* e non assegna affatto le sue funzioni alla società civile. Avrebbe fatto meglio a porre una differenza tra Stato centralista e Stato federato, dimostrando che anche quest'ultimo non favorisce affatto lo sviluppo del socialismo, pur essendo più vicino all'idea di devoluzione (o decentramento) dei poteri e persino di democrazia diretta.

L'idea di Rosa è quella di far capire che, siccome lo Stato è un organo della classe capitalistica (che domina nettamente la società), può accadere che per difendere gli interessi di tale classe, venga frenato persino lo sviluppo del capitalismo, per cui lo Stato può risultare essere non a favore bensì contro tale società. Ed essa fa appunto gli esempi della politica doganale e del militarismo, cui attribuisce – con una affermazione che avrebbe potuto risparmiarsi – "una funzione indispensabile e pertanto progressista e rivoluzionaria" allo sviluppo del capitalismo nella sua fase iniziale. L'aggettivo "rivoluzionaria" ci può stare, in quanto la tecnologia borghese lo fu davvero rispetto all'epoca precedente, ma l'aggettivo "progressista" è del tutto fuori luogo, soprattutto se messo in rapporto al colonialismo. Sappiamo però che molti marxisti son fatti così: prima di dire che il capitalismo va superato dal socialismo, han bisogno di dire che il feudalesimo non poteva essere superato se non in chiave capitalistica.

In ogni caso la tesi di Rosa è la seguente: "Senza la protezione doganale sarebbe stato quasi impossibile il sorgere della grande industria nei singoli paesi. Oggi invece il dazio protettivo non serve a permettere lo sviluppo di industrie giovani, ma a mantenere artificialmente forme di produzione antiquate". Quindi i dazi servono come "mezzi di lotta di un gruppo capitalistico nazionale contro un altro", o comunque come "mezzi indispensabili per la cartellizzazione dell'industria, cioè per la lotta del produttore capitalista contro la società consumatrice". Detto ciò però essa si contraddice subito dopo, quando è costretta a rilevare che "ora dappertutto non è l'industria ma l'agricoltura che svolge la funzione determinante in materia di dazi... per plasmare ed esprimere interessi feudali in forma capitalistica".

Ora, è a tutti noto che i dazi si mettono quando una qualunque produzione è, rispetto alla concorrenza straniera, in una situazione di debolezza, o perché appena nata, e quindi priva di imponenti capitali, impossibilitata a imporsi in un mercato nazionale con la sua politica dei prezzi, oppure perché non è in grado di competere sul piano qualitativo, in quanto non possiede ancora sufficiente esperienza e competenza per produrre, a parità di prezzo, merci di ottima fattura. In Italia l'esempio classico è stato quello della FIAT, che ha beneficiato della politica doganale nei confronti delle automobili straniere e che si è servita di tutte le protezioni statali per eliminare persino la concorrenza interna.

Tuttavia la politica doganale alla lunga non regge. Il capitalismo ha bisogno di espandersi in continuazione. Una volta conquistati i mercati nazionali, deve trovare uno sbocco in quelli esteri. Se un Paese beneficia di colonie può usare queste ultime per esportare le proprie merci. Ma perché le colonie possano acquistare prodotti industriali dalla madrepatria, devono esse stesse svilupparsi in senso capitalistico; e non potrebbero certo farlo se fossero (o restassero) ferme a uno stadio di sviluppo primitivo o feudale. Se poi un Paese non dispone di colonie, deve per forza cercare di esportare le sue merci in altri Paesi capitalistici avanzati; e qui può essere capace di vincere la concorrenza solo se offre prodotti di qualità più o meno equivalente a un prezzo decisamente inferiore. Questa cosa è possibile solo se le industrie sono in grado di sfruttare maggiormente la loro forza-lavoro (operaia, amministrativa e manageriale).

Insomma, la politica dei dazi ha senso quando il capitalismo di una determinata nazione è ancora immaturo, in considerazione del fatto che tra capitalisti nazionali ed esteri di sicuro non ci si aiuta a crescere vicendevolmente. L'aiuto è reciproco soltanto quando si ha un comune nemico da combattere. Le nazioni più avanzate possono avere industrie che chiedono alle nazioni ancora arretrate di poter impiantare le loro filiali nei loro territori, da dove, promettendo in cambio posti di lavoro, possono esportare in tutto il mondo (come in genere fanno le multinazionali, che non hanno scrupoli a devastare ecologicamente gli ambienti ove traggono le materie prime da trasformare). Le industrie più avanzate delle madrepatrie possono anche proporre delle *joint venture*, ma solo a condizione di beneficiare di ampie agevolazioni fiscali e di detenere la maggioranza delle azioni. Di regola i Paesi arretrati si devono accontentare di crediti finanziari concessi dalle banche dei Paesi avanzati.

Quando un Paese ha meno paura della concorrenza straniera, comincia a eliminare progressivamente i dazi e a parlare di libero scambio. I dazi infatti sono sempre un'arma a doppio taglio: una nazione che li impone, deve aspettarsi che anche altre nazioni, per ritorsione, facciano altrettanto. In genere i dazi rendono molto difficili i commerci multilaterali. Viceversa, il libero scambio, quando è alla pari, favorisce non solo i rapporti commerciali, ma anche quelli politici. L'importante è che nella bilancia dei pagamenti vi sia un certo equilibrio tra entrate e uscite. La dipendenza commerciale tra le varie nazioni deve essere reciproca, deve essere una "interdipendenza" reciprocamente vantaggiosa, altrimenti finisce col diventare un'arma di ricatto. Gli scambi commerciali assomigliano al gioco in borsa: se tutti volessero soltanto vendere, la borsa crollerebbe.

Naturalmente se un Paese è molto indebitato con gli istituti finanziari internazionali, non ha la libertà di decidere una propria politica dei dazi, non può tranquillamente affermare che vuole favorire soltanto le merci "nazionali". Rischierebbe di non poter beneficiare di un rinnovo del credito. Gli istituti finanziari mondiali (FMI, BIRS, Banca Mondiale, Banca Europea...) favoriscono anzitutto gli interessi dei grandi monopoli e delle grandi banche: pretendono che merci e capitali possano circolare nella più assoluta libertà. P.es. si sono guardati bene dal contestare l'attuale governo americano di Trump quando ha deciso di mettere imponenti dazi ad alcune merci cinesi ed europee, al fine di tutelare le imprese nazionali.

Non ha senso quindi dire – come fa Rosa in questo caso – che i dazi protettivi servono "a mantenere artificialmente forme di produzione antiquate". Negli Stati Uniti la produzione è molto avanzata, eppure non riesce a reggere la concorrenza di quella cinese, poiché questa, essendo basata su un costo del lavoro irrisorio (rispetto agli standard occidentali), può permettersi d'essere molto competitiva. I dazi non servono a difendere il vecchio contro il nuovo che preme alle porte della dogana, ma a impedire che una società già in crisi per motivi endogeni, finisca con l'implodere a causa dei prezzi competitivi delle merci straniere.

Certo, la qualità delle merci può non essere la stessa (e quelle cinesi, in questo campo, certamente non sono competitive, almeno per adesso), ma se in una società avanzata (come quella americana) la crisi è molto acuta, gli strati sociali più deboli, con meno disponibilità finanziarie, finiscono con l'accontentarsi di una qualità inferiore. I prodotti cinesi mandano a picco la produzione delle aziende americane, pur contribuendo a sviluppare il consumo degli americani non benestanti. La politica daziaria, imposta da Trump per favorire le aziende nazionali, non servirà in alcun modo a evitare l'acuirsi della crisi, sia perché le aziende nazionali non riusciranno a vendere, come vorrebbero, in un mercato nazionale in crisi, delle merci con prezzi più alti di quelli cinesi; sia perché i dazi, applicati per ritorsione dal governo di Pechino, colpiranno inevitabilmente le merci americane più appetibili o più competitive sul mercato cinese. E questo senza considerare che tra le due popolazioni, cinese e americana, sarà soprattutto quest'ultima, abituata a standard molto elevati, a veder aumentare la propria frustrazione e inadeguatezza sociale.

Quando in una nazione avanzata la polarizzazione sociale tra benestanti e indigenti è molto forte, è facile che il governo in carica, intenzionato a favorire (come sempre) le industrie nazionali, lo faccia sino al punto da illudere l'intera società che con una politica daziaria possa aumentare l'occupazione e il benessere generale. Non ci si rende conto che, proprio nel momento in cui il governo favorisce gli interessi di alcuni gruppi o comparti industriali, inevitabilmente finisce col danneggiarne altri, che patiranno la mancanza di sbocchi per le loro merci, a causa dei dazi messi come forma di ritorsione dalle nazioni con cui tradizionalmente si avevano rapporti commerciali.

Si può capire una nazione che mette i dazi quando il proprio capitalismo è debole nei confronti della concorrenza straniera. Ma se i dazi vengono messi quando si è forti, allora è forte la paura che possano esplodere delle contraddizioni interne. Poiché si sa benissimo che una politica daziaria, promossa da una superpotenza, non può essere unilaterale e che ci si deve aspettare, da parte della concorrenza di altre nazioni, delle contromisure di importi più o meno equivalenti, non è forse inevitabile che aumenti la tensione internazionale? Ma quando la superpotenza si accorgerà che i dazi non saranno stati sufficienti ad arginare in maniera significativa un'esplosione dei conflitti sociali, non diventerà forse facile ricorrere a dei pretesti per far scoppiare una guerra? Dinamiche del genere non sono forse sempre esistite?

*

Anticipando tutti, Rosa aveva capito che le tesi di Bernstein avrebbero portato la socialdemocrazia tedesca su posizione revisionistiche, involutive, favorevoli unicamente allo sviluppo del capitalismo. Ma nel suo testo non si vedono i rimedi pratici per evitare la diffusione di questo virus. La medicina è puramente teorica.

Rosa ha saputo dimostrare che il divario tra Stato e società si stava approfondendo nel capitalismo avanzato, in quanto con la politica daziaria lo Stato tendeva a difendere "forme di produzione antiquate" contro "lo sviluppo di industrie giovani". Essa voleva far vedere che lo Stato difende solo i grandi monopoli: "i dazi non sono più necessari come mezzi protettivi dell'industria, per creare e conquistare un mercato interno, bensì come mezzi indispensabili per la cartellizzazione dell'industria, cioè per la lotta del produttore capitalista con la società consumatrice". I dazi sono diventati "mezzi di lotta di un gruppo capitalistico nazionale contro un altro".

A ben guardare però, tutti questi aspetti delineati da Rosa erano piuttosto marginali e non andavano assolutizzati. Se una nazione si sente costretta a tassare eccessivamente le merci straniere, lo fa perché, nel suo insieme, risulta essere economicamente debole. La preoccupazione non è principalmente quella di difendere un determinato gruppo di industrie contro un altro sul piano nazionale. Uno Stato capitalistico difende il capitalismo nazionale nella sua complessità e interezza. Il capitalismo industriale ha assolutamente bisogno che il mercato nazionale si allarghi il più possibile. Se un capitalismo nazionale è già riuscito ad allargarsi a livello internazionale e, nonostante questo, decide ugualmente di mettere i dazi su alcune merci straniere, significa che a livello internazionale esiste un'altra nazione in grado di esercitare una temibile concorrenza. Quindi l'uso dei dazi è sempre dettato dalla paura.[22]

Sulla politica protezionistica Rosa pecca di astrazione, non fa esempi concreti, ingigantisce l'importanza di fenomeni marginali, vede dei conflitti sociali dove in realtà non sono così eclatanti. Alla fine dell'Ottocento sia in Germania che in Italia (entrambe alle prese con uno sviluppo industriale partito in ritardo rispetto a quello anglo-francese) lo Stato favoriva *tutta* l'industrializzazione interna, non solo una sua speci-

---

[22] In Italia il passaggio dalla politica liberoscambista a una politica protezionistica avvenne gradualmente dal 1881 fino all'adozione di una tariffa sulle importazioni che, eliminando di fatto la concorrenza delle merci straniere, determinò il decollo dell'industria italiana degli anni 1896-1908. In questa fase il capitalismo italiano si consolidò soprattutto nel cosiddetto triangolo industriale (Piemonte - Lombardia – Liguria), mentre si decise di trasformare il centro-sud in un mercato dei prodotti industriali del nord e in una fonte di manodopera a basso costo. In particolare lo Stato, di fronte al persistere della crisi agraria, si vide costretto ad adottare misure protezionistiche sulle importazioni di frumento e zuccheri (1887-88). Ciò scatenò una guerra commerciale tra Italia e Francia che rovinerà i produttori meridionali di vino, olio e agrumi.

fica parte, e non lo faceva solo con la politica daziaria, ma anche con altri mezzi: concessione di crediti bancari agevolati, politica fiscale molto favorevole, creazione di infrastrutture a spese dello Stato ecc. Ovviamente si sapeva benissimo quali settori produttivi avrebbero dovuto essere considerati trainanti dell'intera economia, e quindi più competitivi sul mercato internazionale; cioè si sapeva che questi settori sarebbero dovuti diventare *monopolistici*, proprio perché l'intervento statale a loro favore era massiccio. Ma non per questo venivano sfavoriti altri settori industriali. Al massimo vi fu una penalizzazione dell'agricoltura rispetto all'industria (cosa che però non si verificò negli Stati Uniti, a motivo degli immensi territori a disposizione degli agrari).

Nel periodo in cui Rosa scrive questo libro, lo sviluppo del capitalismo europeo era impetuoso; praticamente lo è stato per tutta la seconda metà dell'Ottocento, sino allo scoppio della guerra mondiale. La lunga crisi recessiva del 1873-96 fu causata dalla sovrapproduzione, non da una debolezza del capitalismo o da una lotta tra monopoli o tra questi e piccole aziende, e neppure tra produttori e consumatori. Anzi fu proprio questa crisi, e non tanto la politica daziaria, a favorire in maniera decisiva la concentrazione dei maggiori gruppi industriali.

Rosa infila una frase astratta dietro l'altra, senza rendersi conto di cadere in svariate contraddizioni. P.es. a fine Ottocento le produzioni monopolistiche non erano affatto "antiquate", né si aveva alcuna intenzione di impedire la nascita di nuove industrie. L'euforia per il nuovo stile di vita, basata sullo sviluppo tecnico-scientifico, era generale. Se non fosse stato così, probabilmente non sarebbe nato il socialismo riformistico e il revisionismo di Bernstein.

D'altra parte lei stessa è indotta ad ammettere, smentendo quanto detto poco prima, che "non è l'industria ma l'agricoltura che svolge la funzione determinante in materia di dazi", nel senso che la politica doganale è diventata "un mezzo per plasmare ed esprimere interessi feudali in forma capitalistica". Rosa sembra avere in mente la situazione polacca, non quella tedesca. Vede un'industria "antiquata" e un'agricoltura "feudale" protette dalla politica doganale. Non dicendo a quale Paese si riferisce, sembra dare per scontato che sia la Germania, ma in tal modo vede contraddizioni irriducibili, esasperate, dove in realtà non vi sono.

*

L'impulso al capitalismo è imprescindibile dall'uso degli strumenti bellici. Su questo Rosa aveva perfettamente ragione contro Bernstein, salvo che in un aspetto: là dove dice che grazie alla guerra il capitalismo riuscì a superare "il frazionamento interno [le divisioni tribali, p.es.] o l'isolamento di un'economia naturale [basata p.es. sull'autoconsumo]". Ne parla come se questi processi: il *frazionamento* e l'*isolamento*, andassero necessariamente superati, o come se si potesse farlo solo alla maniera "borghese". Cioè come se la formazione di una nazione moderna e la sua interconnessione col sistema capitalistico mondiale andassero considerate positivamente e non come una tragedia storica per determinate tribù, etnie, comunità locali. Anche questo, purtroppo, è un modo "positivistico" di vedere le cose, cui il marxismo, abbacinato dalle conquiste tecnico-scientifiche del capitalismo, non si è mai liberato.

Tuttavia è giusto ciò che sostiene Rosa quando dice che ai suoi tempi (fine Ottocento) la guerra era il risultato "di antagonismi *europei* già esistenti che si sono trapiantati nelle altre parti del mondo e là portano alla rottura". Cioè la guerra è un mezzo necessario per ripartirsi, tra potenze europee, le colonie da sfruttare. Lo dice per far vedere, contro Bernstein, che il capitalismo europeo avanzato non era affatto più pacifico di quello che combatteva contro le economie naturali da colonizzare.

Non solo, ma il militarismo serve anche come mezzo d'impiego, cioè di investimento del capitale finanziario e industriale. Rosa aveva già intuito la necessità di collegare strettamente l'industria all'apparato bellico, facendo di quest'ultimo uno sbocco per i capitali eccedenti.

Infine Rosa sostiene che il militarismo viene usato come "strumento del dominio di classe" di una nazione contro il proprio popolo lavoratore, al fine di tenerlo sottomesso e di impedire che manifesti idee alternative al sistema.

Rosa aveva previsto che la crescita incessante, inarrestabile, del militarismo imperialistico avrebbe prima o poi portato a un conflitto mondiale, anche se riteneva, giustamente, il militarismo un'occasione per l'investimento del plusvalore. Giudica, quest'ultimo, come un fenomeno "completamente sconosciuto ancora una ventina di anni fa": quindi sta parlando degli anni Settanta. Strano che dica questo, poiché senza militarismo non ci sarebbe stato il colonialismo anglo-francese né la guerra di Secessione americana, né la guerra franco-prussiana, né quella in Crimea contro la Russia zarista. Peraltro, considerando le tardive unificazioni nazionali di Italia e Germania, è difficile pensare che queste si sarebbe mai potute formare senza il militarismo del Piemonte e della Prussia. Le stesse rivoluzioni borghesi (inglese, francese e americana) hanno reso il militarismo strettamente connesso allo sviluppo del capitalismo, nel senso che se al momento di fare la rivoluzione la borghesia accettò l'idea di armare il popolo, preferì, una volta compiuta, disarmarlo.

È giusto sostenere che con lo sviluppo del capitalismo lo Stato borghese "si mette con la sua politica *in contrasto* con lo sviluppo sociale, perde con ciò sempre di più il suo carattere di rappresentante di tutta la società... diventa sempre più un mero *Stato di classe*". Tuttavia bisognerebbe aggiungere che questa tendenza militaristica del capitalismo, cioè questa tendenza alla violenza, alla sopraffazione è implicita alla sua stessa nascita. Non è mai esistito un capitalismo puramente pacifico. È solo in apparenza che la borghesia si pone come una classe "popolare", come una classe autenticamente "democratica" quando combatte contro i privilegi dell'aristocrazia laica ed ecclesiastica, o quando l'intera nazione guidata dalla borghesia muove guerra contro gli imperi autocratici tardofeudali. Nessuno si sognerebbe di negare la giustezza delle guerre contro gli imperi russo, ottomano, austroungarico. Nondimeno è necessario aggiungere che solo nella Russia di Lenin, quella bolscevica, non ci si fece alcuna illusione sul carattere davvero "democratico" della società borghese. A differenza dei socialisti europei, i bolscevichi rinunciarono subito all'idea di dover aspettare la "maturità" del capitalismo, cioè l'acutezza e la profondità delle sue contraddizioni, prima di decidersi a compiere la transizione socialista. Semmai erano i menscevichi e i socialisti-rivoluzionari a nutrire illusioni in merito, ma in questo, non a caso, mostravano d'essere nettamente influenzati dall'ideologia riformista dei colleghi euroccidentali.

Forse proprio su questo aspetto la stessa Rosa mostrava una certa ingenuità. Essa infatti sostiene che "il militarismo, la politica doganale e quella coloniale hanno solo un valore negativo nei riguardi della società". In realtà era proprio il colonialismo che garantiva al capitalismo europeo uno sviluppo pacifico e senza soste, salvo le periodiche crisi di sovrapproduzione. Senza militarismo il colonialismo sarebbe stato impossibile, sin dal tempo della scoperta-conquista dell'America.

A differenza del protezionismo, che risulta essere una misura transitoria nei rapporti tra paesi capitalisti, il militarismo è invece una costante. Esso è stato usato per sottomettere completamente le colonie, per ridurre la forza delle nazioni capitalistiche rivali e per tentare di abbattere le nazioni che hanno inaugurato un'alternativa di tipo socialista (Nord Corea, Cuba, Vietnam, Laos, Cambogia...). Semmai Rosa avrebbe dovuto limitarsi a dire che a causa del crescente sviluppo imperialistico dei Paesi europei una guerra mondiale per ripartirsi le colonie è sempre possibile, proprio perché tale sviluppo avviene senza alcuna pianificazione, in un contesto di anarchica competizione tra nazioni. In altre parole, gli effetti negativi del capitalismo sulla società sono causati proprio dal fatto che quando più Paesi vogliono diventare capitalisti, inevitabilmente vengono rimesse in discussione le pregresse conquiste coloniali. Non è possibile essere tutti capitalisti in maniera pacifica: prima o poi gli interessi vengono a collidere. Questo perché gli Stati capitalisti sanno benissimo che la loro ricchezza dipende dallo sfruttamento coloniale di territori ricchi di risorse naturali ma poveri di tecnologia.

Il capitalismo può anche nascere per motivi endogeni, all'interno di una nazione, ma una volta conquistato il mercato nazionale, il capitale ha subito bisogno di rivolgersi ai mercati esteri. Il colonialismo è una necessità intrinseca allo sviluppo capitalistico.[23] E qui conta poco che uno Stato arrivi prima di un altro ad occupare dei territori stranieri da sfruttare. In nessuna nazione il capitale si sente vincolato a rispettare delle precedenze cronologiche, se ha i mezzi militari per non farlo.

Sono le guerre lo strumento principale per rimettere tutto in discussione; e quando esse vengono usate – qui ha ragione Rosa – il parlamentarismo, all'interno dello Stato che decide di muovere guerra, perde molta della sua importanza. Quando si è in guerra, la direzione politica deve essere autoritaria. Naturalmente uno Stato capitalistico, per poter acquisire delle colonie, deve dimostrare che non ha intenzione di comportarsi come i precedenti colonizzatori. Deve far credere alle popolazioni da sottomettere che le sue intenzioni sono più democratiche, egualitarie ecc. I giapponesi, p.es., dicevano ai cinesi e ad altre nazioni asiatiche che loro si sarebbero comportati meglio degli europei e degli americani, proprio perché anche loro erano "asiatici". Argomenti equivalenti sostenevano gli statunitensi in Sudamerica contro spagnoli e portoghesi, o in Medioriente contro inglesi e francesi. Oggi lo fa la Cina in Africa contro gli occidentali in genere.

Che cos'è il revisionismo?

Il cap. 5 è dedicato all'analisi della natura del revisionismo di Bernstein. Il ragionamento che fa Rosa è ineccepibile: il revisionismo teorizza ciò che fa praticamente la socialdemocrazia tedesca, e cioè la lotta per le riforme sociali, e quindi lo sviluppo dei sindacati e, si potrebbe aggiungere, delle cooperative, nonché la democratizzazione delle istituzioni politiche attraverso il parlamentarismo.

Poi fa una giusta precisazione, che serve a capire la differenza tra il centrismo di Kautsky e l'ala destra capeggiata da Bernstein: il primo svolge le suddette lotte riformistiche "come mezzi per guidare ed educare gradualmente il proletariato alla conquista del potere politico"; il secondo invece ritiene che "queste lotte devono essere condotte esclusivamen-

---

[23] In Italia, all'epoca dei Comuni, la borghesia urbana cercò immediatamente di conquistare economicamente il contado rurale adiacente alle mura; e, una volta fatto, il Comune più forte economicamente e militarmente cercò subito di conquistare i Comuni più deboli, e fu così anche in presenza delle Signorie e dei Principati, sino all'unificazione nazionale. Ottenuta questa, si procedette alla conquista di colonie nel continente africano.

te in considerazione dei risultati immediati, cioè il miglioramento delle condizioni materiali dei lavoratori, la limitazione graduale dello sfruttamento capitalistico e l'estensione del controllo sociale".

Si noti l'avverbio "esclusivamente", che viene giustificato da un altro inciso: "vista l'impossibilità e l'inutilità della conquista proletaria del potere politico". In realtà, se il revisionismo di Bernstein avesse dato l'impressione di essere politicamente rinunciatario, non avrebbe potuto avere il successo che ebbe. Il partito socialdemocratico era diventato potente proprio perché l'obiettivo della conquista del potere politico era molto chiaro. Il revisionismo, in generale o in astratto, non mette in discussione tale obiettivo e neppure i mezzi e i modi per conseguirlo: non ha bisogno di farlo, in quanto già il centrismo di Kautsky non faceva nulla di "extraparlamentare" o di "clandestino" o di "illegale".

Ciò che il revisionismo mette in discussione è soltanto il *giudizio complessivo sul capitalismo*, in quanto esso è convinto, a differenza di quanto comunemente i marxisti credevano, che i capitalisti sarebbero arrivati spontaneamente a riconoscere la progressiva irrilevanza del loro ruolo come soggetti individualistici. Le società per azioni erano per Bernstein l'esempio più eloquente di questa progressiva trasformazione della proprietà privata capitalistica e della gestione diretta dell'impresa da parte del suo proprietario storico. La proprietà diventava "collettiva" (ripartita tra i soci, in rapporto alle azioni possedute) e la gestione veniva affidata a manager specializzati.

Bernstein era un discepolo dell'ultimo Engels. Egli era convinto che la classe dei capitalisti, vedendo la forte e razionale organizzazione del proletariato industriale, intenzionato a perfezionare i mezzi produttivi e ad accrescere il benessere dell'intera nazione, si sarebbe fatta da parte come classe egemone e avrebbe accettato, di necessità o virtù, una proprietà *sociale* dei mezzi produttivi, nella convinzione che in tal modo le forze produttive avrebbero potuto continuare a svilupparsi meglio in quantità e qualità.

Le due concezioni, di Kautsky e di Bernstein, non erano "contrapposte", come pensava Rosa. La differenza stava semplicemente nel fatto che Kautsky nutriva dei dubbi sulla volontà dei capitalisti di arrendersi all'evidenza dei fatti. Tuttavia, siccome la tattica ch'egli aveva fatto accettare dal partito non era minimamente rivoluzionaria, bensì del tutto *riformistica*, Bernstein non aveva fatto altro che trarre le conseguenze più logiche. Se la tattica di un marxista può essere *solo riformistica*, allora la classe capitalistica non ha motivo di temere alcuna rivoluzione politica.

Il revisionismo di Bernstein si poneva quindi come un messaggio indirizzato ai capitalisti tedeschi, in tono del tutto conciliante: non avreb-

bero avuto nulla da temere da parte del proletariato, anzi, avrebbero dovuto considerarlo come l'alleato più fidato, in quanto comuni erano gli
interessi, i luoghi di lavoro, i destini. Come forma di attestazione dell'af-
fidabilità della propria proposta, il revisionismo sarebbe stato disposto ad
approvare la politica coloniale dei governi borghesi, la spietatezza dei capitalisti nelle colonie africane e in altri territori. Come poi puntualmente
avvenne. Di più: in occasione della prima guerra mondiale, per poter permettere alla Germania di scatenare la guerra contro la Francia e la Russia, l'intero partito socialdemocratico voterà a favore dei crediti per le
spese militari, assicurando inoltre la "pace sociale" sino alla fine della
guerra, cioè rinunciando preventivamente al diritto di scioperare o di scatenare una guerra civile per abbattere il governo militarista e imperialista.[24]

Questo per dire che il revisionismo di Bernstein non nacque per
contrapporsi all'ortodossia di Kautsky, ma per portarla alle sue conseguenze più inevitabili, quelle per le quali gli operai devono convincersi
che la democrazia parlamentare è un assoluto imprescindibile, sia in presenza del capitalismo che del socialismo.

Rosa non aveva capito questa sottigliezza nel momento in cui
scriveva il suo libro. Era infatti convinta che si trattasse semplicemente
di una contrapposizione tra lo sviluppo dell'elemento *soggettivo* del proletariato, che deve prepararsi alla conquista del potere, e lo sviluppo del-
l'elemento *oggettivo* di una transizione pacifica dal capitalismo al socialismo.

In realtà né Kautsky, né, tanto meno, Bernstein avevano bisogno
di dire che il potere politico andava "conquistato" con la forza. Infatti
nella loro visione opportunistica delle cose, la "conquista" della società,
tramite le riforme sociali, era già avvenuta pacificamente, grazie soprattutto alla cooperazione e ai sindacati. Se il governo borghese aveva dovuto rinunciare alle Leggi repressive nei confronti dei socialisti, evidentemente aveva capito ch'esse erano del tutto inutili. Andando avanti di questo passo, i capitalisti – secondo l'ideologia opportunistica dei revisionisti, che spesso danno l'impressione d'essere degli infiltrati della borghesia
– avrebbero rinunciato a qualunque forma repressiva e sarebbero scesi a
patti con tutte le maggiori forze della sinistra (partito, sindacati e cooperative), in nome degli interessi generali della nazione.

Dove stava l'ingenuità del revisionismo (ammesso e non conces-

---

[24] Già in precedenza la socialdemocrazia tedesca aveva barattato in parlamento
la propria richiesta di riforme sociali con la richiesta da parte del governo di potenziare il militarismo per scopi colonialistici e il protezionismo per scopi capitalistici.

so che qui si sia in presenza di una "buona fede")? Stava proprio nel fatto di credere che, accettando di compromettersi in maniera "vergognosa" con le esigenze dei capitalisti, questi avrebbero rinunciato più facilmente alla proprietà privata dei mezzi produttivi.

Di regola invece avveniva proprio il contrario. Vedendo l'arrendevolezza del loro proletariato, i capitalisti, abituati a dover fronteggiare una concorrenza spietata da parte di altri capitalisti, non hanno esitazione ad aumentare il livello dello sfruttamento; arriveranno persino a scatenare delle guerre mondiali, pur di accaparrarsi quante più colonie possibili. Non avranno scrupoli a sacrificare milioni di operai e di contadini sull'altare dei loro profitti; e non porranno mai all'ordine del giorno la questione di una possibile modifica degli assetti proprietari dei mezzi produttivi. Anzi, finita la guerra, tradiranno tranquillamente tutte le promesse che avevano fatto ai lavoratori per indurli ad andare a combattere. E questo non perché gli imprenditori borghesi sono intrinsecamente "malvagi", quanto perché sono obbligati a un atteggiamento del genere dal sistema stesso ch'essi hanno generato, il quale ha delle leggi così oggettive che, restando all'interno del sistema, risultano immodificabili.

D'altra parte il proletariato europeo, abituato dai propri dirigenti a svolgere una politica esclusivamente riformistica, non sarà mai in grado, né nella prima né nella seconda guerra mondiale, di trasformare il conflitto imperialistico in una guerra civile. In Germania, dopo il crollo dell'impero prussiano la sinistra non sarà in grado di compiere alcuna rivoluzione né la Repubblica di Weimar di avviare una vera socializzazione della proprietà, una vera distribuzione gratuita delle terre ai contadini, previa confisca senza indennizzo ai latifondisti... Tra questa Repubblica e quella bolscevica vi era un abisso.

*

Che cosa poteva impedire alla classe operaia di credere che i propri dirigenti non fossero "riformisti"? Solo una cosa: il rifiuto di considerare gli organi istituzionali dello Stato come elementi preposti a conservare e sviluppare la *democrazia*, politica e sociale. Cioè il rifiuto di credere possibile che attraverso il Parlamento si potesse realizzare il socialismo, e quindi la democrazia compiuta.

Indicativamente sarebbe bene che un leader di un partito rivoluzionario non perdesse il suo tempo a partecipare alle sedute parlamentari, ma questo ovviamente non vuol dire che non possa farlo qualche delegato in rappresentanza di tale partito. È bene però che al partito egli renda conto periodicamente e che non si abitui a pensare che il suo seggio va considerato inamovibile solo perché vi è stata una regolare elezione. Non va neppure esclusa l'idea di cercare rapporti di reciproco interesse con qualche deputato o partito simpatizzante del socialismo. In ogni caso il proletariato deve dimostrare che la sua forza più significativa sta al di fuori delle istituzioni statali e parlamentari. È il partito che deve obbligare le istituzioni a confrontarsi con le sue istanze; non va lasciato allo Stato il potere di costringere il partito rivoluzionario ad accettare un confronto secondo le proprie regole formali e istituzionali.

Il socialismo ha senso nella misura in cui pone un confronto, o meglio uno scontro istituzionale tra interessi *privati* di una classe particolare, il cui potere si basa sullo sfruttamento del lavoro altrui, e interessi *pubblici* del popolo lavoratore. È dunque questa prassi politica anti-istituzionale che decide il carattere rivoluzionario di un movimento. Questa è una premessa irrinunciabile di una qualunque rivoluzione autenticamente proletaria. Dopodiché si può discutere su quali mezzi e metodi occorrono per realizzare l'obiettivo della conquista del potere.

Il problema vero è come ottenere "consenso" prima ancora che si verifichino quelle forme di esasperazione sociale incontrollabile che mandano in crisi i governi. Occorre un consenso sufficientemente ampio con cui approfittare soprattutto delle situazioni più drammatiche, quelle che si verificano in maniera improvvisa, quando il livello di sopportazione delle masse ha raggiunto la soglia oltre la quale può esserci solo una insurrezione; quelle situazioni in cui il governo si trova impreparato ad affrontarle coi soliti rimedi assistenzialistici e comincia seriamente a pensare a una svolta autoritaria. Occorre dimostrare alle istituzioni borghesi ch'esse, di fronte alla gravità dei problemi, non sono in grado di far nulla di significativo, e che l'opposizione alla loro politica non è solo teorica ma fattuale, in grado di proporsi come alternativa al sistema.

I governi borghesi vanno messi nella condizione di mostrare la loro netta incoerenza tra le affermazioni democratiche, proclamate nelle sedi istituzionali, e la loro prassi repressiva, applicata contro il popolo lavoratore. Non si deve dare alle istituzioni il pretesto per legittimare l'uso di metodi autoritari. Si deve anzi dimostrare che l'uso di tali metodi contraddice l'idea di democrazia. Infatti, il tallone d'Achille della borghesia sta proprio in questo, di non essere capace di vera "democrazia politica", proprio perché non è capace di vera "democrazia sociale".

Il lavoro extraparlamentare deve servire a mostrare che la democrazia meramente "politica" non è in grado di risolvere efficacemente i problemi sociali, quelli strutturali all'esistenza della collettività. Bisogna quindi fare in modo che sia la democrazia *sociale* a smascherare le ipocrisie della democrazia *politica* della borghesia. E deve farlo con urgenza, poiché ormai, sul piano teorico, la democrazia politica sta sempre più assumendo le sembianze, del tutto formali, di un governo demagogico a favore del popolo. Gli attuali governi borghesi stanno diventando sempre più "populistici": il che è mille volte peggio di quelli socialdemocratici di un tempo. Infatti anche la destra è "populistica".

In Cina addirittura è andato al potere una sorta di "socialismo borghese", che con le radici autentiche del socialismo non ha nulla a che fare. Siccome nel passato qui è stata forte l'idea di socialismo, ora il governo in carica riesce a utilizzare le stesse idee del socialismo per fare gli interessi del capitale. Già nel *Manifesto* Marx aveva messo in guardia da strumentalizzazioni del genere. Non è possibile smascherare una borghesia asiatica del genere limitandosi a un confronto meramente politico, cioè di idee politiche, in quanto di sicuro l'occidente, colpevole di mille contraddizioni tra la teoria e la pratica, perderebbe.

Bisogna mettere la borghesia di tutto il mondo di fronte alle sue responsabilità "sociali", che sono enormi, in quanto la povertà aumenta di continuo ovunque, sia in termini relativi che assoluti. Cioè aumenta la polarizzazione delle classi sociali, la progressiva proletarizzazione della piccola borghesia, l'immiserimento del cosiddetto "ceto medio". E l'unico modo che la borghesia ha di affrontare questo argomento è di non parlarne, ovvero di concentrare l'attenzione della pubblica opinione verso altri argomenti: p.es. verso i problemi ambientali o verso i conflitti bellici regionali, in varie parti del mondo, o verso gli imponenti flussi migratori provenienti dai Paesi del Terzo mondo, o verso la crescente criminalità, connessa inevitabilmente alla povertà e alla immigrazione; insomma va bene qualunque cosa possa servire a distogliere l'attenzione dai veri motivi che rendono la democrazia politico-borghese del tutto incapace a risolvere i problemi sociali causati dal capitalismo. Possono servire anche i talk-show televisivi dedicati ai rapporti interpersonali, all'alimentazione, alla salute psico-fisica, allo sport, ai giochi a premi, e così via.

Bene ha fatto Rosa a scrivere nella nota dedicata ai cosiddetti "socialisti della cattedra" (Wagner, Schmoller, Brentano...), ch'essi, quando videro che la socialdemocrazia tedesca lottava efficacemente contro lo Stato prussiano, votarono in parlamento "per la proroga della legge contro i socialisti", e non dissero nulla di spiacevole nei confronti della politica doganale e del militarismo del governo.

Rosa aveva capito la natura del revisionismo, ma l'aveva intravisto solo in Bernstein, evitando di dire che ve n'erano tracce anche in Kautsky: probabilmente perché temeva che i suoi articoli non venissero pubblicati negli organi di partito, e non aveva tutti i torti. In sostanza aveva capito che il revisionismo non nega le contraddizioni del capitale, ma ne riduce lo spessore, l'acutezza, la profondità.

Sbagliata invece era la sua idea "economicistica" di portare il capitalismo al suo più veloce sviluppo per meglio dimostrare la sua incompatibilità con le idee di fondo del socialismo. Non vi è alcun bisogno di tale sviluppo. L'esigenza del socialismo è valida *in sé*, a prescindere dallo sviluppo del capitalismo, che non ha nulla a favore dell'umanizzazione delle relazioni sociali, né a favore della tutela ambientale.

Di questo in occidente ci si sarebbe accorti molto presto se non fossero esistiti il colonialismo e l'imperialismo. Sarebbe bastato guardare cosa avvenne in Italia nel periodo che va dall'istituzione dei Comuni a quella dei Principati. Essa anticipò i tempi del moderno Stato nazionale borghese, quale si formò nell'Europa settentrionale, favorevole al protestantesimo. Le lotte fratricide tra Comuni, Signorie e Principati, tra città e campagna, tra borghesi e operai, aristocratici e contadini non ebbero mai fine.

Rosa purtroppo tendeva a vedere gli aspetti economici come prevalenti rispetto a quelli politici. Cioè riteneva che le contraddizioni del capitale avrebbero fatto maturare da sole la capacità organizzativa del proletariato. Quanto più forte è la crisi economica, tanto maggiore – così pensava – è la determinazione operaia di porvi fine. La sua era una posizione ingenua, non perché gli operai non sanno reagire alla minaccia di una povertà assoluta, ma perché non è detto che lo sappiano fare in maniera intelligente, per abbattere il potere politico borghese. Aveva ragione contro Bernstein nel sostenere che la crisi serve al capitale per ristrutturarsi, e che quindi essa è endemica, cioè necessaria allo sviluppo del capitale; ma aveva torto quando pensava che le crisi sarebbero state sufficienti a far aumentare la consapevolezza rivoluzionaria e la capacità organizzativa per compiere la conquista del potere.

Se l'unico problema del capitalismo fosse quello di produrre merci in rapporto all'effettiva possibilità di consumo, le crisi non esisterebbero mai; gli imprenditori dovrebbero accontentarsi di profitti contenuti, ma continuerebbero a sfruttare gli operai senza alcun problema. Si dirà che un atteggiamento del genere, da parte dei capitalisti, è impossibile, poiché essi sono costretti a produrre sempre di più e sempre meglio, vincendo la concorrenza con la politica dei prezzi e dell'efficienza. Tuttavia i capitalisti potrebbero anche mettersi d'accordo tra loro, creando trust, cartelli, monopoli, per non distruggersi a vicenda: perché cercare con angoscia il massimo dei profitti quando si può vivere tranquillamente rinunciando a una parte di questi profitti? Perché non mettersi d'accordo, quando, così facendo, si renderebbe insensata l'idea di voler abbattere il sistema?

Rosa però era lontana da queste considerazioni, non riusciva neppure a ipotizzare che il capitalismo fosse in grado di controllare le proprie contraddizioni. Da un lato aveva capito che le tesi di Bernstein non avrebbero mai portato ad alcuna rivoluzione; dall'altro però era rimasta ferma sulle posizioni spontaneistiche della prima metà dell'Ottocento, quelle che avevano caratterizzato Marx ed Engels sino al 1848-50. Ciò probabilmente era dovuto al fatto ch'essa proveniva da un Paese, la Polonia, ancora molto arretrato sul piano dello sviluppo borghese. A causa della povertà materiale di questo Paese si sentiva più rivoluzionaria dei socialdemocratici tedeschi, ma nel contempo non aveva maturato un'intelligenza davvero rivoluzionaria, con cui poter realizzare il passaggio dal tardo feudalesimo al socialismo, saltando la fase dello sviluppo borghese.

Rosa escludeva che il capitalismo potesse progredire "senza perturbazioni", poiché – secondo lei – gli imprenditori non potrebbero mai accettare "la caduta costante del tasso di profitto". È vero, la "caduta costante" no, poiché ciò porterebbe alla bancarotta o ad affidarsi agli usurai o a delocalizzare l'impresa in territori dove il costo del lavoro sarebbe di molto inferiore; ma un profitto sufficiente per continuare gli affari potrebbe anche essere accettato.

Oggi infatti non siamo più ai tempi dell'espansione imperialistica scoppiata nella seconda metà dell'Ottocento. Diciamo che dalla fine della seconda guerra mondiale il capitalismo occidentale non può più esercitare l'arroganza politico-militare di un tempo. Se vuole espandersi, può farlo prevalentemente sul piano economico; e per "economia" oggi s'intende soprattutto l'investimento finanziario, l'infotelematica, la vendita di armi... Almeno è così nel mondo occidentale. Sul piano più propriamente industriale molti Paesi che un tempo venivano definiti "sottosviluppati", oggi stanno "emergendo" con un capacità produttiva autonoma.

Dalla prima grave crisi economica del dopoguerra, quella petrolifera del 1973, ad oggi il capitalismo si è comportato come se l'espansione produttiva (quella industriale tradizionale) si fosse in un certo senso arrestata. A partire dagli anni Ottanta si è cominciato a smantellare lo Stato sociale. Negli anni Novanta è iniziato lo sviluppo impetuoso dell'informatica. Il crollo del socialismo statale ha permesso al capitalismo di allargarsi inaspettatamente nei territori fino a tutti gli anni Ottanta interdetti. Dal duemila in poi sono scoppiate varie crisi borsistiche, di cui la più grave è stata quella del 2008, che si è trascinata per una decina d'anni. Se non ci fosse stata l'informatica, il capitalismo avrebbe fatto scoppiare una terza guerra mondiale. Infatti è stata questa nuova tecnologia a permettere le ristrutturazioni industriali più significative.

In fondo con la guerra fredda si era più volte arrivati a un passo dal conflitto nucleare mondiale: ci voleva poco per premere i pulsanti dello scatenamento irreversibile. Questo per dire che la salute del capitalismo non è buona, né può sperare di migliorarla in virtù di eventi casuali, come appunto la scoperta dell'informatica (che peraltro permette a tutti di giocare in borsa) o il crollo del cosiddetto "socialismo reale". In una situazione del genere sarebbe meglio accontentarsi di profitti contenuti, non esagerati.

In Italia addirittura le grandi imprese industriali stanno uscendo di scena. L'industria prevalente, quella che produce la maggior parte del PIL, è piccola o media. Il vero boom del capitalismo è avvenuto subito dopo la guerra, sino alle lotte sindacali del Sessantotto. Poi è iniziato un andamento molto altalenante, che ha indotto gli USA a rinunciare alla convertibilità del dollaro in oro. Oggi non esiste più il dominio incontrastato degli Stati Uniti. Sul piano economico i competitori si stanno progressivamente differenziando. Il mondo è diventato multipolare. Cina, India, Russia... sono paesi capitalisti che vogliono competere alla pari. Tutti vogliono guadagnare qualcosa da un libero interscambio commerciale. Gli unici che non accettano questo trend son proprio gli USA, incapaci di accettare il fatto che gli anni ruggenti del dopoguerra (quando erano i loro crediti a ricostruire i Paesi europei semidistrutti) sono finiti da un pezzo. I governi americani hanno continuamente bisogno di far scoppiare conflitti regionali, di mettere embarghi commerciali a nazioni giudicate scomode, di far vedere che sul piano militare e finanziario i più forti sono ancora loro. Ora hanno deciso, inaspettatamente, di praticare una politica doganale per difendere i loro interessi. Questo significa essere in affanno.

Durante gli anni Settanta era maturata nelle società occidentali la convinzione che si potesse creare un'alternativa al sistema. A partire dagli anni Ottanta gli Stati capitalisti sono invece passati all'offensiva contro le loro rispettive società. La classe capitalistica vuole tenere in piedi gli Stati solo a titolo repressivo, poliziesco e, se necessario, anche militare. Gli aspetti socio-assistenziali vengono progressivamente smantellati, seppure con una certa cautela. Il capitalismo americano sembra non avere pace, proprio perché è altamente individualistico, non ha subito danni significativi al proprio interno dalle due guerre mondiali (tutte le crisi finanziarie, a partire da quella catastrofica del 1929, se le è procurate da solo), ed è stato ampiamente egemone in occidente e in buona parte del mondo dal 1945 sino alla sconfitta in Vietnam, che segna l'inizio del suo ridimensionamento. Oggi gli USA sono afflitti da un debito pubblico colossale, che non li ha mandati in fallimento solo perché i titoli di stato vengono acquistati da vari Paesi stranieri, in particolare dalla Cina.

*

Chi si accontenta di poter beneficiare di profitti contenuti, ragionevoli, sono le imprese piccole o medie, quelle spesso a conduzione familiare. Molte di loro vivono a rimorchio di quelle grandi, che però soffrono di più in presenza di crisi internazionali della finanza.

Non poche imprese medio-piccole sono collassate a partire dall'ultima crisi mondiale del 2008, che ha colpito prevalentemente le banche, le quali non possono più concedere prestiti come prima. Quasi tutte le imprese, infatti, han dovuto ristrutturarsi, focalizzando la loro attenzione sul commercio estero. Alcune si sono accorpate per essere più forti. Ma nel complesso quelle medio-piccole han tenuto meglio delle grosse imprese, che di fronte ai grandi problemi si spaventano più facilmente, temendo di perdere ingenti patrimoni. Di qui le improvvise decisioni di vendere o di delocalizzare in Paesi dove è più facile sfruttare il lavoro e le risorse naturali. Non è quindi vero che un capitalismo stagnante penalizza anzitutto le imprese medio-piccole. Esse non hanno bisogno delle crisi. Anzi, considerando che per avviarsi han bisogno di crediti bancari, che devono restituire con gli interessi, a loro fa comodo soprattutto la stabilità.

Rosa voleva criticare il revisionismo dicendo che non si può guardare il capitalismo con gli occhi del singolo imprenditore, il quale è convinto che il modo di produzione capitalistico sia sufficientemente "regolabile". Secondo lei Bernstein aveva ridotto il socialismo a una teoria del "ristagno capitalistico", proprio perché avrebbe tolto al socialismo tutta la sua carica eversiva. Avrebbe cioè smesso di guardare il capitalismo come "sistema", avente connotati nazionali e mondiali, un sistema che fa delle crisi il suo pane quotidiano.

Ora, è evidente che a chi pensa di smantellare il sistema, è più facile credere che ogni crisi strutturale sia dietro l'angolo, e soprattutto che quella a lui coeva sia l'ultima, la più grave di tutte, quella assolutamente decisiva. Tuttavia il vero problema non è quello di come attendere le crisi, ma quello di come organizzarsi quando non ci sono.[25] Le crisi, infatti, sono spesso causate da eccessi speculativi che si sarebbero potuti evitare. Una cosa è produrre più di quanto la gente possa consumare; un'altra è approfittare del benessere per tentare operazioni finanziarie con cui arricchirsi in maniera smisurata in poco tempo. La natura delle crisi andrebbe analizzata in un testo specifico, riferito ad almeno due secoli di storia.

Certo è che in un regime di proprietà privata dei mezzi produttivi è inevitabile che i capitalisti accumulino ingenti capitali, ricavati dal plusvalore estorto ai lavoratori. A fronte di liquidità così ingenti è quasi impossibile che non avvengano speculazioni finanziarie azzardate. Se anche un imprenditore si limitasse a depositare i propri capitali in una banca ed

---

[25] Qui sarebbe interessante esaminare cosa dicono i grandi economisti del Terzo mondo, come Samir Amin, Hosea Jaffe, Gunder Frank...

evitasse di giocare in borsa o di acquistare titoli di stato, sarebbe la stessa banca a farlo, per cui è piuttosto normale che in un capitalismo avanzato le crisi abbiano sempre una natura finanziaria.

Il problema è che quando si dispongono di molti capitali, si desidera averne ancora di più, facendo investimenti di qualunque genere, pur di farli fruttare; anche perché questo è un atteggiamento paragonabile ai "deliri di onnipotenza": fa sentire grandi agli occhi dei mercati e persino degli Stati. Nel contempo chi li riceve (come p.es. le banche), non si fa molti scrupoli; non pensa che, messi di fronte a inaspettati rischi, gli investitori potrebbero anche pretendere l'immediata restituzione dei loro capitali.

Quando un Paese "emergente" si fa abbindolare dagli atteggiamenti speculativi dei Paesi avanzati, si mette praticamente nelle loro mani sul piano finanziario e può rischiare il collasso per un nonnulla. Il problema è che il capitalismo sembra non imparare molto dai propri errori, in quanto tende a ripeterli con una certa regolarità. Diciamo che dalla fine della Grande depressione causata dal crollo di Wall Street nel 1929 sino alla fine degli anni Settanta l'economia capitalistica mondiale, anche a seguito del disastro del conflitto mondiale, ha cercato di evitare dei rischi finanziari che avrebbero potuto minacciarla seriamente. Gli stessi Stati Uniti imponevano trasparenza e regolamentazioni.

I guai han cominciato a venir fuori con la deregolamentazione inaugurata dalla politica reaganiana. L'idea fondamentale del neoliberismo era quella di voler far credere che se ai ricchi si fosse permesso di arricchirsi a dismisura, sarebbero aumentati gli investimenti produttivi e quindi il lavoro e il benessere per tutti. Invece aumentarono solo gli investimenti finanziari e quindi le bolle speculative, con le quali si mandavano in fumo i risparmi di milioni di persone. Persino le tasse dei cittadini venivano impiegate dagli Stati per colmare i buchi finanziari causati dalle banche, dalle società finanziarie e da altri organismi del capitale monetario, non industriale. Le truffe sono diventate la regola.

È per questa ragione che bisogna uscire assolutamente dai mercati, e non solo da quelli valutari. Se uno Stato è pieno di debiti, è meglio che si dichiari insolvente e che favorisca l'autarchia. Non è possibile costringere per decenni la popolazione di un Paese a pagare i debiti contratti da truffatori e speculatori. Se si devono fare sacrifici, l'obiettivo deve essere quello di recuperare una propria autonomia, ovvero la necessità di controllare l'uso delle proprie risorse.

Tutti i presidenti americani che sono succeduti a Reagan non hanno fatto altro che favorire la *deregulation*, cioè le bolle speculative, le truffe, i furti legalizzati, gli investimenti più rischiosi, i comportamenti economici più immorali, i conflitti d'interesse più vergognosi. Si è speculato sul mercato immobiliare senza alcun ritegno; si è cartolarizzata l'industria dei mutui *subprime* americani; si sono creati titoli di valore enorme sulla base di semplici scommesse; si sono fatte promesse che si sapeva benissimo di non poter mantenere; si è fatta di Internet una gigantesca bolla speculativa; si sono elargiti bonus milionari per i top manager, il più delle volte senza che neppure se li meritassero; si sono "socializzate" le perdite di istituti privati, facendole pagare ai cittadini con le loro tasse, senza che questi potessero opporvisi; si è voluto far credere che le agenzie di rating avessero sempre ragione nell'attribuire le loro valutazioni positive alle operazioni più rischiose; si è diffusa la convinzione che una banca o una assicurazione di dimensioni imponenti non potesse assolutamente fallire.

Il bello è che chi provoca dissesti finanziari che mandano a picco i risparmi di milioni di persone, non subisce alcuna sanzione significativa, alcuna vera conseguenza penale: al massimo perde il posto di lavoro, ma con quello che ha guadagnato, rubando, questo è il male minore. Persino alcuni Stati hanno rischiato di finire in bancarotta: p.es. l'Islanda nel 2008, dove le banche nazionali si erano indebitate per un valore di dieci volte superiore al PIL. Le banche commerciali e di investimento usano soldi che non dovrebbero toccare, quelli dei risparmiatori, per compiere operazioni finanziarie particolarmente rischiose (prodotti derivati, futures, credit default swap, subprime...), il cui funzionamento non è di facile decifrazione, anzi spesso è assai poco razionale.

Siccome i mercati finanziari sono mondiali, l'unico modo di uscirne è dichiarare bancarotta, eliminando progressivamente l'uso del denaro e favorendo l'*autoconsumo* e quindi il *baratto*, lo *scambio alla pari*, reciprocamente vantaggioso a tutti i livelli, cioè non solo in riferimento ai beni materiali, ma anche a quello dei servizi e persino a quello delle semplici ore di tempo impiegato a svolgere determinate mansioni. Per evitare speculazioni basate sul denaro circolante, bisogna che il denaro sparisca dalla circolazione.

Lo sviluppo economico e il socialismo

La seconda parte di *Riforma sociale o rivoluzione?* è una recensione al libro di Bernstein, *I presupposti del socialismo e i compiti della socialdemocrazia*, uscito nel 1899, un'opera che riuniva, aggiornati, tutti gli articoli pubblicati tra il 1896 e il 1898 nella rivista "Neue Zeit".

Rosa si era accorta che Bernstein aveva aggiunto una nuova prova della solidità del capitalismo: il fatto che il numero delle società per azioni aumentava costantemente, occorrendo sempre meno capitali per costituirle. La classe dei capitalisti, invece di ridursi quantitativamente a causa della concorrenza spietata, era in continua crescita; così come – si potrebbe aggiungere – al tempo dei Romani cresceva sempre più il numero degli schiavisti man mano che l'impero si estendeva: tutti potevano permettersi di acquistare almeno una schiava domestica.

Sotto il capitalismo le crisi sono economiche o finanziarie, nel senso che è possibile perdere una parte consistente dei propri capitali quando falliscono le imprese o le banche. Viceversa, sotto lo schiavismo occorreva che gli schiavi si ribellassero e uccidessero i loro padroni, o che li obbligassero con la forza a rinunciare alla schiavitù e a concedere la piena libertà ai loro sottoposti. Cosa che però non riusciranno mai a fare senza l'aiuto dei barbari. L'ultima grande rivolta fu quella di Spartaco, prima ancora che si formasse l'impero vero e proprio.

Indubbiamente dopo le ultime due guerre mondiali vi è stato un certo assestamento per il capitalismo. Tuttavia l'ipotesi di una terza guerra mondiale si fa sempre più verosimile. I due colossi asiatici, Cina e India, che hanno imboccato decisamente la strada del capitalismo, non potranno non pretendere, prima o poi, un maggiore "spazio vitale". E quando ciò avverrà, inevitabilmente sarà a spese dei tre colossi del capitalismo occidentale: Stati Uniti, Europa occidentale e Giappone.

La Cina si sta espandendo nelle aree più avanzate e, nel contempo, in quelle più depresse del pianeta: nelle prime facendosi largo con la politica dei prezzi; nelle seconde costruendo ingenti infrastrutture in cambio dello sfruttamento di risorse energetiche e di materie prime. Non solo, ma in Africa e in Sudamerica i cinesi possono farsi largo anche sulla base dell'idea che loro, a differenza degli occidentali, non hanno intenzioni colonialistiche o imperialistiche. Quando verrà il suo tempo, l'India, molto probabilmente, si rivolgerà al Medio oriente e all'Oceania, surclassando l'ingombrante presenza anglo-americana.

Quando la Roma classica volle imporsi nel Mediterraneo, dovette eliminare la concorrenza cartaginese, egizia, ellenica..., dopodiché gli unici veri ostacoli che incontrò furono i Germani a nord e i Parti a est. In Medio oriente dilagò dopo la sconfitta di Israele. Lo schiavismo romano, nell'area occidentale dell'impero, durò 400 anni, e nella parte orientale altri mille, previa la trasformazione dello schiavo in semplice servo.

Chi parla oggi di abbattere il capitalismo, non si rende conto di ciò che dice. Attualmente nel mondo domina un tipo particolare di capitalismo, quello euro-americano, basato sul primato assoluto dell'imprenditore *privato* (privato non solo nel senso di "individuale", ma anche nel senso collettivistico del monopolio/oligopolio o trust o cartelli o società per azioni, in cui vi è differenza tra proprietà e gestione dell'esercizio commerciale o industriale o finanziario). Le istituzioni, in primis lo Stato, vengono concepite in funzione di interessi "privati". Questa tradizione ha radici lontane, che risalgono addirittura al mondo greco-romano.

Viceversa, quello che si sta formando in Asia è un capitalismo *collettivo*, che ha tradizioni ancora più antiche, risalenti al mondo egizio, mesopotamico, non cristiano, ma pagano (a tale proposito si è soliti definirlo con l'espressione "modo di produzione asiatico"). Tale sistema sembra avere oggi, con l'esempio cinese, in cui lo Stato gioca un ruolo rilevante nella gestione dei processi produttivi, una capacità di sviluppo e di razionalità nettamente superiore a quello occidentale. Gli imprenditori privati non fruiscono di un'assoluta libertà, ma devono sottostare a regole imposte dallo Stato (p.es. non possono disporre della proprietà della terra).

Queste due forme di capitalismo sono tra loro poco compatibili, proprio perché quello occidentale è nato in contrapposizione alle autorità istituzionali, laiche o religiose che fossero. Man mano che si sviluppa quello asiatico, lo scontro con quello euro-americano diventa inevitabile, ed è molto probabile che avverrà all'insegna, puramente propagandistica, di una gestione più "democratica" del capitalismo. Oggi è l'occidente a usare l'arma dei diritti umani, della democrazia politica, della tutela ambientale, dell'uguaglianza di genere, per sostenere che il capitalismo asiatico non può costituire in alcun modo un'alternativa al sistema, ma le ipocrisie di un occidente che predica determinati valori e si comporta in maniera opposta, sono note da tempo.

Naturalmente non sarà uno scontro tra capitalismo e socialismo, poiché sulla scena internazionale non si intravede da alcuna parte un'esperienza di socialismo davvero "democratico". Le uniche due esperienze che abbiamo potuto constatare sono state quella del "socialismo statale", di marca stalinista (cioè industrializzata), e quella maoista (cioè ruralista), che sono clamorosamente fallite e che non potranno più risorgere, almeno non in maniera convincente, non alla stessa maniera. L'unico socialismo possibile, nell'ambito del capitalismo, sembra essere quello "mercantile", cioè quella forma di socialismo che, pur essendo autoritaria sul piano politico, è permissiva su quello sociale.

In occidente invece il capitalismo è tendenzialmente anarchico, e in questa anarchia i grandi monopoli vogliono giocare la parte del leone. Da noi il vero potere politico è esercitato dalle pressioni delle multinazionali, che sono in grado di fare degli Stati un loro docile strumento. La democrazia politica è puramente di facciata, è un teatrino di marionette, i cui fili sono manovrati da potentati economici che agiscono dietro le quinte tramite le loro lobbies. Il cosiddetto "pluralismo delle opinioni", così come si presenta in Parlamento e nelle campagne elettorali e nei dibattiti televisivi, è qualcosa di puramente formale, retorico, che non intacca minimamente il fatto che l'economia gode di un primato assoluto sulla politica. Il capitalismo asiatico, privo di tradizioni cristiane, non è ancora sufficientemente preparato ad assumere un volto così ambiguo.

Il tipo umano "occidentale" (euro-americano) non è abituato a obbedire, ma a comandare. Non accetta che delle istanze superiori gli dicano come deve comportarsi. Lo Stato va bene per regolamentare la vita di chi è privo di capitali, per estorcere tasse ai cittadini, con cui rimediare ai dissesti provocati dalle speculazioni finanziarie; serve anche per porre dei confini sicuri nei confronti di altri Stati; e naturalmente serve per reprimere i dissidenti e per praticare l'assistenzialismo sociale, affinché non si formi una contestazione difficile da gestire. Lo Stato è uno strumento che i grandi capitali possono usare come meglio credono.

Quando Bernstein diceva, stando alle parole sintetiche di Rosa, che la sempre maggiore estensione dell'azionariato tende a socializzare progressivamente la produzione capitalistica, in quanto gli azionisti, anche con dei piccoli capitali, possono partecipare indirettamente alla gestione di un'impresa, diceva qualcosa che sul piano meramente formale era esattissimo. Ma da questo a dire che, socializzando la proprietà, cioè trasformando un singolo capitalista in tanti capitalisti, si è più vicini all'idea di socialismo democratici, ce ne corre.

Il fatto che un qualunque cittadino possa comprare qualsivoglia azione o obbligazione, anche con una disponibilità minima di capitali, non significa affatto che si sta "socializzando la proprietà". Comunque vada, la proprietà resta sempre in mano ai grandi azionisti. Cioè se un'impresa decide di quotarsi in borsa, chi ne detiene la proprietà conserverà sempre la maggioranza delle azioni, almeno finché non deciderà di vendere tutto. Chi ha fatto nascere un'impresa è molto difficile che accetti di finire in minoranza nei consigli di amministrazione. Andare in borsa, farsi quotare significa rastrellare capitali altrui, legare le sorti della propria azienda a questi capitali: se l'azienda fallisce, gli investitori perdono i loro capitali, salvo trovare degli *escamotage* truffaldini. Il fallimento deve poi sottostare a regole "capitalistiche": ci saranno sequestri, pignoramenti, vendite all'asta, sanzioni di varia natura. Di sicuro non ci sarà la "socializzazione" della proprietà dell'impresa, cioè la gestione collettivistica da parte degli operai e degli impiegati che la componevano. Il personale lavorativo verrà semplicemente licenziato, salvo eccezioni (può capitare infatti che i lavoratori costituiscano una cooperativa che rileva la proprietà dell'impresa).

Dunque le società per azioni, lo sviluppo dell'azionariato (borsistico o meno) costituiscono soltanto una forma di partecipazione allargata allo sfruttamento del plusvalore. È una forma di socializzazione dell'oppressione, i cui protagonisti non sono soltanto i proprietari storici di un'impresa, ma anche quelli che si sono venuti sovrapponendo in forza dei loro capitali; quindi, paradossalmente, persino un semplice personale operaio o impiegatizio potrebbe virtualmente porsi come soggetto attivo dello sfruttamento del lavoro altrui. Si pensi solo a quelle aziende che dispongono di un commercio internazionale in cui sono coinvolti i paesi del Terzo mondo: gli operai della casa-madre, se sono azionisti, possono partecipare direttamente e volontariamente, in maniera proporzionale alle loro quote, allo sfruttamento delle risorse estere, umane o naturali.

In tali condizioni il socialismo non solo c'entra nulla, ma è un'idea lontanissima dal realizzarsi. Anzi, in presenza di bolle speculative, quando avvengono i fallimenti delle aziende quotate in borsa, vanno in malora soprattutto i capitali dei soggetti più deboli, quelli che non sono riusciti a sapere in tempo come riprendersi i capitali investiti. Quindi il danno è assai maggiore di quello che si verificava nei tempi passati, quando l'azienda apparteneva a un unico proprietario, che spesso non la quotava neppure in borsa. Oggi chi si presenta in borsa, lo fa per ingrandirsi, per espandersi a livello internazionale, correndo ovviamente dei rischi assai maggiori rispetto a chi se ne resta fuori.

Chi investe in imprese del genere, lo fa perché spinto dalla pubblicità (da parte p.es. degli organi bancari), o perché s'illude di poter guadagnare in poco tempo cifre significative, o per spirito di imitazione rispetto ad amici e parenti, o perché ha liquidità in eccesso e non vuole comprare titoli di stato a tassi irrisori... Ma è una pura illusione quella di poter creare una "socializzazione" della proprietà di un'impresa. Chi comanda sono sempre i grandi capitali: tutti gli altri, quando va bene, prendono, ovviamente in rapporto, solo le briciole. Bisogna sottrarsi a questo gioco perverso, illusionistico, che, in un certo senso, è simile a quello degli specchi presenti nei labirinti dei luna park. La propria immagine la si vede riflessa in tanti specchi, così tanti che a un certo punto non si trova più la via d'uscita.

Bisognerebbe anche impedire che lo Stato utilizzi il denaro pubblico per salvare le imprese o le banche in procinto di fallire per colpa dei loro manager, che hanno compiuto investimenti sbagliati, assurde speculazioni e che, di conseguenza, hanno truccato i bilanci finché hanno potuto.

Su queste cose Rosa aveva completamente ragione: Bernstein considerava il fenomeno delle società per azioni come "un frazionamento e non come una concentrazione del capitale". Cioè come un frazionamento del diritto di proprietà e non il fatto che se un'azienda può permettersi il lusso di frazionare tale diritto, lasciandosi quotare in borsa, ciò significa che è una grande azienda, i cui proprietari non hanno alcun timore di cedere una parte della loro proprietà per ottenere in cambio molti capitali con cui poterla ulteriormente ingrandire.[26]

Il revisionismo di Bernstein faceva semplicemente il gioco della borghesia e illudeva gli operai che, partecipando all'azionariato delle loro imprese o di altre imprese, potevano diventare dei piccoli imprenditori. Ai suoi occhi – osserva giustamente Rosa – il capitalismo non era "un complesso produttivo ma semplicemente una disponibilità di denaro". Tutti hanno il diritto di sentirsi "capitalisti", potendo acquistare azioni pubbliche o private, quotate in borsa. Bernstein però evitava di aggiungere che quando si partecipa alle assemblee degli azionisti, il parere di chi possiede quote irrilevanti di titoli non conta assolutamente nulla. Ecco perché il gioco in borsa andrebbe completamente eliminato.

Infatti chi compra azioni usa capitali reali, ma in mano ha soltanto pezzi di carta che, se l'impresa fallisce, non valgono nulla. Chi ha messo in piedi un'azienda e l'ha portata in borsa, ottenendo capitali da ogni parte del mondo, deve soltanto garantire dei dividendi periodici (sempre che l'azienda sia in grado di produrli); non pensa minimamente che tutti gli investitori possano pretendere simultaneamente la restituzione dei loro capitali. Se questa simultaneità accadesse a una banca, fallirebbe immediatamente, anche se fosse la banca più grande del mondo. È finito da un pezzo il periodo in cui le banche cercavano di tenere nelle loro casseforti l'equivalente in oro dei loro capitali monetari. Oggi la circolazione della moneta è in rapporto al PIL, al debito pubblico, alla bilancia dei pagamenti tra Stati...

Per garantire determinati tassi di interesse o dei dividendi, i capitali incassati vanno reinvestiti. Si forma una catena che non si può facilmente spezzare, o almeno non lo si può fare senza scatenare un pandemonio, un effetto domino. Va inoltre considerato che quando un'azienda si quota in borsa, i suoi proprietari iniziali e i loro manager trasferiscono sempre una parte dei capitali ricevuti nei cosiddetti "paradisi fiscali", proprio perché sanno che il gioco in borsa è molto volatile, aleatorio: le quotazioni di una singola azione oscillano di continuo, e non esiste né un minimo né un massimo consentiti. A volte si bloccano le trattative per

---

[26] La bolla speculativa di Internet, agli inizi del 2000, si basava su un criterio diverso. Gli investitori, credendo che la rete fosse un'incredibile azienda mondiale in ascesa, si fidavano di quelle società che garantivano servizi commerciali in campo telematico (BtoB o BtoC). Ma molte di queste società erano puramente fittizie, create con pochissimi capitali, in laboratori e uffici improvvisati, fatiscenti, spesso da giovani neolaureati esperti in linguaggi informatici, convinti di potersi arricchire molto velocemente. Gli stessi imprenditori che entrano in rete per fare business, spesso non si rendono conto che ci vuole non poca competenza per muoversi con sicurezza e abilità e che è solo un'illusione pensare di poter avere a che fare con un mercato mondiale.

impedire che un'azienda scenda troppo al di sotto di un certo minimo preventivato. Ma comportamenti del genere possono insospettire molto gli operatori finanziari, che sono sempre sul chi va là, in quanto, piuttosto che perdere tutto domani preferiscono rimetterci qualcosa oggi.

Il revisionismo è sempre quella ideologia politica che, non essendosi potuta realizzare sul piano politico, quando era il momento opportuno per farlo, si trasforma in una ideologia della piccola-borghesia. Questa classe conserva, sul piano ideologico, alcuni temi del proletariato, ma li vuole usare in funzione anti-socialista: ecco perché appare demagogica, populistica, falsamente rivoluzionaria. Un tipico esempio fu la piccola-borghesia che appoggiò la rivoluzione fascista e nazista. Essa ritiene irrealizzabili gli ideali di giustizia del proletariato, e quindi ambisce a entrare velocemente nei ranghi della media o grande borghesia. Solo che per farlo deve addossare a una parte della società le colpe del malessere sociale. In questa maniera pensa di poter dimostrare d'aver ragione e si arricchisce, anche usando la violenza.

Divenuta una classe privilegiata, che tutti devono rispettare, anche perché è priva di scrupoli e sa di poter usare la forza al posto del diritto in qualunque momento, almeno in ambito nazionale, è ben consapevole che la grande borghesia la lascerà fare. Entrambe infatti hanno un nemico comune: il proletariato, agricolo e industriale, la classe che non ha nulla da perdere, anzi, ha tutto da guadagnare se si abbatte il sistema. Il trionfo della piccola-borghesia avviene sempre quando il proletariato non è abbastanza organizzato e determinato. Cioè quando non è pronto sul piano nazionale a compiere la guerra civile per conquistare il potere; quando non è pronto a mettere in pratica quelle parole evangeliche che dicono: "Dora innanzi, se in una famiglia vi sono cinque persone, saranno divisi tre contro due e due contro tre; si divideranno padre contro figlio e figlio contro padre, madre contro figlia e figlia contro madre, suocera contro nuora e nuora contro suocera" (Lc 12,49-53).

Sindacati, cooperative e democrazia politica

Il secondo capitolo della II parte, intitolato "Sindacati, cooperative e democrazia politica", è ancora estremamente attuale. È forse quello più riuscito di tutto il libro, quello che, non a caso, le attirò massimamente le ostilità e i risentimenti della socialdemocrazia tedesca.

Infatti con semplici argomentazioni smontò i tre miti fondamentali del revisionismo di Bernstein e di qualunque forma di opportunismo che caratterizza il socialismo di matrice piccolo-borghese. I tre miti sono indicati nel titolo e ora li analizzeremo. Ad essi andrebbe aggiunto tutto il complesso di assicurazioni sociali a favore dei lavoratori (previdenza, assistenza, ecc.).

Vediamo anzitutto le *cooperative*, di produzione e di consumo, uno degli strumenti che il revisionismo usa non tanto come mezzo per educarsi a una resistenza quotidiana contro il capitalismo, quanto piuttosto come *fine in sé*, che è poi quello di poter convivere pacificamente col capitalismo, nell'illusione di potersi ritagliare un proprio spazio di autonomia. A dir il vero non esiste solo la cooperazione, con cui ci si può difendere dal capitalismo commerciale. Esiste anche il settore assicurativo e persino quello bancario, se gli investimenti che si fanno hanno finalità *sociali* e non speculative.

Il cooperativismo può includere qualunque cosa che i soci ritengono opportuna, anche un'impresa edile, che serve a costruire appartamenti per gli stessi soci. Il fine della cooperazione è quello di gestire bisogni comuni, risparmiando sui costi. Là dove manca l'atteggiamento speculativo, è evidente che si cerca di garantire, sulla base della disponibilità finanziaria, la miglior qualità possibile di un determinato prodotto. Se vi è spirito cooperativistico, cioè se qualunque socio sa di poter contare sul contributo di tutti gli altri soci, chiunque può parteciparvi, anche un artigiano, un professionista, un ricercatore...

La cooperazione non può riguardare soltanto gli operai o gli agricoltori. I soci di un'assicurazione, di una cooperativa di produzione o di consumo, di una banca etica o del tempo o di un credito cooperativo locale, possono appartenere a qualunque classe sociale. Non è certo con la cooperazione che si può fare la rivoluzione socialista. Nondimeno con essa ci si può educare alla gestione dei bisogni comuni, alla socializzazione nell'affronto di tali bisogni: cosa che – come tutti sanno – vuol dire "imparare la mediazione", cioè a mettere d'accordo punti di vista differenti, opinioni realmente o apparentemente opposte.

Se tutti i soci si conoscono e si frequentano, se fanno periodiche assemblee per discutere i loro problemi, se accettano di educarsi nell'affrontarli in maniera collegiale e costruttiva, la cooperazione è indubbiamente una gran cosa, ma non è con un'esperienza del genere che si può fare la rivoluzione politica, proprio perché essa deve sottostare a regole legislative imposte dal capitalismo, il quale, almeno formalmente, non può tollerare azioni clandestine, ufficialmente illegali, quelle che appunto servono per compiere delle rivoluzioni. Le uniche forme clandestine che il capitalismo è disposto a tollerare sono quelle corruttive.

Chi pensa che la cooperazione sia una forma di socialismo all'interno del capitalismo, s'illude come i socialisti utopistici. La cooperazione è soltanto una forma di socializzazione, le cui modalità possono tornare molto utili a rivoluzione compiuta. Se si pensa di poter evitare la necessità della rivoluzione proprio in virtù della cooperazione, si finisce col trasformarla in uno strumento reazionario. Anzi, bisognerebbe fare atten-zione a non ridurre la cooperazione a qualcosa di meramente commercia-le (e persino finanziario, se è prevista la gestione dei risparmi), evitando soprattutto di allargarla ai non-soci, poiché non avrebbe senso fare del profitto (e dell'interesse sui tassi) un'esigenza superiore a quella di soddi-sfare bisogni primari collettivi sulla base di spese contenute. Occorrereb-be inoltre che la base societaria tenesse costantemente sotto controllo i vertici, soprattutto nella definizione degli stipendi. I vertici non dovreb-bero assumere delle responsabilità non condivise dalla base.

Questo il motivo per cui la cooperazione ha senso soltanto quan-do è su scala piccola, in relazione a obiettivi mirati, circoscritti, ed è ba-sata sulla reciproca fiducia. Fare della cooperazione un sistema alternati-vo al capitalismo è assurdo; ancora di più lo è l'idea di servirsene come forma di attenuazione delle contraddizioni del capitale nella sua lotta contro il lavoro. Chiunque può rendersi facilmente conto che la grande borghesia può tollerare la cooperazione solo nella misura in cui i com-portamenti collettivistici, che al suo interno si assumono, non vanno a danneggiare in maniera significativa le proprie esigenze individualistiche di profitto. La cooperazione non dovrebbe ingrandirsi a dismisura, per-ché poi sarebbe costretta a comportarsi secondo logiche del tutto estranee al socialismo, finendo con l'assumere la forma di una struttura che si li-mita ad accumulare profitti in maniera collettivistica. Dovendo sottostare a tutte le regole della competizione borghese, verrebbe a perdere lo scopo iniziale, quello di soddisfare bisogni primari comuni.

La cooperazione dovrebbe limitarsi a essere un aiuto a chi subi-sce una qualche forma di sfruttamento. Se cominciano a farne parte sog-getti che campano di rendita o che sfruttano il lavoro altrui o che voglio-no sfruttare la cooperazione stessa per arricchirsi o soltanto per ottenere condizioni di favore per la propria attività imprenditoriale, poi non si può pretendere di dire qualcosa di diverso dal sistema borghese in cui si vive.

Rosa faceva bene a definire le cooperative *"qualcosa di ibrido* in mezzo all'economia capitalistica: una produzione socializzata in piccolo in un contesto capitalistico di scambio. Ma nell'economia capitalistica lo scambio domina sulla produzione...". Cioè l'esigenza del profitto impone, "tenuto conto della concorrenza", uno "sfruttamento spietato". Dunque, avrebbe senso creare una cooperativa in cui chi ci lavora debba sottostare a una logica di sfruttamento? Ha senso dire che la cooperazione si giusti-fica col semplice fatto che garantisce posti di lavoro ai disoccupati? Che cos'è la cooperazione: una forma di assistenzialismo, in cui chi vi parte-cipa deve accontentarsi delle condizioni che gli offrono?

Si noti come Rosa si riferisca a "una produzione socializzata in piccolo". Alla fine dell'Ottocento la cooperazione non aveva ancora raggiunto la rilevanza nazionale di oggi. Era nata per soddisfare *esigenze locali*, e tale doveva rimanere. Infatti la cooperazione ha senso solo ed esclusivamente a livello locale, oltre il quale il motivo primario non è più la soddisfazione di bisogni, ma l'accumulazione di profitti. Certamente questi profitti possono servire per impiantare nuove filiali locali della cooperativa-madre, ma possono anche essere investiti in cose per nulla attinenti alla soddisfazione dei bisogni. Col pretesto che i bisogni possono essere soddisfatti anche indirettamente, si possono fare investimenti meramente speculativi (p.es. giocando in borsa o acquistando titoli statali). L'essenza della cooperazione si perde. La cooperativa di produzione e di consumo si trasforma in impresa capitalistica, dove l'essere socio diventa una pura formalità.

A livello locale quali sono i vantaggi della cooperazione? Anzitutto il fatto che tra produttore e consumatore non esistono intermediari, per cui i prezzi sono competitivi rispetto a quelli del mercato tradizionale. Il produttore sa in anticipo quanto deve produrre e in quali momenti. E sa anche come deve farlo, poiché il consumatore pretende che le merci siano di qualità, prive di adulterazioni, sofisticazioni di natura chimica, pericolose per l'ambiente e l'organismo umano. Non devono esserci frodi, visto che la clientela è assicurata.

Il consumatore deve però garantire acquisti periodici, continuativi. Non può assumere atteggiamenti anarcoidi, irresponsabili. In un certo senso è più il produttore a dipendere dal consumatore che non il contrario, proprio perché il consumatore potrebbe anche rivolgersi ad altri produttori, benché un atteggiamento del genere sarebbe alquanto anomalo se assunto collettivamente. D'altra parte lo stesso produttore potrebbe, in teoria, rivolgersi ad altri consumatori, anche se, per farlo, dovrebbe strutturarsi diversamente, e questo richiede un certo tempo e magari nuovi investimenti.

Insomma, nell'ambito della cooperazione le cose funzionano se si resta uniti in ambito locale, se ci si conosce e si ha fiducia reciproca. Le cose non funzionano soltanto se vi è un vantaggio materiale, ma anche se si è consapevoli di partecipare a qualcosa di *socialmente utile*, che serve a soddisfare sia i bisogni primari, come mangiare, vestirsi, abitare una casa, ecc., sia quelli secondari, come leggere, cantare, ballare, andare a teatro, ecc. La cooperazione deve servire alla materialità della vita e a tutti gli aspetti di cultura e di socializzazione che le sono connaturati.

Tuttavia Rosa vedeva la cooperative di produzione negativamente. Infatti, quando afferma ch'esse "sono destinate al piccolo smercio locale e a pochi prodotti di necessità immediata, preferibilmente generi alimentari", considera questo aspetto un limite, non un vantaggio. Cioè il fatto che la cooperazione non potesse applicarsi all'"industria tessile, car-

bonifera, metallurgica, petrolifera, alla fabbricazione di macchine, loco-
motive, navi...", la vedeva negativamente *in sé e per sé*, come una forma
di anti-industrializzazione. Questo però non può essere accettato dal socialismo democratico.

Scrive Rosa: l'attuazione generale delle cooperative di produzione, dato il loro contesto locale di movimento, "presuppone anzitutto la
soppressione del mercato mondiale". Ci chiediamo: è forse un problema
questo? Che senso ha sostenere che nel capitalismo lo scambio prevale
sulla produzione, per poi dare per scontato che anche sotto il socialismo
lo scambio dovrà per forza essere internazionale? Rosa, in sostanza, non
aveva capito che se si rinuncia al mercato mondiale come a un'evidenza
imprescindibile, si deve per forza tornare al *mercato locale*; e che, se si
elimina il profitto capitalistico, la realtà del "mercato locale" vuol dire
soltanto una cosa: *autoconsumo*. Se la parola "autoconsumo" fa venire in
mente un passato feudale o addirittura pre-schiavistico, si può sostituirla
con una espressione più precisa: "autogestione collettiva di bisogno comuni in ambito locale".

Un proverbio dice che non si può avere capra e cavoli. Il che,
detto altrimenti, significa che non si può volere il mercato mondiale e
una produzione industrializzata, oltre alla socializzazione della proprietà
dei mezzi di lavoro. Rosa non sopporta in alcun modo l'idea di dissolvere
"l'economia mondiale in piccoli gruppi locali di produzione e di scambio", in quanto ciò costituirebbe "un ritorno dall'economia mercantile del
capitalismo sviluppato a quello medievale".

Ora, a parte il fatto che i revisionisti non concepivano affatto la
cooperazione secondo questi intenti giudicati "storicamente regressivi"
da Rosa, ma il vero problema è un altro, ed è di una tale gravità che nessun marxista è stato in grado di risolverlo. Marx diceva che, esaminando
i testi degli economisti borghesi, si era accorto che su certi argomenti
non erano riusciti non solo a trovare soluzioni efficaci, ma neppure a porsi le domande giuste. La stessa cosa però si potrebbe dire dei marxisti.
Infatti l'ambito locale lo associano immancabilmente al feudalesimo o a
qualcosa di "primitivo", privo di tecnologia avanzata. Questo perché il
socialismo scientifico vuole ereditare, sul piano tecnico-scientifico, il
meglio del capitalismo, limitandosi a socializzarne la proprietà.

Qui Rosa non era riuscita a fare nemmeno un passo avanti rispetto ai classici del marxismo (né vi riuscirà Lenin). Non aveva capito che il
feudalesimo, privo di servaggio e di clericalismo, oltre che di capitalismo
manifatturiero e commerciale, costituisce l'unica vera alternativa al capitalismo privato e al socialismo (statale e/o mercantile): l'unica perché
l'*autoconsumo* è il nemico mortale dello scambio finalizzato al profitto,
l'unico strumento che può impedire al valore di scambio di soggiogare il

valore d'uso.

Ma c'è un altro aspetto da considerare, suggerito da questa frase di Rosa: "le cooperative di produzione si riducono necessariamente a semplici appendici delle cooperative di consumo". Dice questo perché, siccome ritiene che nel capitalismo lo scambio sia superiore alla produzione, lo stesso debba avvenire nella cooperazione. Anzi, a maggior ragione – secondo lei – lo è in questo settore, dove la produzione riguarda soltanto i generi di prima necessità.

In realtà le cose non sono così semplici e automatiche. Nella cooperazione, quella vera, locale, non quella mimetica della commercializzazione capitalistica, in cui non si fa differenza tra socio e non socio, il rapporto tra produzione e consumo, in cui tutti sono soci, va considerato interdipendente. Certo, l'ideale sarebbe che produttori e consumatori coincidessero; ma quando ciò, per qualche ragione storica non è possibile, si dovrebbe almeno garantire ai produttori, specializzati nella produzione, che i consumatori non verranno meno agli impegni presi. Se tutti si è soci di una cooperativa locale, non si capisce perché qualcuno dovrebbe comportarsi come se non lo fosse.

Non può esistere una subordinazione totale della produzione ai diktat del consumo, meno che mai quando il profitto non è più la motivazione di fondo della compravendita. Produttori e consumatori possono avere, periodicamente, problemi diversi da affrontare, soluzioni diverse da proporre per risolvere i loro rispettivi problemi, ma se tutti sono soci di una medesima cooperativa, i problemi non possono essere affrontati separatamente, a meno che non si voglia far naufragare l'idea stessa di socializzazione. I problemi dei produttori devono diventare quelli dei consumatori, e viceversa: ogni socio deve essere messo nella condizione di conoscere i problemi di tutti i soci. Ecco perché la cooperazione può muoversi efficacemente solo su un terreno *locale*, là dove i soci sono abituati a frequentarsi quotidianamente. Questo perché il fine ultimo della cooperazione è il superamento della divisione tra produzione e consumo. E bisogna dire che tale superamento non può affatto avvenire in nome dello Stato.

La cooperazione locale non ha bisogno di alcuno Stato, cioè non ha bisogno di un controllore super partes, che coordini o diriga il lavoro delle cooperative locali. Piuttosto, saranno queste stesse cooperative che, di tanto in tanto, si preoccuperanno di organizzare delle assemblee intercooperative per vedere come affrontare e risolvere problemi comuni, trasversali ai loro rispettivi territori di competenza. È assurdo dover mantenere un'istituzione burocratica come lo Stato, che non produce alcunché, e che ha la pretesa di funzionare anche quando i problemi non ci sono. La burocrazia, di per sé, è parassitaria, così come la politica di professione fine a se stessa.

Il capitalismo privato non può essere superato dal socialismo statale, né dal socialismo mercantile (alla cinese), quello in cui uno Stato centralizzato, gestito da un unico partito, concede bonariamente alla società di svilupparsi secondo le regole del capitalismo, almeno fino a un certo punto. Quando uno Stato sedicente "socialista" fa concessioni economiche di tipo capitalistico, si deve poi aspettare che l'intera società, prima o poi, gli si rivolti contro sul piano politico. Il capitalismo infatti vuol fare dello Stato un proprio strumento di potere e non sopporta di ricevere direttive dall'alto, se non appunto in una fase transitoria. Questa è la ragione per cui bisogna uscire dal dilemma "più Stato e meno mercato o più mercato e meno Stato". Bisogna superare sia il concetto di "Stato" che quello di "Mercato", se davvero si vuole costruire un socialismo democratico, basato interamente sull'autoconsumo e quindi sul primato del valore d'uso su quello di scambio.

Indubbiamente aveva ragione Rosa quando diceva che per i riformisti l'idea di socialismo era tutta racchiusa nell'idea di cooperativa di consumo, cui doveva sottostare la cooperativa di produzione. Ma sul resto aveva torto. Peraltro, nell'ambito del capitalismo, là dove una cooperativa di consumo vuole "dominare" i produttori, costringendoli a produrre in una determinata maniera, questi ultimi possono anche non appartenere a quella cooperativa. Possono essere dei semplici produttori, cui si garantiscono degli acquisti periodici. I produttori finiscono con l'accettare un rapporto commerciale del genere solo per avere introiti sicuri, ma non per questo sono interessati all'idea di cooperazione. Non necessariamente essi si sentono vincolati per motivi ideali alla cooperativa di consumo, per cui non si comprende perché Rosa li consideri delle semplici "appendici" del consumo. Lo sono certamente nel momento della compravendita, ma di fatto restano sempre liberi di comportarsi diversamente, trovando mille scuse per stracciare dei contratti firmati.

Il ragionamento di Rosa è giusto solo là dove dice che le cooperative di consumo si limitano a lottare contro "*rami* secondari del tronco capitalistico", quali appunto il "commercio al minuto e intermediario", cioè il capitalismo commerciale in senso stretto, ma non potrebbero far nulla contro il capitalismo produttivo vero e proprio. In effetti contro questo tipo di capitalismo occorre una *rivoluzione politica*. E se si pensa di poterne sopportare meglio le contraddizioni antagonistiche sviluppando la cooperazione, ci si illude enormemente, finendo col ricadere nel solito riformismo piccolo-borghese del socialismo utopistico. Finché il capitalismo non è superato politicamente, la cooperazione ha un valore puramente transitorio; e nell'ambito del socialismo ha un valore solo se, tramite essa, si può rinunciare sia allo Stato che al mercato.

Il mercato ha senso solo nella misura in cui non crea dipendenza, cioè non obbliga nessuno a frequentarlo. Lo scambio delle eccedenze è "mercato", ma presume uno scambio facoltativo e certamente non per i beni essenziali alla sopravvivenza di una comunità locale. Come tutto il marxismo classico e come tutto il socialismo scientifico in generale, Rosa non avrebbe mai accettato un principio del genere.

Al tempo di Rosa e di Bernstein fu Franz Staudinger (1849-1921) che in Germania si interessò soprattutto di cooperazione, nell'ambito del socialismo riformistico: ne parla estesamente nel libro *Die Konsumgenossenschaft* (Leipzig 1908), che meriterebbe ancora oggi d'essere tradotto.

Egli aveva capito che, attraverso la cooperazione di consumo, la produzione poteva essere finalizzata a soddisfare i bisogni dei consumatori, riducendo i costi delle merci, affrancandosi dalla logica concorrenziale del capitalismo, reinvestendo i risparmi dei soci in attività produttive e educando gli stessi soci all'idea di cooperazione e socializzazione. Naturalmente Staudinger sapeva bene che con la sola cooperazione non si supera il modo di produzione capitalistico, ma era convinto che senza cooperative di consumo sarebbe stata impossibile la transizione socialista. Aveva addirittura capito che la vera democrazia si realizza solo nell'autogestione da parte dei consumatori e quindi nel loro controllo della produzione. Poi però, invece di concludere che per ottenere queste cose occorre una rivoluzione politica che abbatta il sistema, si è perso nella palude dell'utopismo riformistico, limitandosi a perorare la causa di una lotta interclassista contro il grande capitale, con cui dimostrare che la cooperazione può vantare maggiore efficienza e razionalità.

*

Passiamo ora alla questione dei *sindacati*. Analizzarla senza avere sotto mano il testo di Marx, *Salario, prezzo e profitto*, facilmente porterebbe a conclusioni sbagliate. In quel libro, infatti, Marx sosteneva che i prezzi del capitalismo aumentano di continuo, anche se, in virtù della concorrenza, dovrebbero diminuire. Quindi all'aumentare dei salari diminuisce, al massimo, il saggio generale del profitto, non certo il valore delle merci, il quale è del tutto indipendente dal valore dei salari. Rinunciare a chiedere un aumento di salari, in rapporto all'inflazione o al carovita, pensando, in tal modo, di contenere l'aumento dei prezzi delle merci, significa fare un regalo agli imprenditori privati. È vero che costoro, a fronte di una rivendicazione salariale, cercheranno di rifarsi aumentando i prezzi, ma più li aumenteranno e più troveranno gli operai costretti a reagire al loro sfruttamento.

A ciò si può aggiungere che, in generale, quando l'insieme dei capitalisti s'accorge che i prezzi non aumentano costantemente, anche di un minimo, cominciano a parlare di stagnazione, se non di recessione. Uno degli indici del benessere economico sta proprio, per quanto paradossale possa essere, nell'inflazione: se i prezzi aumentano, vuol dire che la popolazione è in grado di sostenerli. È un gioco al massacro. Ai capitalisti non interessano affatto i cittadini indigenti, ma solo quelli solvibili. La forbice tra ricchi e poveri è destinata ad allargarsi progressivamente. Quando le statistiche dicono che la povertà è in aumento, i capitalisti ne approfittano subito per dire che bisogna contenere l'aumento dei salari o che bisogna compiere riforme strutturali con cui ridurre i costi dello Stato sociale.

A questo punto i sindacati che fanno? Se sono dominati da leader riformistici, si accontentano di rivendicazioni minime, spesso non direttamente salariali; altrimenti iniziano a proclamare scioperi, che sono prima di categoria, poi generali; in casi estremi lo sciopero si trasforma da economico a politico, finché può addirittura diventare un supporto per la rivoluzione.

Ogni sindacato deve per forza essere collegato a un determinato partito? Non è necessario. Può forse accadere che un partito si spinga a fare rivendicazioni eversive, mentre il sindacato resti fermo su posizioni opportunistiche? Sì, può accadere, ma è peggio quando avviene il contrario, cioè quando è il sindacato a fare rivendicazioni generali per tutti i lavoratori, senza riuscire a trovare alcun partito capace di sostenerlo in una battaglia politica di pari intensità.

I capitalisti tendono inevitabilmente a dividere i sindacati dai partiti. Anzi, quando vedono che le richieste sindacali sono per loro eccessive, si servono dell'influenza che hanno su certi partiti, cui elargiscono finanziamenti privati, per contenere quelle rivendicazioni entro limiti accettabili. È sufficiente che questi partiti comincino a dire in Parlamento che i lavoratori in sciopero destabilizzano il Paese, lo rendono poco competitivo a livello internazionale, inducono i capitalisti a trasferirsi all'esterno, dove il costo del lavoro è minore, e altre amenità del genere, che il problema si risolve in breve tempo (sempre che la coscienza di classe sia di basso livello).

Se le aziende sono d'importanza strategica per la nazione, è facile che debba intervenire lo Stato a svolgere il ruolo di mediatore tra le richieste dei sindacati e le posizioni dell'impresa. In casi del genere però di regola l'azienda preferisce trattare con un sindacato specifico, che tutela lavoratori altamente qualificati. Molto difficile invece è l'intervento dello Stato per impedire che gli imprenditori compiano una chiusura temporanea dell'azienda (serrata) o una chiusura definitiva di una sede specifica, che ne comporti il trasferimento all'estero. In tali frangenti lo Stato interviene solitamente in forma assistenziale, assicurando un minimo di sussidio, per un certo periodo di tempo, ai lavoratori licenziati. Lo fa per impedire che chi perde il lavoro decida, preso dalla disperazione, di scuotere l'ordine pubblico, di darsi alla criminalità organizzata, di occupare la fabbrica, di compiere gesti plateali che potrebbero scuotere la sensibilità morale dei cittadini.

Infatti, solo formalmente lo Stato assume il ruolo interclassista che si vanta di avere. Nei casi più critici mostra il suo vero volto di organo strettamente funzionale agli interessi del capitale. Se un capitalista chiede l'intervento delle forze dell'ordine per sgomberare l'azienda occupata dagli operai, lo Stato non mancherà di soddisfare le sue richieste, proprio perché la proprietà privata è un diritto intangibile, sancito dalla Costituzione. In teoria potrebbe essere violato se necessità di ordine pubblico lo richiedono in maniera esplicita, nel senso che la proprietà può anche essere requisita per un fine sociale, ma sono rarissimi i casi in cui ciò avviene (di regola solo quando si confiscano i beni alla criminalità organizzata). Infatti, quando un imprenditore fallisce, i beni sequestrati vengono messi a disposizione dei soli creditori (in genere le banche): non vengono certamente redistribuiti tra i lavoratori alle sue dipendenze, a meno che questi ultimi non abbiano acquistato azioni dell'azienda quotata in borsa, ma in tal caso occorre affidarsi a una costosa causa legale (*class action*), il cui esito sarà sempre insoddisfacente, in quanto l'imprenditore, quand'era in attivo, aveva sicuramente trasferito una parte dei capitali in qualche "paradiso fiscale", in cui il segreto bancario è assoluto. Nel migliore dei casi i beni dell'imprenditore fallito vengono messi all'asta da parte delle banche creditrici.

Essendo un vampiro come gli imprenditori privati (legali o collusi con la criminalità), lo Stato tende sempre a servirsi di vendite all'incanto, pur di ricavarci qualcosa, per cui tende a nicchiare persino quando vengono requisiti i beni ai mafiosi: nell'immediato infatti non ha alcun guadagno materiale nel redistribuire quei beni alla collettività locale, organizzata in cooperative, pronte a riconvertirli secondo un fine sociale o produttivo per tutti. La miopia politica impedisce di vedere gli enormi vantaggi sociali che si ottengono dal sottrarre le disponibilità economiche alla criminalità. Generalmente quando lo Stato può requisire, confiscare, pignorare beni privati (appartenenti non solo a pericolosi criminali, ivi inclusi gli usurai, ma anche a quanti vogliono fare i furbi nelle dogane o a quei cittadini che dimenticano di ritirare i loro buoni postali, i premi alle lotterie nazionali e cose del genere), non si preoccupa affatto di destinarli a un fine pubblico. Bisogna che sia la società a indurlo a comportarsi così.

Nell'ambito del capitalismo per avere una redistribuzione collettiva di risorse private, bisogna aspettare lasciti e donazioni, e anche in questi casi lo Stato ci mette lo zampino, pretendendo di riservarsi qualcosa per le cosiddette "spese legali". Un qualunque trasferimento di beni, foss'anche dai genitori ai figli, comporta sempre un vantaggio da parte dello Stato, benché in cambio esso non offra alcun vero servizio. Il bello è che quando sulle successioni ereditarie si dice che lo Stato non dovrebbe pretendere alcunché, la sinistra si oppone sempre a tale richiesta, poiché ritiene che quello sia il momento opportuno per "punire" chi è benestante o chi lo sta per diventare. Cioè invece di muovere rivendicazioni per socializzare la proprietà dei principali mezzi produttivi, si preferisce ricorrere a espedienti di bassa lega, coi quali si dimostra soltanto il lato predatorio delle istituzioni pubbliche.

Ma vediamo ora cosa dice Rosa sui sindacati dei lavoratori. Il giudizio che dà è durissimo (oltre il dovuto), proprio perché sa che il riformismo usa soprattutto i sindacati per opporsi economicamente al capitale. Le cooperative, infatti, sono una forma di organizzazione autonoma dei lavoratori, i quali agiscono separatamente dalle aziende capitalistiche, ma non è certo con questo strumento che si può affrontare lo sfruttamento interno alle aziende, che sono il cuore pulsante di tutto il sistema (benché oggi si creda, a torto, che tutto venga deciso in maniera finanziaria, da Banche, Istituti di credito, Borse di titoli e valori, ecc.). Ecco perché il riformismo considera assolutamente fondamentali i sindacati. Senza questi il partito, con la sola battaglia parlamentare, avrebbe molti meno consensi.

Rosa invece sostiene che i sindacati "non sono in condizione di assicurare agli operai un'influenza sul processo produttivo, né in rapporto all'ampiezza della produzione, né in rapporto al suo procedimento *tecnico*".

Su questo però chiunque avrebbe potuto contestarla. Infatti è nell'interesse dell'imprenditore che il lavoratore proponga miglioramenti all'organizzazione tecnica o tecnologica della produzione. Certo, se Rosa aveva in mente la catena di montaggio, che fu introdotta in America da un ingegnere e applicata da un imprenditore privato, con la quale l'operaio veniva ridotto a un semplice ingranaggio della macchina, sarebbe stato difficile darle torto. Ma in generale non è vero che un sindacato non può intervenire nei processi produttivi. E se può farlo su tali processi, indirettamente può farlo anche in rapporto all'ampiezza della produzione. Infatti è nell'interesse del lavoro che la produzione aumenti quantitativamente. Se il miglioramento della qualità dei processi implica un aumento quantitativo della produzione, nessun capitalista avrà obiezioni da fare. L'importante, per il sindacato, è che a tutto ciò corrisponda o un incremento dei salari o un miglioramento delle condizioni di lavoro. Semmai per il capitalista il problema è quello di come vendere i beni prodotti, ed è su questo che i sindacati non possono far nulla.

Compito del sindacato è quello di difendere il lavoro; se si preoccupa di difendere anche lo sviluppo del capitale, la sua credibilità viene meno, benché a questo mondo, in verità, tutto sia possibile. Difficilmente infatti, se un sindacato s'impegnasse a trovare sbocchi commerciali per le merci di un'azienda, avrebbe poi a che fare con un imprenditore non disposto a soddisfare le sue richieste contrattuali. Ormai tra sindacalisti e imprenditori vi è un tacito accordo. Ognuno recita la sua parte e alle fine si trova sempre un compromesso. I sindacalisti danno per scontato che la proprietà dell'azienda debba restare *privata* (o comunque nelle mani di chi detiene la maggioranza delle azioni).

Ciò di cui i sindacalisti si devono preoccupare è di non compiere azioni per le quali si generi un calo dei tesserati. La forza di un sindacato sta nel numero degli iscritti. E per averne molti occorre che le rivendicazioni siano "realistiche". I sindacati estremisti non hanno mai molti iscritti. Sono appunto questi sindacati che non riescono ad avere alcuna influenza sui processi produttivi. Infatti non vengono neppure convocati nelle trattative per i contratti collettivi, a meno che essi non tutelino gli interessi di categorie molto particolari, altamente qualificate, che sanno di poter pretendere condizioni molto vantaggiose. Questi sindacati, in un certo senso, vanno al di là della contrattazione collettiva nazionale.

I sindacati sono così coinvolti nei meccanismi della produzione capitalistica che non si preoccupano minimamente di sapere in quali luoghi del pianeta venga ottenuta la materia prima che gli operai delle imprese occidentali devono lavorare, né a quali condizioni venga acquistata. Questo è un problema che devono affrontare i manager dell'azienda, i quali, di regola, lo fanno con minor scrupoli possibile. Ai sindacalisti non interessa sapere se per garantire un certo livello salariale ai propri iscritti, occorre sfruttare altri lavoratori sparsi in altre parti del pianeta. I sindacalisti sono miopi, guardano solo il loro particolare, non hanno mai una visione d'insieme, non hanno consapevolezza delle dinamiche imperialistiche del capitalismo occidentale, e anche se le avessero non le metterebbero in discussione, a meno che qualche fattore non le metta in evidenza a livello mondiale, suscitando una certa riprovazione morale da parte dell'opinione pubblica. Accadde così prima di abolire la schiavitù nell'Ottocento.

Anche sul piano ecologico, spesso i sindacalisti considerano del tutto irrilevanti le ricadute ambientali della produzione aziendale in cui lavorano gli iscritti che devono tutelare, a meno che appunto non accadano fatti eclatanti, che non è possibile trascurare, a motivo delle migliaia di persone coinvolte. Il diritto al lavoro viene sempre considerato superiore alla tutela ambientale, anche quando ciò può provocare danni alla salute. La malattia, persino quella che può portare alla morte, viene considerata un danno collaterale allo sfruttamento del lavoro. Non si considera mai l'ecologia superiore all'economia. Quindi i limiti del sindacato oggi sono molto più gravi di quelli denunciati da Rosa, nonostante i sindacati siano divenuti parte integrante della produzione capitalistica, anzi, forse proprio per questo.

Oggi è nell'interesse stesso degli imprenditori che gli operai siano bene organizzati per far funzionare al meglio le imprese. Infatti, la competizione su scala internazionale è durissima, e gli imprenditori non possono permettersi, neanche per un momento, che i loro operai si rifiutino di lavorare. È per queste ragioni che oggi sarebbe impossibile sostenere che i sindacati debbano soltanto interessarsi dei salari, della sicurezza dei lavoratori, del diritto a vivere un'esistenza dignitosa... Sono sempre più coinvolti nei processi produttivi, nelle tecnologie che si adottano per ottenere profitti sempre più alti, per garantire la migliore qualità dei prodotti, il loro smercio su basi sicure... Sono diventati la cinghia di trasmissione del capitale.

D'altra parte gli stessi operai facilmente diventano azionisti delle imprese in cui lavorano. Quando Rosa diceva che, a causa del fatto che i ceti medi si stanno progressivamente proletarizzando per colpa del capitale, "la lotta sindacale si trasforma... in una specie di lavoro di Sisifo", oggi avrebbe detto che i sindacati non compiono alcuna vera "lotta" contro il capitale, in quanto si limitano a tutelare gli interessi di chi già lavora e non di chi è disoccupato; li tutelano, peraltro, sulla base delle compatibilità aziendali, per cui sono molto sensibili quando l'imprenditore minaccia di chiudere l'azienda o di trasferirla altrove. In genere i sindacati sono facilmente ricattabili, anche perché gli imprenditori sanno che un'occupazione della fabbrica, come nel Biennio Rosso, è un'ipotesi molto remota.

I processi del capitalismo mondiale sono diventati così complessi che se anche un'azienda venisse occupata dagli operai coi loro sindacalisti, difficilmente migliorerebbe la propria situazione precaria. Per poterlo fare, dovrebbe ristrutturarsi completamente, ripartire da capo, finalizzare la propria produzione a esigenze locali. Sarebbero impossibile trovare l'appoggio dei manager, poiché questi, abituati a percepire stipendi molto elevati, cercherebbero altrove una nuova collocazione. Oggi occupare un'azienda per farla funzionare in maniera "socialistica" in un contesto capitalistico, sarebbe una cosa molto stupida, infinitamente più inutile di quanto avveniva al tempo del socialismo utopistico. Prima di tutto bisogna abbattere politicamente il sistema; solo dopo ci si può chiedere a quali esigenze locali deve rispondere un'azienda.

Se, una volta realizzato il socialismo, si vuole permettere a una determinata azienda un raggio d'azione nazionale e persino internazionale, lo Stato diventa un ente indispensabile. È impossibile coordinare una produzione interaziendale senza la partecipazione dello Stato. Non vi riescono neppure gli imprenditori con le loro associazioni di categoria; tant'è che quando le loro aziende assumono una posizione monopolistica a livello nazionale, possono anche non ritenere indispensabile una loro partecipazione a tali associazioni. In ogni caso, se anche tutte le loro aziende venissero occupate dagli operai per farle funzionare così come sono, limitandosi a organizzare un "piano nazionale" di tutta la produzione, inevitabilmente si ricadrebbe nei limiti del passato socialismo statale. Sostituire i monopoli industriali privati con un capitalismo statale o con un socialismo statale, non porta da nessuna parte. Prima o poi i monopoli privati tenderanno a riformarsi, proprio perché l'idea di "Stato" è astratta e, per tenerla in piedi, occorre una sorta di "idealismo filosofico" (di tipo hegeliano), che, col passar del tempo, perde inevitabilmente di intensità, di motivazione etica. I rapporti umani non possono essere sostituiti da nulla. Ecco perché una qualunque produzione industriale democratica può essere solo *locale* (salvo eccezione, ovviamente), anche perché questo è l'unico modo di renderla *ecologica*.

Purtroppo su questo Rosa non capiva nulla. Ma era in buona compagnia. È il marxismo in sé che non è in grado d'intendere e tanto meno di volere una produzione meramente locale. Tutti i marxisti hanno il terrore che "locale" voglia dire "medievale" o "primitivo".

Rosa, addirittura, era ancora più categorica: qualunque lotta sindacale che porti a una "graduale diminuzione del profitto a vantaggio del salario, presuppone... un arresto nell'aumento della produttività del lavoro... e quindi *un regresso alle condizioni precedenti il capitalismo sviluppato*". L'ultima frase è lei stessa a sottolinearla.

Il suo ragionamento, praticamente, consisteva in questo: se la lotta sindacale è troppo forte, e il socialismo, sul piano politico, non si è ancora realizzato, la produzione tenderà a diminuire, e le aziende torneranno ai livelli del capitalismo pre-industriale. Stava facendo un discorso che, alla fin fine, tornava comodo agli stessi imprenditori. In effetti, spesso gli estremisti, quando vogliono difendere a spada tratta talune loro idee, finiscono per rivolgerle contro le loro stesse intenzioni. Rosa riteneva la lotta sindacale una forma d'illusione riformistica, con cui la socialdemocrazia tedesca si sentiva in diritto di rinunciare a una rivoluzione armata contro il sistema. Ma in questa maniera finiva col rafforzare le posizioni capitalistiche. Non c'era una via di mezzo. Non capiva che solo un partito realmente rivoluzionario, con forte ascendente sulle masse, può spingere un sindacato a trasformare le proprie rivendicazioni economiche in un qualcosa di politico. E comunque non aveva senso ridurre la lotta sindacale ai minimi termini per permettere alle aziende di svilupparsi al massimo, nella convinzione che tale sviluppo non avrebbe fatto che aumentare le contraddizioni del sistema, inducendo i lavoratori, presi dalla disperazione, a impegnarsi attivamente per compiere la rivoluzione.

Rosa rischiava di cadere nel cinismo. Gli operai non possono essere indotti nel presente a sacrificarsi per una causa rivoluzionaria in cui dovranno impegnarsi gli operai del futuro. Che certezze vi sono per questo nesso teorico di causa ed effetto? E poi perché dare per scontato che il socialismo debba ereditare le forze produttive del capitalismo più avanzato? Dove sta scritto che il futuro socialismo democratico non dovrà assolutamente chiedersi se l'uso di una certa tecnologia produttiva è compatibile con le esigenze riproduttive della natura? Dove sta scritto che l'idea borghese di "progresso" dovrà continuare ad avere la meglio su qualunque considerazione sociale e ambientale? Dove sta scritto che la potenza dei mezzi produttivi garantisce di per sé un miglioramento della qualità della vita? Dove sta scritto che per "qualità della vita" bisogna anzitutto intendere un ampio benessere di tipo "materiale"?

Rosa aveva indubbiamente ragione contro gli opportunisti quando diceva ch'essi volevano introdurre il socialismo limitandosi a combattere per la ripartizione della ricchezza sociale in ambito capitalistico. Tale metodo riformistico era senza dubbio illusorio riguardo al fine da realizzare, come poi i fatti hanno ampiamente dimostrato. Ma aveva torto quando riteneva la lotta sindacale del tutto insufficiente per la rivoluzione socialista. Non si vive solo per realizzare qualcosa nel futuro, ma anche per rispondere a delle esigenze nel presente.

*

Vediamo ora la questione della *democrazia parlamentare*.

Fa bene Rosa a dire che questa forma di gestione della politica borghese non è l'unica possibile, in quanto il capitalismo ha potuto svilupparsi anche sotto la monarchia assoluta o costituzionale, persino sotto le dittature. La democrazia parlamentare non è – come invece vuole Bernstein – "la legge fondamentale dello sviluppo storico in generale". Semmai è "una piccola punta estrema dell'evoluzione borghese all'incirca degli ultimi 25 o 30 anni". Considerando il periodo in cui Rosa scrisse il libro, possiamo farla risalire agli anni fatidici del 1848-49.

Rosa faceva bene a considerare la politica un riflesso dell'economia, proprio perché sotto il capitalismo è così. Sono gli interessi economici che determinano le idee politiche, e gli imprenditori privati non vogliono sottostare alle leggi parlamentari, alle direttive del governo, alle pianificazioni statali, ai controlli pubblici sulla loro attività, se non in quegli aspetti che servono a far credere, illusoriamente, nella "democrazia astratta". Sotto questo aspetto la democrazia parlamentare è l'ideale per la riproduzione allargata e indisturbata del capitale.

I partiti politici svolgono il ruolo della reciproca opposizione solo perché sanno che la politica è uno strumento formidabile per coltivare i loro interessi privati. Infatti attraverso la politica governativa è possibile disporre delle tasse dei cittadini, con cui si possono compiere abusi di ogni genere. I principali responsabili delle crisi sociali non sono solo gli speculatori economici, ma anche i politici corrotti, generalmente collusi con gli strati sociali peggiori della collettività (capitalisti senza scrupoli, a livello imprenditoriale, bancario, assicurativo, borsistico, finanziario; criminalità organizzata; faccendieri e mediatori occulti d'ogni genere; servizi segreti deviati; forze armate guerrafondaie; giornalisti venduti; magistrati al servizio del governo in carica; esponenti politicizzati del clero, e così via).

Tuttavia Lenin diceva che i comunisti dovevano far sentire la loro voce anche dentro le istituzioni parlamentari, locali e nazionali. Chi rifiutava per principio di farlo, veniva bollato come un ingenuo estremista, come un idealista da quattro soldi. Questo perché il consenso va cercato dappertutto. Ovunque bisogna dare l'esempio che si è migliori dei "servi del potere", che si hanno idee più vere, che si è più coerenti coi propri ideali di giustizia, che non si ha paura di parlare con franchezza e non si teme il giudizio altrui, che si pratica una onestà di fondo e non si ha nulla da nascondere.

A differenza di Lenin, Rosa invece nutriva idee estremistiche e nella sua polemica accesa contro il revisionismo di Bernstein non tardò a farle emergere. Secondo lei (e siamo solo alla fine dell'Ottocento!) "le istituzioni democratiche hanno esaurito in gran parte la loro funzione per lo sviluppo della borghesia". In questo libro non vede l'ora che le contraddizioni si acuiscano, al fine di dimostrare l'insussistenza del revisionismo. La democrazia – a giudizio di Rosa – è servita soltanto "a saldare tra loro i piccoli Stati e a costruire i grandi Stati moderni (Germania, Italia)". Cioè è stata un'arma provvisoria, che si doveva usare in un momento di debolezza, per mettere d'accordo elementi tra loro concorrenziali: Germania e Italia erano infatti divise in tanti Stati regionali e la loro unificazione era piuttosto recente (1861-71).

Rosa insiste dicendo che "gli ingredienti puramente democratici che costituivano lo Stato – il suffragio universale, la costituzione repubblicana – potrebbero essere eliminati senza che amministrazione, finanze, esercito ecc., dovessero ritornare alle forme precedenti la rivoluzione di marzo" (quella tedesca del 1848-49).

In teoria quel che diceva era vero (si verificò anche sotto il nazi-fascismo), ma con quale risultato? Possibile che Rosa non si fosse accorta che la democrazia parlamentare è lo strumento più efficace della politica del capitalismo? Quello che meglio gli permette di espandersi? E di far credere al mondo intero che la democrazia occidentale è quella che rispetta meglio i diritti umani universali? E che il capitalismo è sinonimo di progresso tecnico-scientifico, di benessere economico, di sviluppo sociale e culturale? Le dittature non piacciono a nessuno, sono sempre una forzatura, una soluzione estrema. Italia e Germania ricorsero alla dittatura fascista sia per impedire la rivoluzione proletaria, sia per farsi largo tra i paesi capitalisti più avanzati, come Regno Unito, Francia, Stati Uniti e Giappone, sia per acquisire quei territori che questi Paesi capitalisti non erano riusciti a colonizzare. Una volta che fossero riusciti nel loro intento, la democrazia formale del parlamento avrebbe avuto la meglio sulla dittatura militare, inevitabilmente. Come poi succederà nella Spagna franchista e in vari Paesi sudamericani.

Il liberalismo non diventa affatto "superfluo" – come vuole Rosa – di fronte a un capitalismo pienamente sviluppato; semmai lo diventa quando il capitalismo, appena decollato in una determinata nazione, ha fretta di crescere, e sa che le altre nazioni, già pienamente capitalistiche da molto tempo, non glielo permetteranno tanto facilmente.

Rosa preferiva guardare le cose dal punto di vista dell'imperialismo in generale, così come si andava sviluppando nella seconda metà dell'Ottocento. E secondo lei la Germania era intenzionata a svilupparsi in maniera dittatoriale proprio per far fronte alla concorrenza degli altri Paesi capitalistici, anzitutto europei. "In Germania – così scrive – l'era dei grandi armamenti che data dal 1893, e la politica mondiale inaugurata con Chiao-chou[27] furono pagati dalla democrazia borghese con due sacrifici: rovina del liberalismo e degradazione del Centro [l'ala della social-democrazia guidata da Kautsky] da partito di opposizione a partito di governo". A ciò va aggiunta la politica coloniale in Africa, appoggiata anche dai socialisti.

Tutto ciò era indubbiamente vero, ma solo per quanto riguardava la Germania (e aggiungiamo anche l'Italia). I Paesi a capitalismo avanzato non hanno mai avuto bisogno di ricorrere alla dittatura militare: dopo aver compiuto le loro sanguinose rivoluzioni sono rimasti liberali, e si sono imposti a tutto il mondo con le loro democrazie parlamentari. Rosa stava generalizzando una situazione particolare. Era convinta che la poli-

---

[27] Si riferisce al porto cinese preso in affitto dai tedeschi nel 1898 nella provincia dello Shandong e tenuto fino al 1914.

tica estera dei Paesi capitalisti avrebbe stravolto la loro politica interna. Ma non avvenne così in quelli più avanzati.

Naturalmente aveva tutte le ragioni ad accusare Bernstein di voler disarmare il proletariato, a partire dalla tesi, piuttosto assurda, secondo cui la borghesia diventa tanto più reazionaria quanto più gli operai avanzano rivendicazioni economiche. Come se non fosse il contrario! E cioè che la borghesia è disposta ad attenuare la propria disumanità solo a fronte di uno spirito combattivo da parte del proletariato. La tesi di Bernstein si ritroverà, oltre mezzo secolo dopo, nei testi dello storico liberale Ernst Nolte, per il quale il nazismo s'era formato perché in Russia esisteva lo stalinismo.

Impossibile dar torto a Rosa quando scrive che "la democrazia non diventa più vitale nella misura in cui la classe operaia rinuncia alla lotta per la sua emancipazione, ma, al contrario, nella misura in cui il movimento socialista diventa abbastanza forte per contrastare le conseguenze reazionarie della politica mondiale e della diserzione borghese [sottinteso dal liberalismo alla dittatura]". Detto questo però il lettore si aspetta di leggere delle indicazioni operative con cui mettere in pratica delle affermazioni così impegnative. Invece nulla: Rosa era forte come polemista, non come organizzatrice di eventi rivoluzionari.

La conquista del potere politico

Nel capitolo sulla "Conquista del potere politico" Rosa denuncia il lato più debole non solo del revisionismo di Bernstein, ma anche di tutto il riformismo della socialdemocrazia tedesca, e cioè il fatto che ci si rifiuta di "conquistare" il potere per realizzare la transizione socialista. Si vorrebbe realizzarla solo attraverso progressive riforme legislative e sociali.

Rosa mette in evidenza ciò che già Marx aveva detto nel suo periodo giovanile: in Germania ci si accontenta di fare le rivoluzioni col pensiero. Ecco perché proprio in questo Paese si sono largamente sviluppate la teologia e la filosofia (e potremmo aggiungere anche il diritto, la psicologia e la sociologia, le scienze fisico-chimiche...). Pur avendo uno Stato etico (in senso totalitario-hegeliano) e militarista (secondo la tradizione prussiana), i tedeschi non sono stati capaci di compiere delle rivoluzioni politiche vere e proprie. Sotto questo aspetto bisogna dire che il nazismo fu qualcosa di inedito in Germania, qualcosa che però, volendo imitare il cesarismo napoleonico, era destinato a durare assai poco.

Qui Rosa parla chiaro: il riformismo serve soltanto a migliorare il capitalismo, non a superarlo nelle sue deficienze strutturali. Quindi si pone soltanto come un favore fatto alla classe borghese, non è in grado di rispondere alle esigenze del proletariato, se non in misura molto limitata. Poi, nella sua vis polemica, essa arriva a dire una sciocchezza, che però le si può perdonare. Infatti sostiene che nel capitalismo "il predominio di una classe *poggia* non su 'diritti legittimamente acquisiti', ma su *effettivi rapporti economici*", ovvero che "il salariato non è un rapporto giuridico ma un rapporto puramente economico".

In realtà, se fosse come dice Rosa, il capitalismo dovrebbe basarsi unicamente sulla forza; invece la sua vera "forza" sta nel fatto che vuol far passare il rapporto salariato come un qualcosa di "giuridicamente lecito", un qualcosa cioè che trova nella libera contrattazione la sua quintessenza legale. Di qui la necessità di compiere una battaglia contro il capitale anche sul piano più propriamente giuridico, proprio per smontare qualunque giustificazione possibile alla schiavitù salariata, basata sul contratto formalmente libero. Infatti, senza questa formalità giuridica non esisterebbe neppure il capitalismo, ma una sorta di riedizione dello schiavismo greco-romano: cosa che gli europei tentarono di fare in quelle colonie in cui le popolazioni o erano ancora ferme al cosiddetto "modo di produzione asiatico", in cui lo Stato (personificato dal sovrano assoluto) svolge il ruolo di schiavista di tutti, oppure erano addirittura in una condizione simile a quella del comunismo primordiale.

In tutto il continente americano, dove i piantatori agricoli usavano i negri provenienti dall'Africa come puri e semplici schiavi, non si poteva certo parlare di "schiavitù salariata". Ne mancava proprio il presupposto giuridico, il quale marcia sempre in parallelo con lo sviluppo del macchinismo industriale. Là dove lo sfruttamento è diretto, come nel mondo greco-romano e appunto in quello dei colonizzatori europei (i piantatori agrari), la tecnologia è assai poco sviluppata; e per ottenere una redditività significativa l'agrario aveva bisogno di enormi estensioni agricole. Viceversa, là dove si impiega la macchina, diventa indispensabile la libertà giuridica del lavoratore. Anzi, è proprio in virtù di tale libertà che il capitalismo può avere la meglio sui rapporti economici basati sulla dipendenza *fisica* (lo schiavismo classico) o *personale* (il servaggio feudale). La dipendenza può essere solo *contrattuale*, proprio perché il capitalismo vuole dimostrare di avere una giustificazione del tutto legale. Rosa non parla di tutto ciò proprio perché è un'estremista (cosa d'altra parte inevitabile quando sul piano pratico si è inadeguati e non si vuole essere riformisti). È convinta che se ai riformisti si fa vedere che il capitalismo è basato esclusivamente sulla forza, essi non potranno fare affidamento sulle riforme sociali e legislative se vorranno realizzare il socialismo.

La borghesia ha rivendicato il diritto alla proprietà privata prima ancora di conquistarla con la forza. Per essa era inconcepibile parlare di libertà personale senza tale proprietà. Ma la possibilità di rivendicare una proprietà del genere sarebbe stata irrealizzabile senza prima ottenere un'effettiva libertà personale sul piano giuridico, cioè senza prima aver posto le basi (cosa che si fece nelle città) per abolire la dipendenza personale che il servo della gleba viveva nelle tenute di campagna del signore feudale. Di qui il detto, rivolto ai contadini, con cui si invitava a fuggire dal feudo: "L'aria di città rende liberi". Lo sfruttamento borghese, essendo urbano, non collideva con quello feudale, ch'era rurale. Quando la borghesia manifatturiera riuscì a penetrare nelle campagne, fino a imporre agli agrari di produrre sulla base delle esigenze urbane, i feudatari si erano già convinti a trasformare la loro rendita da naturale a monetaria. Dopodiché non poterono far nulla di fronte alla rivendicazione borghese di un ruolo politico decisivo. Economicamente e culturalmente, infatti, avevano già perso.

Sarebbe quindi profondamente sbagliato che un intellettuale socialista non ponesse le basi di una transizione socialista anche sul piano legislativo, modificando progressivamente le leggi borghesi verso una maggiore coerenza democratica. Il tallone d'Achille della borghesia sta proprio nell'incapacità d'essere coerente coi suoi stessi princìpi giuridici. Spinta dalle rivendicazioni del proletariato, la borghesia è costretta a rendere sempre più democratica la propria legislazione, ma poi, proprio perché coltiva interessi classisti, contrari a quelli dei lavoratori sfruttati, è costretta a venir meno ai propri impegni, è costretta a rimangiarsi le promesse fatte. È sbagliato quindi pensare che lo sfruttamento capitalistico su basi soltanto su rapporti economici. L'elemento sovrastrutturale, quello culturale (religioso, filosofico, giuridico), svolge un ruolo essenziale ai fini della legittimazione di tale sfruttamento. Non tenerne conto o sottovalutarlo significa rinunciare a uno strumento molto importante per ottenere un consenso di massa.

*

Più interessante invece è il discorso che Rosa fa su un'altra caratteristica del capitalismo avanzato, quella relativa al monopolio dell'attività produttiva. Infatti, se è vero che "nella produzione si manifesta sempre di più il carattere sociale"[28], è anche vero che si formano delle strutture

---

[28] Si noti questo modo curioso che ha il marxismo di usare l'aggettivo "sociale" per indicare il lavoro in fabbrica. L'impiego massiccio degli operai in tali strutture produttive, alienanti, viene definito "sociale". Lo si fa, probabilmente, per sostenere che il socialismo non potrà fare a meno di quel tipo di produzione. Si vuol cioè far credere che il suo carattere alienante finirà nel momento stesso in cui si affermerà la proprietà pubblica dei mezzi produttivi. Come se la cosa fosse

lontane dall'idea di socialismo: p.es. i monopoli (trust e cartelli), le società per azioni, lo Stato militarista, il parlamento borghese... Tutte cose che inaspriscono le contraddizioni sociali, nei confronti delle quali – osserva giustamente Rosa – è assurdo sostenere, come fa Bernstein, che la social-democrazia deve assumere un atteggiamento prudente, conciliante, proprio per evitare che quelle contraddizioni esplodano.

Un socialismo riformistico intenzionato a impegnarsi per una transizione esclusivamente pacifica verso la socializzazione della proprietà dei mezzi produttivi, fa inevitabilmente gli interessi della borghesia.[29] Una transizione pacifica può essere soltanto auspicata, ma non può essere posta come condizione irrinunciabile, né può valere come criterio della democraticità del socialismo. Anche la borghesia, nella sua fase iniziale, si limitava a chiedere di potersi sviluppare pacificamente, ma quando cominciò a rivendicare un potere politico, rivoluzioni e guerre civili divennero inevitabili. Anzi, una volta impostasi a livello nazionale, la borghesia cominciò a scatenare guerre a non finire anche in politica estera, per conquistare quanti più territori possibili dell'intero pianeta. È assurdo pensare che una borghesia, diventata proprietaria di così ingenti beni, dopo aver affrontato battaglie così difficili, sia disposta a privarsene senza reagire con tutti i mezzi che riterrà opportuno. Un riformismo che si protrae nel tempo e che non sa approfittare dei momenti di debolezza del sistema, per conquistare il potere, non ha nulla di "socialistico", anzi, contribuisce soltanto ad attutire le contraddizioni del sistema. Ciò fa pensare che il peggior nemico del socialismo rivoluzionario non sia tanto il liberalismo democratico della borghesia, e neppure il suo volto palesemente dittatoriale, quanto piuttosto il *socialismo riformistico*, che a parole sembra dire le stesse cose di quello rivoluzionario e nei fatti le smentisce tutte.

Naturalmente Rosa non era affatto contraria all'uso della democrazia parlamentare, anzi, la riteneva come un esercizio utile a far diventare il proletariato "cosciente dei propri interessi di classe e dei propri compiti storici". La democrazia è indispensabile soltanto quando è finalizzata alla conquista del potere politico, di cui non si può dire, a priori, che sarà pacifica. In tal senso faceva bene a dire che nella sua famosa Prefazione (1895) alle *Lotte di classe in Francia* (scritto da Marx), En-

---

automatica! Come se si fosse costretti a considerare il lavoro in fabbrica più importante di quello artigianale! Cosa c'è di "sociale", se non l'aspetto puramente esteriore del lavorare insieme intorno a una stessa merce?

[29] Si noti che mentre per Rosa il socialismo tende inevitabilmente a corrompersi nei periodi di pacificazione del capitalismo, per Lenin invece si può evitare questa deriva con un partito disciplinato, che faccia riferimento a lavoratori non privilegiati.

gels non voleva dare delle direttive al proletariato che conquista il potere politico, ma a quello ancora dominato dal modo di produzione capitalisti-co.[30] Cosa che il riformismo tedesco non voleva capire.

C'è da dire però che, a leggere l'*Antidühring* non si ha affatto l'impressione che Engels fosse favorevole alla "violenza rivoluzionaria". Anzi, in forza del proprio determinismo positivistico egli continuamente ribadisce che i processi economici in favore della transizione socialista sono destinati a diventare molto più importanti di qualunque tentativo di conquistare il potere in maniera eversiva, cioè violenta (su questo rimandiamo al testo *Cinico Engels*, ed. Amazon).

*

L'ultima parte di questo capitolo è abbastanza contorta. In essa Rosa delinea la sua concezione della politica rivoluzionaria in due punti fondamentali.

1) Anzitutto pone una differenza di principio tra "colpi di stato blanquisti" e "conquista del potere statale da parte della grande massa popolare dotata di coscienza di classe". Tale differenza, anche se apparentemente pare esatta, non lo è però del tutto. Il problema, in effetti, non sta nel fatto che i blanquisti non tengono conto di "un certo grado di maturazione delle condizioni economico-politiche". Essi, in realtà, intervengono proprio perché sono convinti che le condizioni siano mature. E generalmente tali condizioni lo sono: in caso contrario non avremmo a che fare con una "minoranza decisa", come la chiama Rosa, ma con una banda di squilibrati.

La differenza tra golpisti e rivoluzionari non sta nella percezione della crisi, che per entrambi è acuta e quindi più che sufficiente per reagire in maniera eversiva. Ma sta nella *organizzazione* della presa del potere. I colpi di stato avvengono con una tattica esclusivamente militare e i golpisti sono convinti, proprio perché sanno che il momento è "maturo", che la gran parte della popolazione non si opporrà. In tal modo sottovalutano la capacità di resistenza delle forze governative, che possono disporre di apparati militari e di ingenti capitali per organizzare un'efficace reazione, per non parlare del fatto che possono ricevere immediatamente aiuti dall'estero.

I rivoluzionari veri e propri hanno meno fretta dei golpisti non perché giudicano "immaturi" i tempi, ma perché devono prima compiere un lavoro di aggregazione anche tra le forze militari (separando i soldati dagli ufficiali) e tra la popolazione in generale, che va armata. Gli umori

---

[30] Sulla Prefazione vedi più avanti, sempre in questo capitolo.

delle masse vanno sondati e organizzati in maniera conforme. Un rivoluzionario sa di non poter contare tanto sullo choc che crea conquistando
improvvisamente il potere, quanto piuttosto sulla capacità di difendere
con successo il potere acquisito, e questo, senza un certo consenso popolare, è impensabile.

Un'adeguata forza popolare deve essere in grado di bloccare i
centri vitali del sistema, che in genere coincidono con quelli della capitale della nazione. Bisogna cioè impedire che dal centro partano delle direttive del governo verso la periferia. Nella stessa periferia i rivoltosi devono sapere il momento, più o meno esatto, in cui la capitale verrà occupata, proprio perché ci vuole una certa *simultaneità nell'azione*. Le rivoluzioni o sono popolari e capaci di cogliere il nemico alla sprovvista, oppure non riescono a reggere l'urto delle contromisure, proprio perché i
governi al potere hanno mezzi molto più potenti.

Generalmente i colpi di stato riescono perfettamente quando è la
stessa borghesia a crearli, cioè quando si vuole passare da una democrazia formale a una dittatura reale. Vengono organizzati per avere il pretesto con cui imporre la dittatura esplicita del capitale. La causa di ciò può
essere il timore di una rivoluzione proletaria. Quando la crisi del sistema
si fa acuta, è facile che la borghesia più reazionaria si affidi a una soluzione estrema, dittatoriale, in cui i generali esercitano una funzione di
primo piano. Anzi, se guardiamo le insurrezioni popolari compiute dal
nazismo e dal fascismo, la situazione può apparire ancora più grave per il
proletariato. Quei due eventi, infatti, non possono essere definiti dei "colpi di stato". I rispettivi leader ricevettero un mandato per governare la
nazione dalle stesse istanze politico-istituzionali più importanti dello Stato. Cioè una parte della popolazione, prevalentemente piccolo-borghese
(timorosa di proletarizzarsi), si organizzò militarmente, dopo aver lanciato per anni messaggi demagogici contro le organizzazioni socialiste e
contro i governi liberali incapaci di affrontare la gravità della crisi. Questi ceti piccolo-borghesi ottennero il consenso da parte delle istituzioni,
nel rispetto della formale democrazia parlamentare. Si confidava nel fatto
che, avendo i due partiti, nazista e fascista, partecipato alle elezioni politiche, non avrebbero, una volta ottenuto il potere, sconvolto completamente le regole del sistema.

Di fronte a queste forme insurrezionali, sostenute da una parte
della popolazione e avallate dalle istituzioni, il proletariato e gli stessi
partiti di sinistra si trovarono completamente impreparati. Non furono in
grado di organizzare una guerra civile, una resistenza altrettanto popolare
e armata nei confronti delle forze reazionarie che andarono al potere parlando, demagogicamente, di "giustizia sociale". Non è facile convincere
la popolazione che può contare soltanto su di sé per abbattere il sistema.

Generalmente, infatti, i soggetti democratici sono convinti che le istituzioni siano sempre in grado d'impedire che il governo di un Paese venga affidato a imbonitori e demagoghi.

La storia invece dimostra che non è sempre così. Spesso le istituzioni liberal-democratiche appoggiano le soluzioni estreme, provenienti dalla piccola borghesia esasperata, perché esse stesse sanno di non avere sufficiente credibilità per trasformarsi in un'aperta dittatura. Si affidano a istanze "populistiche", che salgono dalla piazza, nella convinzione che, una volta istituzionalizzate, si potranno facilmente controllare. Si pensa sempre che questo sia il male minore, di fronte al rischio che l'acuirsi della crisi porti a rivolgimenti popolari a favore del socialismo. D'altra parte la borghesia dispone di armi efficacissime contro il proletariato: ingenti capitali con cui può finanziare le forze armate; l'intero apparato statale e i mezzi di comunicazione di massa; i servizi segreti; i mercati e le borse con cui può decidere la compravendita e i prezzi di qualunque prodotto.

*

2) Ora veniamo al secondo aspetto della questione del potere politico. Non dimentichiamo che *Riforma sociale o rivoluzione?*, pur essendo stato scritto piuttosto in fretta, contiene l'essenza del pensiero di Rosa, anche se, per così dire, in forma embrionale. Non è un testo di facile comprensione in tutte le sue parti, anche se il linguaggio che usa non è specialistico.

Una frase colpisce in modo particolare: "se la conquista del potere politico da parte del proletariato non può, dal punto di vista dei *presupposti* sociali, avvenire 'troppo presto', dal punto di vista delle sue conseguenze politiche, cioè del *mantenimento* del potere, essa deve invece avvenire 'troppo presto'".

La prima parte sembra essere chiara: una rivoluzione non può essere fatta quando mancano i presupposti economici e politici. È il discorso già affrontato al punto precedente, in cui abbiamo visto come il pensiero di Rosa difetti dell'elemento organizzativo.

Nella seconda parte però, se abbiamo capito bene, sta dicendo una cosa un po' inquietante, che lei stessa cercherà di spiegare sino alla fine del capitolo. È un aspetto collegato, in un certo senso, al precedente. È cioè qualcosa che viene a compensare le lacune dell'altro. Sembra che si voglia "teorizzare" un comportamento pratico, senza però averne una plausibile giustificazione.

Vediamo anzitutto questa strana affermazione: "è assolutamente impensabile che un rivolgimento così formidabile come il passaggio dalla società del regime capitalistico al regime socialistico avvenga d'un colpo solo, per un solo attacco vittorioso del proletariato". Ora, da dove nasce una considerazione del genere? Da una constatazione storica? O è un principio teorico generale? Se fosse la prima cosa, bisognerebbe limitarsi a valutare caso per caso, evitando espressioni apodittiche, come p.es. "assolutamente impensabile". Se invece fosse un principio teorico astratto sarebbe di sicuro falso nella sua incontrovertibilità. Non si può demoralizzare il proletariato prospettandogli che il suo tentativo insurrezionale è destinato, molto probabilmente, a fallire.

In genere, quando si fanno le rivoluzioni deve essere presente un grande disagio materiale: una profonda crisi economica, una crescente miseria, una paurosa delinquenza, una guerra catastrofica... In teoria le rivoluzioni andrebbero fatte quando esiste uno sfruttamento generalizzato del lavoro altrui che appare del tutto insopportabile; ma nella pratica la gente ha bisogno di prove ancora più schiaccianti, quelle che tolgono ogni speranza di migliorare la propria esistenza.

Certamente il proletariato subì clamorose sconfitte con le rivoluzioni europee del 1848-49 e con la Comune di Parigi, ma non perché vi è nella storia delle rivoluzioni una legge che impone una reiterazione dei tentativi, come se fosse una cosa obbligatoria. La rivoluzione olandese, con cui si cacciarono gli spagnoli, durò pochissimo tempo e non ebbe bisogno di alcun replay. Breve fu anche quella americana contro gli inglesi. Le rivoluzioni sono sempre un evento molto doloroso: non si fanno a cuor leggero; né si pensa, neanche per un momento, mentre vengono fatte, che un'eventuale sconfitta servirà da lezione per la prossima occasione. Sarebbe un atteggiamento quanto meno intellettualistico. La riuscita o meno di una insurrezione generale, di massa, dipende anzitutto dal *modo* come la si *organizza*. Le condizioni esterne possono essere favorevoli quanto si vuole, ma senza un fattore soggettivo altamente qualificato, che punti decisamente alla vittoria, la sconfitta è inevitabile.

Per essere compiuta, una rivoluzione non ha bisogno dei martiri delle precedenti rivoluzioni fallite. Ha bisogno di *tattica* e di *strategia*, di *agitazione* e di *propaganda*, cercando obiettivi da colpire non solo in campo politico, ma anche sociale, culturale e persino militare. I martiri possono infondere coraggio, ma possono anche incutere paura. Se poi il tentativo precedente è stato fatto a 20-30 anni di differenza, si finisce col perderne la memoria. Se si guarda la successione cronologica delle tre rivoluzioni russe si resta sbalorditi: 1905, febbraio 1917, ottobre 1917. In 12 anni ben tre rivoluzioni! E i bolscevichi, guidati da Lenin, ne fecero una sola. In situazioni del genere, dove i poteri dominanti non tengono in alcun conto la vita altrui, non si può fare del moralismo. Cioè non si può arrivare a dire – come fa Rosa – che se il proletariato, la prima volta, giunge al potere "troppo presto", ciò va considerato come "inevitabile", in quanto il fallimento costituisce un importante fattore "che crea le con-dizioni *politiche* della vittoria finale".

Non ha alcun senso porre il "fallimento" come condizione "etica" per la vittoria politica futura. Il fatto che Lenin predicasse la ne-cessità di un ceto di rivoluzionari di professione, non va interpretato come se fosse stato un atteggiamento aristocratico. La professionalità dei politici rivoluzionari avrebbe anzi risparmiato alle masse popolari inutili sofferenze, quelle dettate dai comportamenti ingenui, istintivi, spontanei-stici...

Rosa è sempre stata convinta, sino alla fine dei suoi giorni, che la rivoluzione russa non sarebbe durata per molto tempo, sia a causa del fat-to che a livello sociale dominava nettamente la presenza di una classe piccolo-borghese come quella contadina, sia a causa della presenza di un capitalismo mondiale molto forte, che se si fosse trovato all'unisono per abbattere il bolscevismo al potere, avrebbe sicuramente avuto la meglio. Anzi, per lei non solo una rivoluzione socialista non poteva essere fatta in maniera vittoriosa in un Paese arretrato come la Russia, ma difficil-mente avrebbe potuto essere fatta in qualunque altro Paese, senza che ciò non costituisse la miccia per far esplodere altre rivoluzione in altri Paesi. Lei è sempre stata convinta che il "centro" di una rivoluzione mondiale avrebbe potuto essere la Germania, che si stava avviando a diventare un grande Paese capitalistico, ostacolato, in questa marcia, dai colossi impe-rialistici anglo-francesi, ma anche dai Paesi capitalistici emergenti, come quello nipponico e statunitense. Per la Russia riteneva più adeguata la ri-voluzione di Febbraio. Al massimo avrebbe accettato l'idea di un'imita-zione, da parte dei rivoluzionari russi, di un'insurrezione che fosse già scoppiata in Germania. Oppure era disposta ad accettare che se la Russia avesse sconfitto la Germania nella guerra mondiale, tale sconfitta avreb-be potuto fare da detonatore per lo scoppio di una rivoluzione socialista in Germania, che poi avrebbe favorito quella russa, cronologicamente successiva, e quindi quella di tutti gli altri Paesi capitalistici.

Ricorre come un mantra in tutti i suoi scritti questa idea di spera-re in un "evento esterno" che abbia la funzione di scioccare un Paese, come quello tedesco, convinto d'essere imbattibile sul piano militare e convinto di vincere la guerra mondiale. Tale "evento-choc" le serviva come giustificazione alla sua idea di "rivoluzione popolare spontanea", come forma di compensazione alla sua incapacità di organizzare tattica-mente le masse proletarie per la conquista del potere. Era persino convin-ta che se la Russia socialista avesse ottenuto la pace unilaterale con la Germania, questa di sicuro avrebbe soffocato immediatamente la rivolu-zione bolscevica. Ecco perché, secondo lei, i bolscevichi avrebbe dovuto continuare la guerra per il loro stesso bene, oltre che per il bene dei rivoluzionari tedeschi. La sua posizione era condivisa dai menscevichi. Senza la continuazione della guerra, i contadini e la piccola borghesia, secondo Rosa, avrebbero scatenato la controrivoluzione, e tutta la borghesia europea si sarebbe alleata contro la Russia socialista.

Rimprovera a Lenin d'essere un "avventuriero", senza accorgersi ch'era estremistico proprio questo suo modo di ragionare. Per lei la pace aveva senso non come risultato di un'intesa tra i Paesi capitalistici e tanto meno come un'intesa bilaterale tra Russia e Germania, ma come risultato di un'insurrezione generale del proletariato europeo. In caso contrario l'Ottobre sarebbe stato ricordato, più che altro, come gesto simbolico di un proletariato eroico, indisponibile a compromessi coi liberali borghesi. Niente di più.

Diversamente da come la pensava Rosa, che sul piano pratico-organizzativo è sempre stata inadeguata, Lenin riteneva che la capacità tattica e strategica dei rivoluzionari di professione avrebbe reso più probabile la vittoria del proletariato anche in un Paese arretrato come quello russo, senza che per questo si potesse cadere nell'avventurismo di un colpo di stato di tipo blanquista, anche perché si sarebbe dovuto ridurre al minimo il numero delle vittime. In effetti, quando i bolscevichi decisero di entrare in azione, i morti furono incredibilmente pochi. Il disastro avvenne quando i poteri privilegiati, non rassegnati alla sconfitta, decisero di scatenare la guerra civile. Chi sferra un attacco in grande stile alle istituzioni, non può accontentarsi "d'averci provato", ma deve essere consapevole di avere una buona probabilità di riuscita; anche perché le conseguenze della sconfitta saranno catastrofiche: il governo in carica, estromesso con la forza dal potere, si vendicherà senza pietà, se riuscirà a recuperarlo, come successe, in maniera molto eloquente, con il crollo della Comune di Parigi.

Questa idea di fare del martirio di qualche rivoluzionario una forma indispensabile di incitamento morale per compiere una rivoluzione politica, porterà alcuni socialisti, non senza ragione, ad affibbiare a Rosa l'epiteto di "sanguinaria". C'è molta meno sicurezza che una rivoluzione riesca in virtù di queste sconfitte e dei martiri della libertà e della giustizia, che non invece in virtù di un'accurata preparazione tattica e strategica.

Il crollo del capitale

A titolo consolatorio per un proletariato destinato inevitabilmente a numerose sconfitte, Rosa, nel capitolo IV della II parte, ripropone la teoria marxista del crollo del sistema, cui Bernstein aveva rinunciato, vedendo i successi del capitalismo nella seconda metà dell'Ottocento, soprattutto in Germania.

Il capitolo è breve ed è una semplice sintesi di tutti i gravi limiti del revisionismo. Non meriterebbe d'esser preso in esame, anche se sulla teoria del crollo (la Luxemburg è stata definita una "crollista") si possono spendere due parole.

Dire che il capitalismo è "destinato" a crollare, come se esistesse una forza materiale che agisce autonomamente, non ha alcun senso. È puro misticismo. Fa venire in mente le descrizioni apocalittiche dei vangeli, messe appunto per rassicurare quei cristiani che, benché non fossero riusciti col proprio impegno politico a superare lo schiavismo romano, avrebbero ottenuto lo stesso, se la loro fede fosse rimasta inalterata, un premio nel regno dei cieli e un giudizio universale alla fine dei tempi. L'unica cosa che i cristiani non possono sapere è il luogo e l'ora in cui suonerà la tromba dell'apocalisse.

Dunque agli occhi di Rosa la teoria del crollo servirebbe ad avvalorare un atteggiamento *non conciliante* con le contraddizioni del sistema. A leggere il suo testo sembra, da un lato, di assistere a un connubio tra una cultura mezzo ebraica e mezzo cattolica, tipica della Polonia, da cui lei proveniva, e, dall'altro, di vedere come tale mix culturale si permette di spiegare alla cultura mezzo pagana e mezzo protestantica, tipica della Germania, da cui invece proveniva Bernstein, come ci si deve comportare, almeno *eticamente*, nei confronti del capitale. Il che, in altre parole, voleva dire che un partito socialista, se anche non riesce ad abbattere politicamente il sistema, dovrebbe comunque continuare a resistere sul piano *etico*. È questo il messaggio che Rosa lancia a tutto il partito socialdemocratico tedesco e alla II Internazionale.

Ha senso una posizione del genere? Se sì, per quanto tempo può averne? È evidente, infatti, che se il sistema riduce le proprie contraddizioni, migliorando il tenore di vita e facendo credere che questo trend positivo ha ottime possibilità di perfezionarsi continuamente, l'opportunismo non potrà che dilagare. Certo, Rosa avrebbe risposto a questa obiezione che un qualunque miglioramento del sistema non può essere che provvisorio, in quanto vi sono contraddizioni strutturali che non si possono superare in alcun modo; anzi, esse sono destinate a incancrenirsi, proprio perché l'antagonismo sociale è connaturato al sistema.

Qui però Rosa avrebbe dovuto impostare un discorso completamente diverso, relativo all'imperialismo, invece di limitarsi a parlare misticamente di "crollo". Avrebbe cioè dovuto far vedere il nesso inscindibile tra benessere occidentale e sfruttamento delle colonie. Sulla base del moderno imperialismo, il momento del crollo è stato soltanto posticipato, non scongiurato, in quanto il peso maggiore degli antagonismo sociali è stato trasferito altrove, sulla stragrande maggioranza dell'umanità priva di tecnologia avanzata. Avrebbe quindi potuto dire che se in occidente s'impone il revisionismo, allora vuol dire che il socialismo rivoluzionario è destinato a svilupparsi non nelle aree più avanzate del pianeta, ma nelle colonie sottosviluppate. Cioè soltanto dopo che la periferia dell'occidente sarà riuscita a emanciparsi dal giogo del capitale, crollerà anche la madrepatria.[31]

Perché è giusto parlare di "inevitabilità del crollo"? Certamente non perché esiste una forza esterna che imporrà tale destino, ma, più semplicemente, perché gli uomini non possono sopportare, oltre un certo limite, l'acuirsi delle contraddizioni. Quando queste arrivano, chi non ha più niente da perdere, si sente indotto a reagire, a tentare il tutto per tutto, e a farlo non individualmente, ma come gruppi organizzati o addirittura come popolo (anche in armi).

Tuttavia, questo modo di vedere le cose non è affatto rassicurante. Non vi è alcuna garanzia che dalla esasperazione delle classi oppresse, dalla loro crescente miseria potrà venir fuori una alternativa davvero positiva. In sé la sofferenza non produce cose migliori del suo contrario. Si può anche crederlo, ma non vi è alcuna certezza. Se guardiamo, p.es., come è nata la criminalità organizzata nell'Italia meridionale, usata, quest'ultima, come colonia interna dal settentrione industrializzato, la sofferenza ha giocato un ruolo determinante. La mafia, la camorra, la 'ndrangheta... sono venute fuori dopo il fallimento del brigantaggio e soprattutto dopo l'emigrazione di tanti contadini impoveriti dalla nascita del capitalismo. La sofferenza può produrre dei mostri sociali, se non è sostenuta da un'intelligenza delle cose e da una capacità organizzativa in grado di abbattere il sistema. Una criminalità del genere, che ora si è diffusa in tutta la nazione, assumendo un'apparenza di legalità, sicuramente renderà il sistema ancora più invivibile, in quanto aumenteranno di continuo la corruzione, il vizio, la violenza, il degrado sociale e ambientale, ma se anche questo dovesse portare a un "crollo" del sistema, non porterà di certo, in maniera automatica, alla nascita del socialismo.

Il Medioevo era sicuramente corrotto a causa del servaggio e del clericalismo, ma la borghesia, col proprio laicismo e il proprio capitalismo, ha forse realizzato la vera *democrazia sociale*? Questo per dire che, se anche fosse vera la teoria del crollo, non è fondata l'idea che da questo

---

[31] Attenzione all'uso delle parole. Si è detto "emanciparsi dal giogo del capitale"; non si è detto "emanciparsi dal giogo della madrepatria". Gli americani, p.es., si liberarono degli inglesi, ma non si liberarono affatto dal capitale, che anzi col tempo svilupparono come mai prima era stato fatto, avendo un territorio immenso da sfruttare liberamente, dopo lo sterminio dei nativi indigeni.

crollo possa venire fuori un'alternativa credibile. In Russia si abbatté il capitalismo grazie a una rivoluzione proletaria, prima ancora che si aspettasse un suo pieno sviluppo, cioè prima ancora che si potesse parlare di "crollo" a causa dell'acuirsi delle sue contraddizioni. E tuttavia il socialismo statale non fu affatto una vera alternativa al capitalismo privato, tant'è che oggi non lo rimpiange nessuno, se non gli strati più poveri della popolazione.

Non esiste alcun automatismo né tra l'acuirsi degli antagonismi sociali e il crollo, né tra il crollo e il socialismo davvero democratico. Tutto dipende dall'intelligenza e dalla volontà degli esseri umani, che devono imparare a capire che non esiste alcuna fatalità, alcun destino, alcuna necessità storica totalmente indipendente dalla loro volontà. Ecco perché si deve parlare di *socialismo locale, autogestito*, basato sull'*autoconsumo*. Con un socialismo del genere si è costretti ad assumersi delle *responsabilità personali* e ad attribuire soltanto a se stessi la riuscita o il fallimento dei propri obiettivi.

L'opportunismo in teoria e in pratica

Il capitolo conclusivo, riportato in questo titolo di paragrafo, è un invito alla socialdemocrazia di uscire dalla palude in cui era finita.[32] Rosa intravede le prive avvisaglie del tradimento nella decisione di appoggiare, da parte si un'ampia maggioranza parlamentare di socialisti, la proposta di Bismarck di votare un sussidio di quattro milioni di marchi a favore delle compagnie di navigazioni che stavano costruendo l'imperialismo germanico in varie parti del pianeta. Quando poi furono abolite le Leggi anti-socialiste – è sempre lei a dirlo – il consenso socialista al sistema sembrava cosa fatta, tant'è che venne fuori il famoso testo di Bernstein, con cui si diede una giustificazione teorica a una posizione politica ormai consolidata.

Rosa era convinta che sarebbe stata sufficiente una coerente teoria rivoluzionaria per smontare questa vergognosa impalcatura filo-borghese; anche perché – secondo lei – tutto quanto l'opportunismo proponeva si era già visto prima della nascita del socialismo scientifico; con la differenza che ora l'opportunismo non aveva più quel carattere ingenuo dei tempi di Owen, Fourier, Saint-Simon, ma appariva come una forma vera e propria di rinnegamento.

*

---

[32] Per capire bene questo capitolo bisognerebbe leggersi la *Storia della socialdemocrazia tedesca* di Franz Mehring (Editori Riuniti).

Con la definizione di "aristocrazia operaia"[33] si era capito che anche il proletariato può tradire istintivamente col proprio opportunismo la causa del socialismo, ma è evidente che l'intellettuale che giustifica l'opportunismo sul piano teorico, compie un tradimento di gran lunga più grave. Se si attribuisce la responsabilità dell'opportunismo ai soli operai o se lo si ritiene un male endemico del sistema, si finisce col giustificare la propria incapacità ad organizzare un partito combattivo. D'altra parte la stessa vita parlamentare può facilmente portare all'opportunismo: ecco perché dovrebbero esserci degli stipendi contenuti, la possibilità di revoca immediata, i mandati ridotti nel tempo e una responsabilità effettiva nei confronti dei propri elettori (cioè l'impossibilità di passare nel corso di una legislatura da un partito a un altro).

Con la sua critica radicale Rosa anticipò persino quella di Lenin, a quel tempo impegnato a contrastare il populismo agrario e che solo nel 1900, con l'uscita della rivista "Iskra" e di quel capolavoro chiamato *Che fare?*, prese a contestare la posizione attendista dei "socialisti legali". Rosa fu una vera spina nel fianco della socialdemocrazia tedesca, anche se non aveva capito bene che vi era una certa linea di continuità tra il Marx del *Capitale*, così dominato dalla categoria hegeliana della necessità, e l'ultimo Engels, così favorevole a un'evoluzione deterministica del capitalismo verso il socialismo: idee che troveranno ampi consensi nelle opere di Kautsky e soprattutto di Bernstein, abituati a osannare il socialismo meramente parlamentare, in cui le battaglie legali e le riforme sociali giocavano un ruolo determinante.

Rosa chiude il suo libro in una maniera piuttosto astratta, generica, un po' come avevano fatto Marx ed Engels nel *Manifesto*. Cioè proprio nel momento in cui doveva indicare la chiave di volta per superare praticamente l'opportunismo e il revisionismo, le lacune appaiono enormi. Con una consapevolezza così acuta dei limiti della socialdemocrazia tedesca, Rosa, insieme a Bebel, Liebknecht, Parvus, Schönlank, Mehring, la Zetkin... avrebbero dovuto costituire al più presto un loro partito, a costo di rimanere una minoranza politica insignificante. Purtroppo quando decideranno di farlo, costituendo il partito comunista, sarà troppo tardi. Sarà la stessa socialdemocrazia ad aprire le porte, indirettamente, al nazionalsocialismo.

---

[33] Il termine "aristocrazia operaia" è derivato da un passo di Engels scritto nel 1885 e ristampato nella Prefazione all'edizione del 1892 della *Situazione della classe operaia in Inghilterra* (del 1844), in cui parla delle grandi Trade Unions inglesi come di organizzazioni che costituiscono un'aristocrazia nella classe operaia.

La Prefazione di Engels e il commento di Rosa

A proposito della "Prefazione" di Engels, citata in precedenza, qui si possono fare alcune precisazioni. Egli sostiene che l'errore compiuto da lui e da Marx fu quello di giudicare la situazione europea del 1848-49 matura per la trasformazione socialista. Lo dice perché dopo il 1848 la Germania era diventata un Paese industriale capitalistico di prim'ordine. E lascia quindi capire che prima del socialismo deve esserci l'affermazione del capitalismo. Non si possono anticipare i tempi.

Un'analisi, questa, completamente sbagliata, dovuta forse al fatto ch'egli ormai si trovava alla fine della sua vita. In realtà la situazione era già matura sul piano della crisi economica. Ciò che invece non lo era riguardava l'aspetto organizzativo del partito rivoluzionario, troppo condizionato dalla fiducia nella spontaneità eversiva delle masse. Il partito non era un'avanguardia, ma una retroguardia.

È vero, i tempi per compiere una rivoluzione non sono sempre maturi, ma lo sono sempre quelli in cui le contraddizioni sociali sono esasperate e riguardano milioni di persone. Solo che Engels, da buon determinista, non poteva ammettere che il vero problema era organizzativo (tattica, strategia, agitazione e propaganda). Al massimo arriva a dire che le rivoluzioni non possono essere fatte da una minoranza "alla testa di masse incoscienti". Errore. Le rivoluzioni vengono sempre dirette da una minoranza di intellettuali organici (i bolscevichi iscritti al partito erano solo 4.000 del 1905, anche se dopo la rivoluzione di quell'anno passarono a 46.000); semmai devono essere fatte da una forza popolare sufficientemente forte ed estesa, al fine di poter fronteggiare la reazione, che è sempre rabbiosa, dei poteri costituiti, i quali non rinunciano mai spontaneamente ai loro privilegi.

Invece di addebitare alla inadeguata capacità di aggregazione e di determinazione del partito comunista, Engels attribuiva la sconfitta politica del socialismo scientifico alle influenze anarcoidi della rivoluzione francese, che ancora si facevano pesantemente sentire negli ambienti piccolo-borghesi. Altro errore. La rivoluzione francese fu un grande movimento popolare della borghesia, degli operai, dei contadini, diretto dagli intellettuali. Semmai quella rivoluzione fu tradita dalla grande borghesia o, se si preferisce, fu un movimento sociale in cui la piccola borghesia non ebbe mai il coraggio di soddisfare tutte le esigenze del Quarto stato, permettendo così alla grande borghesia di prevalere.

Le rivoluzioni non si fanno quando un'ampia maggioranza le vuole, ma quando una minoranza può dimostrare, concretamente, che i propri ideali di giustizia e libertà possono essere condivisi da un'ampia maggioranza. La minoranza deve far capire ai poteri costituiti (che rappresentano le pretese di un pugno di sfruttatori) che, se vuole, su determinati problemi può far leva su consensi molto ampi, coi quali potrebbe anche ribaltare il sistema. Questa minoranza rivoluzionaria deve far capire ai poteri costituiti che potenzialmente può trasformarsi in maggioranza. Cosa che invece non possono fare quegli stessi poteri, che, loro sì, esprimono gli interessi di un'infima minoranza, che non potrebbe mai trasformarsi in una solida maggioranza. Quella che viene considerata dai poteri costituiti un'infima minoranza, deve saper dimostrare che i poteri mentono e che tutta la loro forza è soltanto quella di un colosso dai piedi d'argilla.

Engels lasciava un testamento politico che avrebbe disarmato il socialismo in occasione della prima guerra mondiale, come puntualmente avvenne in tutta l'Europa occidentale. Il lavoro di aggregazione che deve fare il partito, infatti, non è sempre "lungo e paziente". Ma, a seconda delle circostanze, può anche essere veloce e inaspettato, in quanto deve saper cogliere di sorpresa i poteri governativi che, avendo a che fare con grandi problemi economici, si trovano del tutto incapaci ad affrontarli.

Questo lavoro solerte, veloce, non può essere fatto solo a livello parlamentare o ufficiale. Un partito rivoluzionario deve anche sapersi muovere nella clandestinità. Deve soprattutto dimostrare che la clandestinità non è una libera scelta, ma una scelta dettata dalle circostanze sfavorevoli, dalla pseudo-democrazia dei poteri costituiti.

È assurdo pensare che un partito rivoluzionario possa ottenere una maggioranza parlamentare seguendo *soltanto* delle strade pacifiche, delle soluzioni di compromesso o l'idea di "suffragio universale". Se anche raggiungesse un obiettivo del genere, e potrebbe anche farlo, avrebbe però perduto qualunque caratteristica rivoluzionaria. I problemi causati dall'antagonismo sociale non possono essere affrontati soltanto in maniera pacifica, poiché non s'è mai visto nella storia che chi detiene dei poteri ingiusti se ne privi spontaneamente. Non esiste una transizione "naturale" dal capitalismo al socialismo.

Scrive Engels: "L'ironia della storia capovolge ogni cosa. Noi i 'rivoluzionari', i 'sovversivi', prosperiamo molto meglio coi mezzi legali che coi mezzi illegali e con le sommosse. I partiti dell'ordine, com'essi si chiamano, trovano la loro rovina nell'ordinamento legale che essi stessi hanno creato". La storia, in realtà, dimostrò che l'abitudine alla legalità, alla mediazione, senza alcun'altra attività, senza spingere i poteri costituiti alla convinzione che si devono dimettere, con le buone o con le cattive, diventa l'anticamera del *riformismo*. E questa sarà la scelta teorica che prenderà l'amico di Engels, E. Bernstein, che già un anno dopo comincerà a scrivere una serie di articoli, poi raccolti in quel "manifesto" della socialdemocrazia borghese, intitolato *I presupposti del socialismo e i compiti della socialismo*, che a tutt'oggi resta la Bibbia del riformismo socialista.

La critica di Kaustky, che ancora credeva nel crollo imminente del capitalismo, non servì a nulla. Non a caso Engels affidò a Bernstein il lascito letterario tra lui e Marx. Solo la prassi di Lenin dimostrò che le tesi di quel riformismo condannavano il socialismo rivoluzionario all'impotenza. Non è che Engels avesse smesso di credere nel crollo imminente del capitalismo, ché anzi lo riteneva possibile alla fine dell'Ottocento. Semplicemente era convinto che tale crollo fosse una necessità *naturale*, dovuta alle interne contraddizioni del sistema, di cui la principale, al suo tempo, era la necessità di passare dalla forma concorrenziale dell'economia a quella monopolistica.

*

Sulla questione della "necessità storica" o "naturale" bisogna spendere altre parole. Indubbiamente il marxismo classico sosteneva che il socialismo fosse una imprescindibile *necessità storica*. Lo si diceva sostanzialmente per due ragioni: 1) si considerava lo sviluppo delle forze produttive quanto di meglio avesse realizzato la borghesia, al punto che un ritorno alle forme economiche precapitalistiche erano ritenuto impossibile; 2) si era fermamente convinti che senza sviluppo del socialismo quello del capitalismo avrebbe portato l'umanità alla catastrofe.

Queste tesi oggi sono superate, per una serie di ragioni. Da quando esistono le società divise in classi contrapposte, il "socialismo" è sempre stato una "necessità storica". Non è una prerogativa di oggi, tanto meno perché dovuta alla rivoluzione industriale. Il socialismo dell'Ottocento è avverso ai profitti privati del capitalismo industriale (quello del carbone, del vapore, del motore a scoppio...), ma prima ancora esisteva un capitalismo manifatturiero e commerciale. L'opposizione al capitalismo non industriale (quello degli scambi commerciali con l'oriente, quello degli opifici tessili manuali...) si verifica sin dal suo sorgere, coi movimenti pauperistici ereticali del Medioevo, i quali prendono di mira non solo la corruzione interna alla Chiesa cattolica, ma anche quella esterna, che caratterizzava le due classi dominanti, nobiltà e borghesia. I socialismi utopistico e scientifico nascono dopo 800 anni di contestazione al sistema borghese.

Il fatto di non essere riusciti a trasformare la necessità di una transizione socialista in una realtà concreta, non va interpretato come dovuto alla mancanza della rivoluzione industriale. La differenza tra lo schiavismo e l'odierna schiavitù salariata sta soltanto nel fatto che l'antagonismo sociale ha assunto forme sempre più sofisticate, più difficili da individuare e da combattere (oggi, p.es., il capitalismo occidentale sta per essere ereditato dalla Cina nella sua forma più inverosimile: il suo ulteriore sviluppo antagonistico viene garantito da un governo sedicente "comunista"!). Ma l'esigenza di tornare a vivere un'esperienza di socialismo, uno stile di vita comunistico è rimasta uguale. Semmai è diverso il *modello* che si vuole realizzare.

Ora, siccome è sbagliato considerare che solo oggi il socialismo è diventato una necessità storica, dobbiamo dire che è altresì sbagliato pensare di dover ereditare, gestendole in maniera diversa, le forme materiali della società borghese. Il socialismo democratico non è obbligato a sentirsi vincolato ad alcuna forma economica ad esso precedente. Anzi, tendenzialmente (proprio per non legarsi le mani) è meglio sostenere la tesi del superamento di ogni forma economica realizzata nelle società e civiltà basate sull'antagonismo sociale. Il suo obiettivo è quello di abbattere il capitalismo *nel suo insieme* (così come ogni forma di antagonismo irriducibile tra le classi o i ceti), e, nel farlo, non deve sentirsi in dovere di salvaguardare qualcosa di specifico del passato.

L'unico periodo storico che merita d'essere preso in considerazione è quello privo di conflitti sociali irrisolvibili, e questo, a tutt'oggi, è solo uno, durato decine di migliaia di anni: il *comunismo primitivo* (o primordiale o ancestrale). Quindi se nel presente, nella guerra mortale contro il capitalismo (ma anche contro il socialismo statale o il socialismo mercantile), è possibile individuare delle forme economiche che possono essere prese a modello per la transizione al socialismo, queste forme devono necessariamente avere un'attinenza col suddetto comunismo primitivo.

Un partito socialista o comunista contemporaneo non può quindi non essere che un partito *primitivista*. Deve essere un partito che fa dell'*antropologia* e dell'*etnologia* un argomento di interesse teorico, culturale, persino sociale, se e quando è possibile un incontro con esperienze concrete, fattive, non ancora distrutte dall'imperialismo o neoglobalismo del mondo contemporaneo. Deve essere un partito favorevole alle esperienze di *autogestione* e di *autoconsumo*: autogestione sul piano produttivo, in rapporto alle esigenze locali di una determinata comunità, e ovviamente alle risorse naturali di un determinato territorio. Autoconsumo vuol dire consumare ciò che si produce, riducendo progressivamente la dipendenza dal mercato. Il che implica la promozione di forme di cooperazione nello scambio dei reciproci prodotti e nella realizzazione di progetti comuni, trasversali a più comunità.

Il partito primitivista deve necessariamente essere favorevole a qualunque esperienza di *democrazia diretta*, cioè non parlamentare-nazionale. Da questo punto di vista non è possibile non ritenere il federalismo una teoria politica (per quanto in sé limitata) più vicina alle esigenze della democrazia diretta che non il centralismo statale. O in ogni caso lo Stato centrale è tanto più democratico quanto più riduce i propri poteri a vantaggio delle autonomie locali, regionali o territoriali.

Un partito primitivista non può limitarsi a superare definitivamente l'antagonismo tra capitale e lavoro (eliminando la presenza stessa del lavoro salariato, che è una forma di prostituzione), ma deve anche ripensare totalmente il significato della parola "civiltà". Dobbiamo uscire non solo da qualunque forma di capitalismo (concorrenziale e monopolistico), dal socialismo statale o mercantile, ma anche dal concetto di "civiltà", così come esso si è venuto imponendo nell'immaginario collettivo a partire dalla nascita dello schiavismo. La nascita delle civiltà schiavistiche è la nascita della barbarie, che si è evoluta nella forma del servaggio, del capitalismo e del socialismo statale e che oggi si sta perfezionando in Cina nel cosiddetto "socialismo di mercato".[34]

Un partito primitivista deve comunque essere un "partito", poiché il suo obiettivo finale è quello di rovesciare il sistema con una lotta politica organizzata, sull'esempio del leninismo, che a tutt'oggi è rimasto insuperato. Non vuole essere un'esperienza anarchica (che rifiuta a priori qualunque rapporto con le istituzioni), né un'esperienza che ricalchi i modelli economici del socialismo utopistico (che era riformistico per sua natura). Non ha senso creare "isole di socialismo" all'interno del capitalismo. L'unica possibilità che abbiamo di superare il capitalismo, è quella di realizzare un socialismo democratico che riprenda la prassi del comunismo primordiale.

Un partito primitivista deve necessariamente essere un partito *ecologista* e *ambientalista*, cioè deve approfondire tutte le tematiche che riguardano il riciclo, il riutilizzo dei prodotti umani, la tutela delle esigenze riproduttive della natura, che vanno considerate superiori a quelle produttive del genere umano.

---

[34] Se si escludono le cosiddette "guerre dell'oppio", avvenute tra Gran Bretagna e Cina negli anni 1839-42 e 1856-60, bisogna dire che è stata la vittoria del Giappone industrializzato sulla Cina negli anni 1894-95 a far scattare l'interesse di tutto l'imperialismo europeo e americano per il continente asiatico, senza che nessuno avesse il coraggio di dichiarare guerra al Giappone, il quale fu in grado di vincere un colosso come la Russia nella guerra del 1905. Gli USA riusciranno a ridurre di molto l'importanza del Giappone alla fine della II guerra mondiale, ma tutto l'occidente vedrà il sorgere di un nuovo colosso comunista (la Cina di Mao) e, a partire dalla fine degli anni Settanta, il sorgere di un socialismo mercantile altrettanto imponente, che mette a repentaglio l'egemonia economica dell'occidente usando le sue stesse armi.

*

Qui ci riferiamo al discorso pronunciato da Rosa in occasione del Congresso di fondazione del partito comunista della Germania nel gennaio 1919. Non ne faremo una sintesi ma evidenzieremo soltanto i passaggi più controversi:

1. Non ha capito che Engels era sostanzialmente diventato un "riformista" sin dal fallimento delle rivoluzioni del 1848, ma soprattutto dopo il tragico esperimento della Comune di Parigi. Engels scrisse quella Prefazione nello stesso anno in cui morì: era quasi mezzo secolo che non svolgeva più un'attività politica rivoluzionaria vera e propria. Infatti riteneva le tattiche usate nel 1848 (le barricate in strada) del tutto superate. La stessa Rosa è costretta ad ammettere che Engels aveva scritto quella Prefazione sotto pressione del gruppo parlamentare tedesco, il quale, a nome di Bebel e di altri, aveva dato assicurazione che non si sarebbero limitati a svolgere un'opposizione puramente parlamentare, e che la Prefazione doveva soltanto servire a porre un argine alle deviazioni anarchiche dei radicali di sinistra, emerse agli inizi degli anni Novanta, quando furono revocate le Leggi anti-socialiste. Tuttavia la stessa Prefazione fu mutilata in alcune parti (Engels se ne lamentò in una lettera a Lafargue).

2. Ha avvalorato la tesi engelsiana secondo cui in Europa non vi erano ancora le condizioni per fare la rivoluzione, in quanto il capitalismo non aveva ancora esaurito la sua forza propulsiva. In tal modo venivano sottovalutate le conseguenze devastanti dell'imperialismo nell'ambito delle colonie.

3. Scrive che il centro di gravità del movimento operaio europeo si era spostato, dopo la tragedia della Comune di Parigi, dalla Francia alla Germania, ma non dice che qui il capitalismo si sviluppò grazie ai capitali che la Francia, perduta la guerra franco-prussiana del 1870-71, dovette dare alla Germania.

4. Non ha indicato un modo per non far fallire la rivoluzione tedesca del 1919, né ha spiegato i motivi per cui in quel momento era prematuro farla. Si limita a sostenere che il proletariato e soprattutto i suoi dirigenti non hanno saputo approfittare del crollo dell'imperialismo tedesco (il 9 novembre 1918 il kaiser si era dimesso). Questo perché la socialdemocrazia tedesca ha usato il parlamentarismo come unica forma di lotta al sistema: il che la rese incapace ad affrontare i gravi momenti di crisi. Inoltre è stato un grave errore dare per scontato che il soldato tedesco, troppo abi-

tuato a obbedire, fosse impermeabile alle idee socialiste. Ma essa stessa non ha mai suggerito alcun mezzo o modo per fare propaganda socialista tra le forze militari. Rosa non vuole fare differenza tra programma minimo e massimo, però dice di non volersi soffermare sulle "singole misure" da prendere per fare la rivoluzione: si limita a formulare "grandi linee generali".

L'accumulazione del capitale in nuce

La tesi di fondo

Noi non siamo degli economisti, per cui il lettore non può aspettarsi un esame particolareggiato di questo corposo volume di Rosa Luxemburg, scritto nel 1913, *L'accumulazione del capitale*,[35] che molti giudicano di fondamentale importanza e che, appena uscito, fu subito attaccato da destra e da sinistra.[36] Per questa ragione ci limiteremo ad alcuni aspetti per noi essenziali, cercando invece di essere più dettagliati negli ultimi lavori di Rosa dedicati alla rivoluzione d'Ottobre, che vedremo in un altro capitolo.

Nella sua *Accumulazione del capitale* Rosa prosegue in maniera approfondita l'*Introduzione all'economia*, che, di carattere più didattico, era stata iniziata mentre si trovava in carcere[37], probabilmente nel 1912, poi rivista nel 1916, ma mai pubblicata da lei. Paul Levi ne editerà una versione filologicamente molto discutibile nel 1925. Solo nel 1951 l'*Introduzione* poté essere pubblicata nella sua versione originaria.[38]

Nell'*Accumulazione* Rosa è convinta d'aver trovato una contraddizione logica nella spiegazione della riproduzione allargata data da Marx nel II volume del *Capitale*. Secondo lei nella società capitalistica "pura" (cioè composta soltanto di capitalisti e di lavoratori, priva di commercio estero), considerata da Marx (il quale peraltro voleva riferirsi a una singola nazione), il processo di "riproduzione allargata" (accumulazione di capitali in forza del plusvalore) sarebbe impossibile. Poiché il proletariato industriale non può essere sfruttato oltre il limite che permet-

---

[35] Ci riferiamo al testo pubblicato da Einaudi, Torino 1968 (l'ultima edizione è quella di Pgreco del 2012).

[36] Negli anni in cui lo pubblicò, Rosa stava favorendo la rottura tra il centrismo di Kautsky e la sinistra radicale. Aveva chiesto una campagna a oltranza di scioperi politici per ottenere la repubblica al posto della monarchia. Kautsky invece preferiva una lotta esclusivamente parlamentare. Rosa invitò persino i soldati a non combattere contro la Francia, e questo le procurò un anno di carcere. Con Mehring, Liebknecht e Clara Zetkin fondò il gruppo Internazionale, poi chiamato Spartakus Bund, cui però non aderirono i radicali filo-bolscevichi. La lega di Spartaco, nel 1916, anticipò l'istituzione del partito comunista tedesco.

[37] In prigione scrisse anche, nel 1915, *La crisi della socialdemocrazia* (noto come *Juniusbrochure*, che Lenin commentò estesamente), un opuscolo stampato in Svizzera.

[38] In lingua italiana fu edita dalla Jaca Book, Milano 1970.

te la sua riproduzione, e poiché i salari di tali operai sono tenuti forzosamente bassi, a favore del plusvalore, i capitalisti, non potendo accettare l'idea di una saturazione dei mercati interni alla loro nazione, e quindi l'impossibilità di fare ulteriori investimenti, sono costretti ad affidarsi al commercio estero, cioè, in sostanza, al colonialismo. I capitalisti non possono pensare di spendere tutto il plusvalore accumulato in beni di lusso (peraltro lo sperpero è incompatibile con l'accumulazione: li porterebbe facilmente alla rovina in un regime di forte concorrenza); e l'aumento naturale della popolazione, di per sé, non dà origine a una domanda "effettiva". Né un incremento della domanda totale può aversi a opera di impiegati, militari, artisti, ecc., poiché costoro derivano i loro mezzi d'acquisto in parte dai capitalisti e in parte dai lavoratori, e perciò non generano un "nuovo" consumo. In sostanza, all'interno del sistema capitalistico è impossibile che sorga una nuova domanda che consenta di allargare la produzione, se non interviene un fattore esterno.

Ma come si spiega allora l'effettivo sviluppo storico del capitalismo? È qui che Rosa enuncia la sua teoria dell'accumulazione. Occorre abbandonare la premessa, poco realistica, di una società composta solo di capitalisti e di lavoratori. La produzione capitalistica ha capacità di espansione perché accanto ai paesi capitalistici esistono i paesi *non capitalistici*, e perché all'interno dello stesso sistema capitalistico vivono persone estranee alle forme di produzione del sistema (artigiani, contadini, ecc.). È questo "ambiente non-capitalistico" che fornisce la domanda necessaria all'allargamento della produzione. Tra la società capitalistica e il suo contorno non-capitalistico si svolge, fin dall'inizio, un rapporto di scambio che dà modo al capitale di realizzare il suo plusvalore, offrendo le condizioni indispensabili per l'accumulazione.

Lo sviluppo di questo rapporto, tuttavia, comporta la trasformazione borghese degli strati sociali e dei Paesi non-capitalistici, i quali progressivamente vengono attratti nell'orbita capitalistica. Ciò prepara il crollo del capitalismo: da un lato infatti ci si avvicina al limite in cui tutta l'umanità consisterà solamente di capitalisti e di lavoratori, e perciò ogni ulteriore espansione del sistema risulterà impossibile; dall'altro l'erosione dell'ambiente non-capitalistico si compie necessariamente mediante il ricorso alla "scure della violenza politica", per cui si acuiscono i contrasti di classe e si diffonde l'anarchia economica e politica internazionale; sicché, prima che il limite di espansione del capitalismo sia raggiunto, il proletariato si rivolterà contro la dominazione del capitale.

Spieghiamo in altra maniera il succo del suo libro.

Rosa costruisce una *teoria del crollo*, secondo cui il capitalismo ha bisogno di colonie per ottenere sempre più plusvalore: non è sufficiente lo sfruttamento degli operai metropolitani. Occorrono cioè risorse altrui a buon prezzo, esportazioni di merci e capitali nei mercati esteri, ecc. È appunto dalle colonie che viene il denaro che realizza il sovrappiù sempre maggiore, prodotto anche grazie alle ricorrenti innovazioni tecniche. I lavoratori metropolitani hanno salari che bastano appena per la sopravvivenza e che aumentano solo in rapporto allo sfruttamento coloniale. Ci vuole una domanda aggiuntiva, costituita dalle esportazioni dell'area "avanzata" verso l'area "arretrata".

Senonché la lotta per la spartizione delle zone pre-capitalistiche e la necessità d'integrarle nella circolazione monetaria conducono a una loro inclusione nel mondo capitalistico, fino al punto in cui tutto il pianeta viene spartito dalle grandi potenze. Quando non esisteranno più possibili mercati di sbocco "esterni", si verificherà il "crollo" del capitale.

I critici di Rosa

L'*Accumulazione* venne decisamente rifiutata dai marxisti ortodossi della II Internazionale (in testa vi erano Kautsky e gli austromarxisti), per una serie di ragioni, la principale delle quali era che prevedeva l'inevitabile crollo del sistema borghese per motivi *endogeni* (per le sue irrisolvibili contraddizioni interne), cui nulla avrebbe potuto la pratica dell'imperialismo colonialistico, che Rosa, peraltro, considerava "organica" (strutturale) allo sviluppo stesso del capitale.

Secondo i critici marxisti la riproduzione avviene all'interno della società capitalistica a prescindere dalle colonie, semplicemente aumentando le fabbriche e gli operai. Anzi, essi erano convinti che il colonialismo fosse una forma di espansione *positiva* del capitale, che portava progresso tecnico e scientifico in tutto il mondo, creando quel proletariato industriale che avrebbe realizzato la transizione al socialismo.

Tutti prevedevano uno sviluppo indefinito del benessere economico (che dipendeva dalla rivoluzione tecnologica, non dal possesso delle colonie). Per risolvere il problema del divario tra produzione e consumo, sarebbe stata sufficiente una regolamentazione *statale* dell'economia. Il capitalismo privato doveva adeguarsi, per poter continuare a svilupparsi sul piano tecnologico ed economico, a questa necessità "pubblica". In tale maniera si sarebbero evitate le pericolose conseguenze sia della spietata concorrenza tra imprenditori privati che della inevitabile lotta di classe tra capitale e lavoro. Questa era, in fondo, la posizione dell'ultimo Engels, che non a caso lasciò il proprio retaggio culturale a Bernstein e Kautsky.

Quindi la riproduzione allargata può avvenire anche senza le colonie. Queste sono soltanto un di più. Lo dimostrava il fatto che, proprio nel momento in cui Rosa scriveva l'*Accumulazione*, la Germania, pur avendo poche colonie, quanto a produzione non era seconda a Francia e Gran Bretagna, che avevano imperi colossali. L'espansione del capitale in Germania avveniva per una sua forza intrinseca, conseguente al fatto che si stavano utilizzando le migliori tecnologie presenti sul mercato, senza aver bisogno di ripercorrere tutto il faticoso iter storico per ottenerle. I socialdemocratici avevano buon gioco a criticarla, anche se non potevano non sapere che il capitalismo tedesco si era sviluppato, a differenza di quello inglese, grazie a un intervento massiccio dello Stato (esattamente come era successo in Italia). Eppure di lì a poco dovranno ricredersi, poiché proprio lei aveva intuito che la Germania sarebbe stata costretta a far scoppiare una guerra contro le rivali europee, e proprio per la questione coloniale.

In quel momento però, convinta d'aver semplicemente sviluppato la teoria marxiana in modo coerente, adeguandola all'evoluzione storica sfociata nell'imperialismo, Rosa pensò d'essere stata completamente fraintesa. Secondo lei i critici non capivano una questione piuttosto elementare, e cioè il fatto che il mercato nazionale, ad un certo punto, si satura e che il colonialismo diventa fondamentale per sopravvivere e che quindi tutte le guerre moderne tra Stati hanno, come principale motivazione, la spartizione delle colonie.[39]

In sostanza Rosa aveva capito perfettamente che senza imperialismo il capitalismo sarebbe crollato. Aveva, in un certo senso, fatto un passo avanti rispetto ai marxisti della II Internazionale, ancora restii ad accettare l'idea che il colonialismo fosse *parte organica* del capitalismo sin dalla sua nascita. Rosa diceva che i mercati nazionali diventano stretti quando si amplia la gamma dei prodotti da vendere in maniera capitalistica: di qui la necessità di avere mercati di sbocco extra-nazionali. Peraltro il colonialismo è già interno alla nazione capitalistica, p.es. tra una città e la campagna limitrofa, tra una regione industrializzata e una ancora agricola.

In effetti l'esigenza di colonizzare l'intero pianeta non è successi-

---

[39] A ciò oggi si potrebbe aggiungere che se anche esistesse un altro pianeta come il nostro, la riproduzione del capitale proseguirebbe imperterrita fino a depauperare anche il secondo pianeta. Oggi la conquista dello spazio, attraverso i satelliti e le stazioni orbitanti permanenti, è un'altra forma d'imperialismo. L'intero pianeta è controllato dai satelliti delle telecomunicazioni. Non c'è più bisogno d'inviare arei-spia sui Paesi nemici. Quelli più avanzati sono in grado di controllare tutta la telefonia mobile e tutto il web e anche qualunque condizione meteorologica, tutto lo spazio aereo, nonché i movimenti di tutte le truppe militari o delle forze navali della Terra. Nell'ambito delle rispettive alleanze militari è possibile controllare, se lo pretendono, anche i telefoni fissi, i conti correnti, le carte di credito...

va alla nascita del capitalismo occidentale, ma gli è *parallela, contestuale*. Potremmo addirittura dire che il colonialismo è nato con le crociate del basso Medioevo, ed è stato proprio questo colonialismo a fornire i capitali per uno sviluppo significativo di un capitalismo imberbe, appena nato nell'area occidentale dell'Europa.

Rosa vedeva nel colonialismo una tragedia, in quanto le comunità locali venivano distrutte nelle loro attività pre-industriali (e ancora oggi è così, per quanto ormai le aree pre-capitalistiche siano ridotte al lumicino). Non solo, ma siccome i territori da colonizzare non sono illimitati, secondo lei era impossibile che non scoppiassero gravi conflitti bellici tra i Paesi europei. L'imperialismo diventava, a suo parere, l'ultima fase del capitalismo, almeno per una duplice ragione: 1) l'intera umanità tende a dividersi in capitalisti e operai salariati, sicché una ulteriore espansione del capitale diventa impossibile; 2) in una situazione del genere il proletariato internazionale tende a ribellarsi, nel senso che se gli operai non si ribellano a livello nazionale, saranno costretti a farlo per motivi internazionali.

Su molti aspetti era impossibile dar torto a Rosa. Bastava infatti un minimo di buon senso per capire che i consumi nell'area avanzata del capitalismo sono crescenti solo se a livello internazionale le "colonie" (altrimenti dette, col tempo, Paesi sottosviluppati o in via di sviluppo o emergenti) continuano a restare sottomesse. Semmai si poteva aggiungere (sempre sulla scia di Rosa) che se nell'arena mondiale si affacciano nuovi competitori capitalistici che vogliono rimettere in discussione la ripartizione delle "colonie", può anche accadere che, in occasione di una guerra mondiale, il benessere collettivo abbia un drastico ridimensionamento.

Di qui però a dire – come faceva lei – che, in caso di guerra mondiale per la spartizione delle colonie, si sia in presenza di un possibile crollo del capitalismo, ce ne corre. Nulla infatti impediva di credere che, a guerra finita, lo sfruttamento sarebbe tornato ad essere come prima, e magari anche peggio di prima (in Europa occidentale è stato più pervasivo il consumismo americano o la dittatura nazista? Dobbiamo considerare peggiore per le colonie una dipendenza militare o finanziaria?). Tale perversa spirale può venire spezzata solo se si formano nazioni socialistiche che si sottraggono al mercato capitalistico mondiale. In ogni caso anche in presenza di tali nazioni non è possibile parlare di "crollo automatico del sistema borghese". Qualche ingenuità, in tal senso, si poteva facilmente attribuire a Rosa.

Se c'è un "crollo" del sistema, sarà solo temporaneo: poi avverrà la ricostruzione. Se non interviene il *fattore soggettivo*, nessun crollo sarà mai definitivo. Rosa esprimeva sul piano dell'analisi economica gli stessi limiti spontaneistici (e deterministicamente immotivati) che aveva sul versante politico-soggettivo, nella costruzione del partito rivoluzionario. È vero che nel capitalismo non ci può essere "equilibrio", neppure se manca la lotta di classe, neppure se le colonie restano sottomesse, proprio perché la competizione (nazionale o mondiale) impone continui rivolgimenti e stravolgimenti di varia natura. Ma questo non vuol dire che il crollo del sistema sia inevitabile. Il capitalismo, che ha mille motivi per non essere mai in pace con se stesso, ha anche infinite risorse con cui plagiare le menti di chi, per motivi oggettivi, dovrebbe opporsi alla sua logica disumana. Questo per dire che, obiettivamente parlando, la necessità di una transizione al socialismo s'impone soltanto quando vi è piena *consapevolezza* di volerla e di volerla in maniera davvero alternativa al sistema.

La nascita del capitalismo

In Europa occidentale i beni che faranno nascere, col tempo, il capitalismo, venivano inizialmente acquistati in oriente (Cina, India, Russia...) e venduti a prezzi onerosi alle classi più agiate, di regola aristocratiche, che dovevano usare moneta pregiata (oro o argento) per acquistarli. Il capitalismo è nato dalla borghesia commerciale con la complicità dell'aristocrazia terriera. Quando questi beni iniziano a circolare e si scopre che non sono sufficienti a soddisfare la domanda interna, scoppiano i conflitti militari (la città occupa la campagna, una Signoria o un Principato tende a sottomettere altre Signorie o Principati, l'intera Europa occidentale, con le crociate, dichiara guerra all'impero bizantino o al mondo islamico o a quello slavo). In questa maniera i commerci diventano molto più facili, i mercati si estendono. Chi ha le capacità di arricchirsi, avrà modo di farlo; gli altri sprofonderanno nella miseria più nera. Le guerre, le crociate, i pogrom anti-ebraici servono anche come valvola di sfogo per le crescenti contraddizioni antagonistiche che il capitalismo crea costantemente al proprio interno, nei territori in cui nasce.

Ciò che ha dato una spinta notevole al capitalismo nella sua forma più primitiva, quella *commerciale*, sono state le crociate medievali, di poco successive all'idea di creare un mercato che si sottraesse, il più possibile, al controllo delle istituzioni; un'idea che venne in mente alla borghesia italiana nel momento in cui si formarono i primi Comuni, cioè nel momento in cui attraverso questi Comuni locali si potevano smerciare i prodotti di lusso acquistati nei mercati internazionali. Quanto più questi prodotti si diffondono, tanto più aumenta l'esigenza di favorire uno stile di vita basato sull'acquisto di beni materiali, e quindi tanto più aumenta l'esigenza di ricreare in loco le condizioni che permettono, a chi può disporre di denaro, di acquistare, in misura sempre maggiore e a prezzi sempre più contenuti, ciò che prima poteva essere trovato, in forma rara e costosa, solo in Paesi lontani. Le crociate vengono a rispondere all'esigenza di un benessere materiale che si pretende sia sempre più crescente e socialmente diffuso.[40]

Quindi in una società già imborghesita o appena imborghesita, una massa davvero significativa di capitali, per potenziare un sistema basato sullo sfruttamento del lavoro altrui, può provenire soltanto dal colonialismo, prima locale (tra città e campagna), poi sempre più esteso (in Italia, p.es., tra nord e sud), fino a diventare imperialismo mondiale. Una volta realizzato il capitalismo, il colonialismo non serve soltanto per ottenere materie prime a buon mercato per le aziende della madrepatria, ma anche per vendere prodotti industriali, distruggendo l'attività preindustriale che si incontra.

Ed è a questo punto che tutta la società colonizzata si trasforma in chiave borghese. Il colonialismo non è un'esigenza che matura *dopo* che il capitalismo ha conquistato un mercato interno o nazionale, ma matura *subito*, in maniera contestuale al suo sviluppo, per una serie di precise ragioni: materie prime sottocosto, manufatti pregiati da vendere nel mercato interno per accumulare capitali, esportare i propri manufatti nei mercati esteri, avere una manodopera sottopagata, far circolare il denaro il più possibile, distruggendo qualunque forma di autoproduzione e autoconsumo.

In tale distruzione generalizzata del passato pre-borghese l'aspetto militare è strettamente connaturato al capitalismo. Quando i capitalisti riescono ad affermarsi, sia economicamente che politicamente, di regola hanno bisogno di colonie anche per rimediare ai guasti sociali che creano nei loro Paesi d'origine, cioè *prima* ancora d'aver reso totalmente "borghesi" tali Paesi. Quando il capitalismo inizia a penetrare nelle campagne, il risultato immediato è la disoccupazione di tantissimi contadini privi di terra in proprietà. Gli agrari vogliono iniziare a produrre le colture appetibili sul mercato, utilizzando i macchinari fabbricati dagli stessi capitalisti, e per fare ciò hanno bisogno di poco personale.

Ora, siccome è impossibile assorbire completamente e immediatamente questi massicci esuberi di lavoratori nullatenenti, l'esigenza di utilizzare il colonialismo diventa molto forte, e senza l'apporto militare diventa difficile soddisfarla. Certo i contadini possono emigrare volontariamente all'estero, se trovano territori ove sia possibile andare pacifica-

---

[40] Oggi, a causa della secolarizzazione occidentale, si preferisce parlare di "esportazione della democrazia e dei diritti umani", che generalmente avviene in maniera violenta, col pretesto di dover evitare una violenza ancora maggiore.

mente, ma se non li trovano, i territori vengono occupati militarmente, anche a costo di far scoppiare una guerra contro quei Paesi che, essendo partiti prima sulla strada del capitalismo, non vogliono avere concorrenti nella spartizione delle colonie. La I guerra mondiale si spiega soprattutto in questi termini.

L'Europa occidentale pratica il colonialismo sin dal tempo dei Romani. Persino nell'alto Medioevo, in pieno regime di autoconsumo, i Franchi ebbero bisogno di crearsi un impero per poter avere dei contadini da sfruttare. Il fatto che pur in presenza di queste forme di colonialismo non sia nato, nell'alto Medioevo, il capitalismo non significa nulla. Per far nascere il capitalismo occorre anche una mentalità, una cultura, un'ideologia: tutto ciò si è sviluppato solo a partire dal Mille, in ambito cattolico, nei Comuni italiani. L'ideologia borghese che può far nascere il capitalismo è soltanto quella che garantisce a tutti la *libertà giuridica*, a prescindere dalla proprietà economica. Sulla base di questa illusione, unitamente all'uso commerciale di macchinari con cui sfruttare il lavoro altrui, può nascere il capitalismo: finché esiste schiavitù "fisica" o dipendenza "personale" c'è spazio solo per lo schiavismo o il servaggio.

Naturalmente i processi che portano il capitalismo ad affermarsi in maniera colonialistica non sono sempre così facili e lineari. Si possono infatti incontrare molte *resistenze sociali*, soprattutto nelle stesse colonie, in quanto a nessuno piace stare sottomesso. Può anche capitare che una colonia, come p.es. quella americana, diventi col tempo, dopo essersi resa indipendente, più forte economicamente e militarmente della propria madrepatria. Una colonia può ribellarsi per conservare il proprio regime sociale precapitalistico, come fece l'Etiopia nei confronti dell'Italia, benché in genere le colonie si ribellino solo *dopo* aver acquisito uno stile di vita borghese. Possono farlo sia per avere uno spazio autonomo nei mercati mondiali, sia per sganciarsi dai metodi capitalistici e realizzare il socialismo. In genere le colonie non hanno sufficiente forza militare per opporsi alle loro madrepatrie, però può capitare che alla mancanza di mezzi adeguati si supplisca con una forte resistenza popolare, con cui alla fine si riesce ad avere la meglio, come p.es. accadde nell'India di Gandhi.

L'importante è affermare che il capitalismo *non è mai autosufficiente nel proprio sviluppo.* Per un motivo o per un altro, essendo minato da contraddizioni interne dovute alla proprietà privata dei fondamentali mezzi produttivi, ha sempre bisogno di sfruttare risorse al di fuori del territorio in cui è nato. E qui è evidente che chi conquista più colonie è più forte di chi ne conquista poche. Questo implica che le contraddizioni di un Paese capitalistico privo di colonie si acutizzeranno molto più velocemente, al punto che si sarà costretti a optare per soluzioni estreme, autoritarie, contro i Paesi il cui benessere dipende proprio dalle colonie conquistate in precedenza. Il nazismo tedesco e il fascismo italiano sono nati appunto allo scopo di eliminare la concorrenza della Francia e del Regno Unito.

Il capitalismo tende inevitabilmente a mondializzarsi, cioè a rendere il proprio sfruttamento di risorse umane e naturali sempre più intenso e diffuso; e quando non vi riesce, scoppiano le guerre. Le guerre mondiali scoppiano quando le guerre regionali non sono più sufficienti per ripartirsi i territori da sfruttare. Già oggi gli Stati capitalistici sono addirittura arrivati a lottare per egemonizzare lo spazio cosmico attorno alla Terra.

Bisogna però evitare con cura l'idea che il capitalismo possa autodistruggersi. Se in forza di una guerra mondiale si può avere la percezione che avvenga così, in realtà nulla può escludere che da tale autodistruzione non nasca un nuovo sistema sociale di sfruttamento, ancora più sofisticato del precedente o non meno brutale sul piano umano.

Sappiamo soltanto che non è possibile che l'intero pianeta sia "capitalistico": deve per forza esserci qualcuno che comanda e altri che obbediscono. Le guerre sono inevitabili. Quel che non è inevitabile è il superamento del capitalismo in chiave *socialistica*. Infatti per realizzare il socialismo occorre la volontà popolare degli oppressi, unitamente all'intelligenza delle cose. Uscire dal capitalismo per realizzare un sistema sociale ancora più oppressivo, come fino adesso è stato fatto, non ha senso.

La tesi di Marx

Tutto ciò però, che ha una valenza storico-economica, non c'entrava molto con l'analisi economica compiuta da Marx nel II libro del *Capitale*. Marx faceva un discorso teorico, Rosa fa invece un discorso storico. E secondo lei il problema della riproduzione del capitale, affrontato nel II volume del *Capitale* di Marx (dedicato alla circolazione del capitale), resta appena abbozzato e sostanzialmente irrisolto.

Qual era, in sostanza, la tesi di Marx? Marx parla della riproduzione del capitale sociale non solo suddividendola in "semplice" e "allargata", ma facendo anche astrazione da tutti quei fenomeni che possono complicarne la comprensione, come p.es. il commercio estero. Il suo ragionamento, quindi, per quanto rigoroso sul piano matematico, è del tutto ipotetico. Infatti egli s'immagina che tutte le imprese inizino contemporaneamente il proprio ciclo produttivo, che lo portino a termine in un anno, che tutto il valore del capitale fisso si trasferisca completamente, in un anno, nel nuovo prodotto, che l'intera società sia composta solo da capitalisti e proletari da sfruttare, che tutte le merci prodotte siano acquistate e vendute al loro valore effettivo e che il saggio del plusvalore resti invariato al 100% nel corso degli anni in cui il processo di riproduzione viene osservato.

Ora, nella riproduzione semplice tutto il plusvalore è destinato al consumo della classe capitalistica (la domanda totale uguaglia l'offerta totale), per cui, non convertendosi in capitale addizionale, non allarga la riproduzione (il che è storicamente assurdo, nell'ambito del capitalismo, in quanto la produzione di un'intera società, essendo l'accumulazione la legge fondamentale di questo sistema, non può restare ogni anno nelle dimensioni precedenti).[41] Viceversa, nella riproduzione allargata una quota parte del plusvalore, spinto dalle esigenze della concorrenza e quindi da quelle della fabbricazione di mezzi produttivi, si converte in capitale addizionale, sia costante che variabile, a prescindere dai livelli dei consumi. Semplicemente accade che sotto il capitalismo gli imprenditori (presenti da tempo sul mercato o appena entrati) vogliono ulteriori strumenti produttivi con cui fronteggiare la onnipresente e sempre più minacciosa concorrenza. È la produzione che decide il consumo, non il contrario (ovvero il capitale costante aumenta più rapidamente di quello variabile, così come diminuisce l'importanza del lavoro manuale rispetto a quello meccanizzato). Ovviamente tutte le grandezze aumentano, ma se le proporzioni venissero mantenute, il sistema potrebbe riprodursi all'infinito. I fatti però dimostrano – conclude Marx – che nell'ambito del capitalismo, mancando una regolamentazione della produzione, la conservazione di questi equilibri è impossibile. E non è certo il commercio estero (il colonialismo) che può risolvere il problema.

Rosa nega che lo schema marxiano sia una lettura adeguata di come procede il capitalismo mezzo secolo dopo la scrittura del *Capitale*. Secondo lei nel *Capitale* non vi è alcuna "teoria imperialistica", in quanto si resta fermi alla contrapposizione tra capitalisti e operai all'interno di una medesima nazione capitalistica. Cioè le premesse nel II libro del *Capitale* non farebbero capire da dove venga la parte aggiuntiva di plusva-

---

[41] In particolare, la somma dei redditi annuali degli operai e dei capitalisti ottenuti nei settori che fabbricano mezzi di produzione deve essere equivalente al capitale costante impiegato, nello stesso periodo, nei settori che producono beni di consumo. A tale condizione fanno corollario altre due: il valore della produzione annuale dei settori che fabbricano mezzi di produzione deve essere uguale alla somma del capitale costante impiegato sia in questi settori che in quelli che producono beni di consumo; il valore della produzione annuale nei settori dei beni di consumo deve equivalere alla somma dei redditi degli operai e dei capitalisti appartenenti ad entrambi i settori. Se le proporzioni vengono mantenute, la riproduzione semplice del capitale è garantita.

lore che può essere reinvestita per accumulare capitali. Questa parte – secondo lei – deriva appunto dallo sfruttamento delle *colonie*, ancora ferme a livelli pre-capitalistici. Non solo, ma se tutto il mondo fosse già diviso nella contrapposizione tra capitalisti e proletari, la riproduzione allargata sarebbe impossibile.

A dir il vero Marx conosceva assai bene il colonialismo, ma voleva dimostrare nel *Capitale* che il capitalismo nasce a prescindere dal colonialismo. Infatti non si era mai nascosto che a parità di condizioni si possono verificare conseguenze molto diverse. Il colonialismo moderno nasce con la Spagna e il Portogallo, ma il capitalismo industriale nasce in Inghilterra, quando questa non era ancora una nazione colonialistica. In Spagna e Portogallo il livello di industrializzazione fu sempre incredibilmente limitato. Il loro colonialismo fu sostanzialmente di rapina (oro e argento) e, quando produttivo, si limitava a poche merci che nei climi europei non potevano essere prodotte (caffè, cioccolato, spezie, zucchero o cotone).

Secondo Rosa invece i capitalisti han bisogno di maggiore plusvalore per allargare la produzione, ancor *prima* di poterlo realizzare nella riproduzione semplice, altrimenti è impossibile fare nuovi investimenti. Ma – si chiede – da dove lo prendono, visto che domanda e offerta devono coincidere per evitare le crisi di sovrapproduzione e visto che lo sfruttamento degli operai occidentali non può andare oltre le loro capacità riproduttive? Se tutto il plusvalore è ottenuto nello scambio delle merci tra capitalisti e nello sfruttamento della manodopera salariata, seguendo determinate proporzioni matematiche che a livello generale (astratto) eguagliano la domanda con l'offerta, per tutelare la stabilità del sistema, come fanno i capitalisti ad allargare la produzione senza ammazzare altri capitalisti? Si arriva ad un certo punto che i mercati nazionali si saturano. Ma per essere davvero "allargata", la riproduzione non può avere limiti di sorta. Non basta che la popolazione aumenti, anche perché prima che un cittadino diventi consumatore attivo, deve passare un certo tempo, e questa perdita di tempo il capitale non la sopporta. Né ha senso fare riferimento ai redditi delle "terze persone", oltre al capitalista e all'operaio, come i liberi professionisti, i burocrati, i militari..., poiché i redditi di questi lavoratori sono sottratti ai salari degli operai e non creano ricchezza, non aggiungono niente alla domanda totale.

Insomma, il sistema capitalistico è incapace di produrre autonomamente la domanda aggiuntiva necessaria all'accumulazione e perciò è costretto ad allargare il mercato a strati sociali (p.es. i contadini legati all'autoconsumo) o a società che non producono capitalisticamente (le colonie). Dunque le politiche imperialistiche fanno parte del sistema capitalistico fin dall'origine. Per allargare davvero il plusvalore ci vuole uno *smercio al di fuori del capitalismo*. Un capitalismo "puro", composto solo di capitalisti e salariati, può esistere solo nella riproduzione semplice, che però rappresenta il livello più primitivo del capitalismo, quello tipico delle nazioni più arretrate.

Insomma, se sul mercato esistono solo capitalisti e proletari, e i capitalisti vogliono allargare sempre più la loro produzione per accumulare sempre più capitali, le alternative diventano due: o scoppia una guerra tra capitalisti (di una stessa nazione o di nazioni diverse), oppure lo sfruttamento del lavoro raggiunge vette inusitate all'interno delle singole nazioni. Non è infatti possibile pensare che i capitalisti si accontentino di un plusvalore limitato o che il capitalismo, nel suo insieme, possa crollare perché vi è una caduta tendenziale del saggio di profitto (il calo di redditività della singola impresa è sempre compensato dalla massa complessiva dei capitali). I capitalisti sanno trovare le soluzioni (provvisorie) ai loro problemi, facendole pagare ai lavoratori; semmai sono questi ultimi che dovrebbero avere la forza per impedirglielo, approfittando delle guerre e delle debolezze del sistema.

In sintesi potremmo dire questo: Rosa si era espressa sicuramente in modo sbagliato quando diceva che "solamente" attraverso il colonialismo è possibile la riproduzione allargata del capitale. Sarebbe stato meglio dire che, in assenza di colonialismo, il capitale, non potendo non sfruttare i lavoratori, non può neppure farlo fino al punto in cui rischia ch'essi si ribellino al sistema. Un capitalista, infatti, non può ridurre al minimo la propria capacità di sfruttamento, in quanto è sempre possibile che un altro abbia più capacità "borghesi" delle sue e finisca con l'estrometterlo dal mercato, ma non può neppure, portando al massimo lo sfruttamento, rischiare di perdere tutto a causa di una rivoluzione proletaria. Di qui la necessità di allargare quanto più possibile la propria area di investimento e di smercio dei prodotti. Il colonialismo (che si esprime in forme diversificate e che oggi è certamente una parola desueta) serve appunto per risolvere problemi che nel rapporto capitale/lavoro, nell'ambito di una nazione, paiono senza via d'uscita. È un modo per dilazionare nel tempo una crisi sistemica ineluttabile.

La teoria del crollo

Rosa aveva perfettamente ragione quando affermava che l'imperialismo è una necessità vitale per l'allargamento della produzione del capitalismo in fase avanzata. Il capitalismo ha bisogno di colonie per esportare i suoi prodotti e per sfruttare risorse umane e naturali a basso costo, le quali, oltre a essere distrutte nelle loro forme non capitalistiche, vengono trasformate secondo le regole del capitale, cioè rese funzionali al mercato. Questo però crea scompensi a livello internazionale, poiché le risorse diminuiscono e la disoccupazione tende ad aumentare senza sosta. È dunque impossibile che non vi sia alcuna opposizione al sistema, anche perché la continua ricerca di colonie porta i Paesi capitalisti a distrugger- si a vicenda, periodicamente. La guerra è strutturale all'imperialismo. Rosa sbagliava soltanto nel dire che quando l'ultima area non capitalisti- ca si sarà esaurita nelle sue risorse, il sistema cadrà.

M. I. Tugan-Baranovskij arrivò ad ammettere che le crisi posso- no essere causate da talune "sproporzioni" negli schemi di allargamento del capitale, per cui occorre una certa "pianificazione", cioè che si costi- tuiscano cartelli imprenditoriali, onde evitare competizioni autodistrutti- ve per tutte le imprese, oppure è indispensabile un periodico intervento correttivo dello Stato nell'economia. Lo stesso dirà R. Hilferding, nel suo famoso libro *Il capitale finanziario*, inaugurando così il capitalismo mo- nopolistico di stato. Le loro idee verranno riprese, con qualche precisa- zione "marxista", da tutti i teorici della II Internazionale.

Inutile dire che questi economisti piccolo-borghesi sottovalutava- no il fatto che l'individualismo di marca occidentale non tollera un'azione troppo "dirigistica" da parte dello Stato nella produzione. Lo Stato viene, più che altro, utilizzato per ripianare i debiti del capitalismo privato; per sostenere spese sociali, venendo incontro alle esigenze del proletariato in lotta; per fare, a vantaggio degli imprenditori, investimenti molto onerosi con le tasse dei cittadini (investimenti che il singolo capitalista non po- trebbe sostenere); per finanziare i settori improduttivi come la burocra- zia, le forze dell'ordine, l'istruzione pubblica... In ogni caso l'offerta di merci prodotta dal capitalismo resta sempre di molto superiore all'effetti- va domanda.

Non solo, ma se per accumulare sempre più plusvalore, il capita- lismo ha bisogno di estendersi in aree non capitalistiche, è evidente che, dopo un certo tempo, anche in queste aree periferiche iniziano a formarsi *stili di vita borghesi*, modi di produzione finalizzati al mercato. Le colo- nie non sono aree statiche. Anche loro vorranno entrare nei mercati inter- nazionali non come soggetti passivi, subordinati all'occidente, ma come soggetti dotati di una certa autonomia. Anzi, quando in queste aree emer- ge la rivendicazione di un'autonomia produttiva, i beni possono anche avere prezzi molto competitivi, in quanto il costo del lavoro è più basso che nelle aree metropolitane. L'esigenza del plusvalore si internazionaliz- za. Il problema di come conciliare produzione e consumo, che prima si poneva a livello nazionale, ora si ripropone in una scala molto più ampia.

Il capitale è ingordo, non si accontenta mai di ciò che ha. Ma se questo atteggiamento si diffonde, le soluzioni, per garantire la sua so- pravvivenza, sono due: o si trovano più operai da sfruttare (anche al di fuori dei propri confini naturali o tradizionali), oppure gli sfruttatori si combattono all'ultimo sangue. In questo secondo caso chi sopravvive sarà molto più forte di prima (anche se oggi con le armi di distruzione di massa si farebbe fatica a sostenerlo) e continuerà a sviluppare il capitalismo per un certo tempo, cioè fino a quando non troverà chi è in grado di fronteggiare la sua forza.

Di sicuro il capitale lotta sempre perché sia i salari che i competitori economici non aumentino troppo. I salari possono aumentare nell'area metropolitana quando qui esiste un personale specializzato che lavora in aziende di vitali importanza, o quando i lavoratori avanzano rivendicazioni significative, politicamente pericolose, e soprattutto quando si ha la possibilità di estorcere molto più plusvalore nelle aree coloniali, a motivo di una serie di fattori: materie prime a buon mercato, ingente manodopera sottocosto, facili mercati di sbocco, investimenti finanziari molto richiesti, vendita di know how o di tecnologia... In occidente gli imprenditori tengono alti i salari fintantoché la manodopera dimostra di possedere competenze molto qualificate, praticamente insostituibili; ma fanno presto a cambiare atteggiamento quando vedono che questa competenza può essere acquisita anche nella periferia dell'impero borghese, dove peraltro il proletariato, avendo molto bisogno di lavorare, è meno sindacalizzato. Il capitalismo è internazionale per sua natura. Piuttosto è chi dovrebbe assumersi il compito di combatterlo che non riesce ad esserlo.

Ovviamente, di tanto in tanto, si verifica il solito, classico, problema di ogni capitalismo, sia esso privato o pubblico: la saturazione dei mercati internazionali. I mercati (al plurale) non riescono ad assorbire tutte le merci disponibili, sia perché i salari, più di tanto, non crescono; sia perché l'acquisto dei beni, da parte dei consumatori, non può essere frenetico, come il capitale vorrebbe, cioè non può andare troppo oltre la capacità di consumo, se non nei casi patologici. Inoltre il capitalismo, là dove s'impone, trova sempre degli imitatori, e questo ai capitalisti non piace: la concorrenza è uno stimolo a migliorare l'efficienza degli impianti, le tecniche di marketing, la qualità dei prodotti..., ma è indubbiamente un fattore di stress, di rischio, di costi supplementari... Ai capitalisti piace sfruttare per accumulare, non piace avere dei competitori su medesime merci, a meno che la competizione non serva come forma di pubblicità sull'importanza di determinati beni di consumo. Ovviamente non c'è competizione di sorta quando si tratta di reprimere il proletariato in rivolta.

Storia dell'economia

Tutti questi discorsi di economia politica (che ovviamente non possono essere fatti risalire direttamente a Rosa, se non in minima parte) ci interessano solo nella misura in cui possono essere utilizzati per precisare meglio delle nozioni di *storia dell'economia*. Ormai è chiaro a tutte le persone con un briciolo di onestà intellettuale che il capitalismo è una forma d'individualismo all'ennesima potenza, che tende a perfezionare continuamente i mezzi meccanici, economici e soprattutto, ultimamente, finanziari con cui sfruttare risorse umane e naturali per accumulare profitti. La storia ha contrapposto a questo capitalismo privato (o associato in cartelli) un socialismo statale che si è rivelato del tutto fallimentare, e ora sta elaborando, in Cina, una sorta di socialismo mercantile in cui lo Stato gioca un ruolo di primo piano nel regolamentare le dinamiche capitalistiche della società.

Lo scontro tra capitalismo privato e socialismo mercantile è già in atto. Gli USA hanno iniziato a difendersi col protezionismo. La Cina sta ottenendo ampi consensi nei Paesi africani e sudamericani, che vogliono liberarsi dell'imperialismo europeo e nord-americano. Anche in Asia la Cina pretende di sostituirsi al Giappone e alle cosiddette "tigri asiatiche" (Taiwan, Corea del Sud, Singapore, Hong Kong...) nella produzione di tecnologia avanzata. È impossibile escludere l'ipotesi di una III guerra mondiale: non dimentichiamo che questa ipotesi era già molto realistica al tempo della cosiddetta "guerra fredda".

Dal nostro punto di vista i limiti di fondo nelle tesi economiche di Rosa vanno cercati non nell'analisi economica in senso stretto[42], bensì nella *concezione della storia dell'economia*. Qui possiamo anticipare, brevemente, alcune considerazioni per introdurre l'argomento, in linea con le tesi di Rosa: 1) il capitalismo, quando nasce, inizia subito a sfruttare il non-capitalismo nelle campagne, cioè un mercante può anche imporsi vendendo beni di lusso a prezzi esosi alle classi più agiate, ma se vuole trasformarsi in imprenditore, deve convincere almeno una parte della classe contadina a lavorare per lui (p.es. le donne al telaio); 2) tra la riproduzione semplice e allargata vi è solo un passaggio di grado del mercato, che da locale-regionale diventa nazionale e poi continentale e mondiale. L'esigenza di colonizzare, dopo essere stata soddisfatta dalle campagne (una volta sottomesse), dall'occupazione di città-stato di minore entità, si rivolge a nazioni straniere. Sempre e in ogni caso il capitalismo, mentre ingloba le aree non capitalistiche, tende a distruggerle. Crea gli acquirenti e poi li mette sul lastrico: li seduce, li sfrutta e poi li abbandona.

---

[42] Rosa fu accusata di molte cose, p.es. di non capire che una caduta dei consumi dei lavoratori può benissimo essere compensata da un aumento nell'acquisto di beni strumentali.

Ora però si faccia attenzione a come Rosa imposta il problema, oggetto della sua ricerca economica. Anzitutto esordisce dicendo che il problema di una riproduzione "regolare" dei beni di consumo viene risolto soltanto quando nascono l'agricoltura e l'allevamento, che permettono un certo controllo sulla natura. Finché è esistita solo la caccia, la riproduzione dipendeva unicamente dal *caso*, in quanto potevano esserci periodi di carestia generale, tant'è che presso molte comunità primitive l'esigenza di una "sicura" riproduzione veniva associata a credenze religiose.

Ciò viene scritto all'inizio del libro, a p. 8. È proprio vero il detto: "Dal mattino si vede il buongiorno". Infatti, questo modo d'impostare il problema è completamente sbagliato. La produzione o riproduzione di una comunità primitiva non dipendeva affatto dagli *strumenti in sé* che venivano usati per nutrirsi. Tantissime tribù indiane nordamericane o del continente oceanico o di quello africano non hanno mai praticato né l'agricoltura né l'allevamento per dei secoli, anzi, per dei millenni, eppure non avevano problemi di riproduzione economica, almeno fino a quando non hanno incontrato gli europei colonizzatori. Semmai le carestie si verificano proprio quando iniziano l'agricoltura e l'allevamento, che inevitabilmente implicano la distruzione delle foreste. Se una foresta è sufficiente a nutrire una comunità primitiva, o se questa provvede a se stessa cacciando animali selvatici che migrano, come mandrie, da un luogo all'altro, la comunità darà per scontato che il problema della riproduzione sia relativamente facile da risolvere.

Quando nasce l'agricoltura si era già perso il controllo della foresta; e quando nasce l'allevamento si era già perso il controllo delle mandrie selvatiche. Agricoltura e allevamento rappresentano un controllo artificioso della natura, diciamo anche piuttosto violento, dopo che si è perso con la natura un rapporto di dipendenza organica. Il problema della produzione antropica si sovrappone nettamente a quello della riproduzione naturale.

Questo per dire che la riproduzione economica non è garantita meglio da certi strumenti di lavoro, ma va messa in relazione con un determinato *contesto sociale*, che non può essere considerato astrattamente. La stanzialità non è nella natura dell'essere umano più di quanto non lo sia il nomadismo. Non solo, ma pensare di poter controllare la natura con l'agricoltura stanziale e con l'allevamento nomadico (destinato a diventare stanziale pure questo), è un atteggiamento puramente illusorio. La natura non è cosa che possa essere "controllata" o "dominata". Può essere soltanto "gestita", "utilizzata". Può anche essere "trasformata", ma nel rispetto delle sue esigenze riproduttive, poiché se tali esigenze non vengono rispettate, le conseguenze ricadono sulla stessa vita umana.

Bisogna però dare atto a Rosa d'aver capito che, sul piano della *democrazia sociale*, il miglior sistema produttivo è stato quello del comunismo primitivo, benché essa non abbia qui in mente le comunità basate su caccia e pesca, quanto piuttosto quelle basate sull'agricoltura. Resta però interessante che dica: "la riproduzione è determinata, così come tutto il piano della vita economica, dall'insieme dei lavoratori e dai loro organi democratici" (p. 9).

In effetti è su questo modello del passato che il socialismo scientifico dovrebbe attenersi scrupolosamente. È il modello di una *comunità locale autogestita*, basata su *autoconsumo* e *baratto*, che dovremmo prendere in considerazione. Considerando che le foreste sono state quasi completamente distrutte, e parecchio inquinate le acque di fiumi, laghi e mari, sarà impossibile che ancora per parecchi secoli gli uomini non continuino a dedicarsi all'agricoltura e all'allevamento. Ma questa dovrà essere considerata una scelta provvisoria, e dovrà essere gestita senza devastare ulteriormente l'ambiente. Riusciremo a farlo prima di tornare alle foreste, che nel frattempo dovremo ricostruire? Riusciremo a rinunciare a quegli aspetti industriali che la natura non è in grado di riciclare in tempi ragionevoli? Riusciremo a capire che se non siamo capaci di far tornare la Terra così come l'abbiamo conosciuta agli albori della civiltà umana (ricca di foreste e di acque potabili), non saremo in grado di popolare l'universo?

È comunque significativo che Rosa dica che di tutti i sistemi sociali escogitati dall'uomo, l'ultimo, quello capitalistico, è il più assurdo di tutti, in quanto "si producono solo quei beni che offrono la sicura prospettiva d'essere scambiati contro denaro... con un profitto di un certo livello medio" (p. 10).[43] È infatti questo modo di produzione che, a motivo dell'alto livello dei suoi mezzi tecnologici, sta devastando maggiormente il pianeta. Cioè paradossalmente l'alto livello della tecnologia è associato a una finalità produttiva che non risponde anzitutto all'esigenza di soddisfare bisogni, ma a quella di accumulare capitali. Il che vuol dire che il momento della soddisfazione dei bisogni è soggetto a forme di arbitrio alquanto irrazionali. Non solo cambia di continuo il modo di soddisfarli, ma anche gli stessi bisogni sono soggetti a continui mutamenti; anzi, il più delle volte vengono "inventati" da chi è unicamente preoccupato ad accumulare capitali. I bisogni sono "indotti" dalla logica del consumismo: l'importante è avere denaro per soddisfarli. Rosa, sulla scia di Marx, è ben consapevole di questo.

Il capitalismo monopolistico

---

[43] Chissà cosa avrebbe detto oggi vedendo la Cina che lo fa in nome del "socialismo"!

Vediamo ora come Rosa descrive il modo di produzione capitalistico. L'immagine la prende da Sismondi: quella delle "spirali". Il capitalismo è una serie continua di spirali, i cui giri, inizialmente ristretti (la bassa congiuntura), diventano via via più larghi e infine larghissimi (cosa che corrisponde all'alta congiuntura), dopodiché si verifica una contrazione (la cosiddetta "crisi"), e la nuova spirale riprende a giri ridotti, per ripetere la stessa figura fino alla successiva interruzione.

Tuttavia, siccome Rosa vuole concentrarsi a esaminare il problema della "riproduzione" del capitale, ritiene che questa forma specifica del movimento del capitale non sia utile. Essa preferisce attenersi al metodo di Marx, secondo cui "per risolvere il problema del valore bisogna prescindere dalle oscillazioni dei prezzi" (p. 12). Su questo però è difficile darle ragione.

Il suo libro fu concluso nel 1912. Eppure Rosa parla ancora di "un numero illimitato di produttori privati indipendenti" (p. 10), i quali hanno come "unico legame sociale lo scambio". In realtà nel primo decennio del Novecento la produzione capitalistica, nei settori-chiave, era interamente determinata dai *monopoli*.

In Europa la libera concorrenza è al suo apogeo nel periodo che va, all'incirca, dal 1860 al 1880. Dopo la grave e prolungata crisi del 1873-96 il capitalismo si trasforma in imperialismo, ed è gestito prevalentemente dai cartelli. Sono i trust o i cartelli che si mettono d'accordo, addirittura a livello mondiale, sulle condizioni di vendita, sui termini di pagamento, sulla ripartizione dei mercati, sulla quantità di merci da produrre, sulla fissazione dei prezzi, sulla ripartizione dei profitti tra le singole imprese... Nel suo *Imperialismo* Lenin scriveva queste cose nel 1916, utilizzando testi precedenti all'*Accumulazione del capitale*; e lo faceva con una consapevolezza del tutto diversa.

Rosa aveva un'impostazione troppo "marxiana" del problema. In presenza di un capitalismo monopolistico, cioè regolamentato (per quanto possibile, ovviamente), in cui gioca un ruolo rilevante persino lo Stato (almeno in taluni Paesi), non ha più senso affermare che "il problema della riproduzione capitalistica può essere colto nella sua purezza solo prescindendo dal gioco alterno delle congiunture e dalle crisi" (p. 12).

Il superamento della fase concorrenziale dei singoli capitalisti privati ha comportato la necessità di controllare la produzione da parte dei grandi cartelli. Tutto è diventato strettamente interconnesso. Persino le crisi possono essere determinate da situazioni o da motivazioni che esulano dall'andamento dei mercati, possono cioè essere pilotate, costruite *ad hoc*. Oggi sono i monopoli (e i loro istituti finanziari mondiali) che decidono la politica degli Stati.

Al tempo di Lenin e della Luxemburg i monopoli ponevano le basi per il controllo generale del pianeta. Le due guerre mondiali servirono appunto a stabilire chi doveva beneficiare di questo privilegio; e mentre alla fine della prima guerra la sorte era caduta su Francia e Gran Bretagna, alla fine della seconda era invece caduta sugli Stati Uniti. La terza cadrà probabilmente sulla Cina.

In presenza dei monopoli non si può più prescindere né dalle congiunture né dalle crisi, e neppure dai prezzi delle merci. Per poter essere compreso e superato, il capitalismo va affrontato nel suo complesso, con una visione olistica e internazionale dei problemi che crea. Chiunque lotti contro questo sistema, in qualunque luogo si trovi, deve sapere se può contare sull'aiuto di altri soggetti presenti in altre parti del pianeta.

Quindi l'oggetto dell'indagine nel libro di Rosa ha un'impostazione metodologica sbagliata. È troppo astratta, troppo economicistica, come appunto quando dice che "per determinare il valore delle merci... occorre che prezzo e valore delle merci coincidano" (p. 12). Un'impostazione del problema, questa, identica a quella del I volume del *Capitale*, che però non aveva ancora a che fare coi monopoli, come invece i volumi successivi, in maniera appena abbozzata.

Infatti in un regime monopolistico il valore di una merce è il suo prezzo, nel senso che nessuno può sapere esattamente quale sia il suo vero valore. I consumatori hanno a che fare con prezzi imposti dai monopoli, e il loro comportamento non è in grado di influenzare granché il gioco della domanda e dell'offerta. Potrebbero farlo solo se si comportassero in maniera *consapevole*, assumendo delle decisioni collettive: p.es. denunciando il *modo* di produrre un determinato bene (vedi lo sfruttamento dei bambini o la devastazione dell'ambiente) o boicottandone l'acquisto per motivi politici, e cose analoghe. Ultimamente si tendono a privilegiare i prodotti a chilometro zero, oppure si rifiutano quegli alimenti che non rispettano il ciclo delle stagioni o che sono geneticamente modificati.

In un regime di monopolio capitalistico l'unico modo che il consumatore ha di stabilire il vero valore di una merce è quello di uscire dalla dipendenza dal mercato e di iniziare a praticare l'*autoconsumo*, o almeno di iniziare a stabilire un rapporto diretto col produttore locale, bypassando gli intermediari. In questa maniera il prezzo può essere determinato dal valore, anche se ancora ovviamente non si può parlare di socialismo vero e proprio.

Nel socialismo autogestito produttore e consumatore dovranno coincidere, nel senso che saranno la stessa persona, oppure apparterranno a una medesima comunità locale, per cui potranno controllarsi a vicenda. I bisogni dovranno essere stabiliti *prima* e la produzione sarà finalizzata unicamente alla loro soddisfazione. Non ci potrà essere alcuna forma di anarchia. Non avrà senso che un consumatore vada ad acquistare da quel produttore che fa i prezzi più bassi.

Un embrione di effettiva responsabilità già esiste quando nell'ambito del capitalismo un gruppo di consumatori decide di comprare determinate merci soltanto da produttori locali. Di questi produttori si deve poter controllare il *modo* di produrre, altrimenti è impossibile capire se il prezzo è adeguato al valore. Certo è che fino a quando esiste un mercato dominato dai monopoli, l'attribuzione di un prezzo alle merci sarà sempre falsato, anche nel caso in cui vi sia uno stretto legame tra produttori e consumatori a livello locale. Questo perché il produttore avrà sempre un punto di riferimento sbagliato, a lui esterno, che lo condiziona sul piano della convenienza nella vendita. L'unico modo per ridurre tale condizionamento è quello di assicurargli, a priori, degli acquisti regolari nel tempo. In questa maniera lo si fa uscire dall'incertezza dei mercati, dallo stress della concorrenza (che neppure i monopoli possono eliminare del tutto, meno che mai quando si affacciano nuovi competitori a livello mondiale).

Tutto ciò per dire che quando si affronta un determinato problema economico in presenza di un regime monopolistico, non si può essere assolutamente astratti. Bisogna subito aver chiaro che il gioco della domanda e dell'offerta non è un "gioco", ma una questione molto seria, dove uno solo vuol comandare – il produttore –, mentre l'altro – il consumatore – deve soltanto obbedire. Frasi come questa, in un regime monopolistico, non hanno alcun senso: "La produzione capitalistica totale è compiuta da un numero illimitato e continuamente oscillante di produttori privati, che producono indipendentemente l'uno dall'altro, senza alcun controllo sociale all'infuori dell'oscillazione dei prezzi, e senza legame sociale reciproco all'infuori dello scambio delle merci" (p. 13).

Questo modo d'impostare il problema del valore e quindi del plusvalore è vecchio, poteva andar bene agli albori del capitalismo, quando ancora effettivamente si poteva parlare di "libera concorrenza". Oggi sarebbe un controsenso, un'illusione, una presa in giro. Gli imprenditori hanno persino i loro "sindacati", le loro associazioni di categoria, i loro istituti finanziari (continentali e mondiali), ove prendono collegialmente le loro decisioni. I monopoli non solo gestiscono la fetta più grossa del mercato, ma tendono anche ad allargarla costantemente. Possono essere ostacolati in questa loro voracità solo da altri monopoli, e possono avere reazioni scomposte, irrazionali, quando avvertono che i loro profitti sono in qualche maniera minacciati. È da troppo tempo che sono abituati a comandare. Oggi sono in grado di influenzare pesantemente tutte le principali scelte politiche di qualunque Stato al mondo. I politici partecipano al banchetto, ma in un tavolo separato o, peggio, come camerieri. Oggi i veri dominatori del mondo sono i monopoli delle merci e dei capitali.

Non esiste "un numero illimitato di produttori privati". Esistono pochi monopoli che producono una varietà incredibile di merci, attorno ai quali si sviluppa un indotto di una certa importanza, ma privo di valore strategico. Se si taglia un tentacolo, ne ricrescono altri. L'indotto di una determinata produzione non può mai dormire sonni tranquilli. Produrre "indipendentemente" l'uno dall'altro oggi è pura fantascienza. Neppure i monopoli sono completamente indipendenti tra loro. Sanno benissimo che se ci si combatte a vicenda, ci si indebolisce nei confronti di altri monopoli. Oggi l'arena della lotta è internazionale, ed è una lotta tra giganti che appartengono a gigantesche nazioni (per estensione geografica, per numero di abitanti, per vastità di mercati interni, per importanza strategico-militare), in cui ogni grave errore può avere conseguenze letali.

Bisogna quindi stare sempre molto attenti a non commettere passi falsi, a non esporsi troppo mediaticamente, a tagliare i rami secchi, a patteggiare le sanzioni che il potere politico o giuridico commina di tanto in tanto, non di *sua sponte*, ovviamente, ma quando viene sollecitato a farlo da interessi di varia natura. Un monopolio deve essere molto severo al proprio interno, ma all'esterno, nel rapporto con la clientela, deve assumere una faccia bonaria, amichevole, disposta ad ascoltare le esigenze dei consumatori. I monopoli sono persino disposti ad accettare una contrattazione sindacale: quindi non è vero che agiscono "senza alcun controllo sociale all'infuori dell'oscillazione dei prezzi". Anche nei confronti degli Stati che hanno una forte dirigenza politica (o una forte strategia geopolitica) sono disposti a scendere a compromessi. Non è vero che amano soltanto imporsi. Clamoroso è stato il caso della FIAT gestita da Marchionne, quando ha deciso di uscire dalla Confindustria, anche se questo è stato un caso piuttosto raro. In genere i monopoli si mettono d'accordo sulle strategie da realizzare, sulle direttive da rispettare. Le associazioni di industriali amano far vedere che tra loro c'è sempre una certa unanimità d'intenti.

Quanto ai loro "legami sociali", sono praticamente infiniti. Basta vedere i consigli di amministrazione delle banche, degli istituti finanziari, delle assicurazioni, ecc.: spesso sono composti dalle stesse persone. L'intreccio tra economia e finanza è non meno forte di quello tra economia e finanza da una parte e politica dall'altra. Spesso gli intrecci sono molto forti anche con l'apparato militare, che viene considerato come una sorta di "industria".

Oggi siamo arrivati a un punto tale di sviluppo mondiale del capitalismo che nessuna lotta di classe ha una vera finalità eversiva, nei confronti del sistema, se non è accompagnata da una consapevolezza degli infiniti intrecci che legano strettamente il benessere dei Paesi avanzati col malessere di quelli sottosviluppati o in via di sviluppo. Trascurare questa dipendenza organica, strutturale, non è più possibile in un sistema globalizzato, dove tutto è interconnesso, dove quel che succede in un qualunque punto del pianeta può avere ripercussioni a migliaia di chilometri di distanza.

Il dominio del capitale finanziario

Che l'analisi economica di Rosa abbia alcuni limiti di fondo è dimostrato anche dal fatto che, pur vedendo, giustamente, che il fine ultimo della produzione capitalistica è il continuo incremento di plusvalore (estorto soprattutto alle aree periferiche del pianeta), non vede che il mezzo principale con cui ottenerlo, nella fase monopolistica, non è solo lo sfruttamento del lavoro altrui, ma anche lo *sfruttamento dei capitali altrui*.

Il capitalista, soprattutto oggi, è uno sfruttatore a tutto tondo. Si appropria non solo della forza fisica e intellettuale dei lavoratori (residenti nel proprio Paese e nei Paesi dove la sua azienda opera), ma anche dei loro *risparmi*, attraverso le borse di titoli e valori, le assicurazioni, le banche, i titoli statali e postali, facendo diventare il più piccolo investitore dei propri risparmi un complice a tutti gli effetti del sistema capitalistico mondiale. I grandi capitalisti sono in grado di fare incetta di risparmi provenienti da tutte le parti del mondo, cioè anche da quei lavoratori che non dipendono dalle loro imprese, né direttamente né indirettamente. Il mondo è diventato il giardino della casa del capitalista, il quale, peraltro, non ha alcun ritegno a indebitarsi in maniera inverosimile, sapendo bene che il crollo della sua attività produrrebbe un disastroso effetto domino per milioni di persone.

I capitalisti sono così convinti della loro onnipotenza che ritengono d'essere inaffondabili, inattaccabili. Infatti sanno benissimo che il sistema è fatto di fili così intrecciati che nessuno è in grado di scioglierli, trovando il bandolo della matassa. Sanno benissimo che se vanno a picco determinati monopoli o banche o assicurazioni o istituti di credito rilevanti, o anche delle industrie strategiche in determinati territori, si rischia di far saltare l'intero sistema. Vi sono imprese che non possono fallire, almeno non senza provocare effetti sconvolgenti sul piano sociale (guerre mondiali, guerre civili, rivoluzioni, insurrezioni, crescente criminalità organizzata...).

Ecco perché lo Stato tende a intervenire immediatamente là dove vi sono crack borsistici o fallimenti aziendali e bancari; lo fa utilizzando il denaro pubblico, con cui ripiana i debiti privati dei colossi dell'economia. Da tempo (probabilmente dagli inizi degli anni Ottanta) il debito pubblico è diventato lo strumento principale utilizzato per mandare avanti il sistema, cioè mentre prima veniva considerato un problema, dopo invece si comincia a dare per scontato che lo sfruttamento del plusvalore è talmente grande da rendere irrilevante qualunque tipo di debito: ci si doveva fidare di più della crescita del PIL che non preoccupare di quella del debito. Non solo si sono indebitate le imprese e le banche, ma anche gli Stati e persino i cittadini (che di regola sono dei risparmiatori), quando vogliono acquistare a rate dei beni o dei servizi molto costosi.

L'atteggiamento del capitalismo maturo sembra assomigliare a quello di Sansone coi Filistei: "Se devo morire, morirete tutti con me". Ormai si è arrivati a un punto tale di spregiudicatezza (o sfrontatezza) che quanto più ci si ritiene importanti, tanto più ci si indebita, nella convinzione che la sola minaccia di fallimento o di insolvibilità farà scattare meccanismi di assistenza pubblica a fondo perduto, o quasi. Le persone più ingenue nel capitalismo maturo sono quelle che risparmiano, senza concedersi lussi o vizi di sorta. Risparmiano temendo il peggio o per assicurare un avvenire ai figli o per acquistare un'abitazione indipendente. E non sanno che sui loro risparmi pende quotidianamente la spada di Damocle; e che forse sarebbe meglio fare come gli altri: indebitarsi.

In realtà sono soprattutto le grandi imprese e le banche che ricorrono al debito (e naturalmente anche gli Stati). I piccoli risparmiatori in genere non lo fanno; anzi, son proprio loro che permettono agli altri d'indebitarsi. Il piccolo risparmiatore è prudente, poiché sa che la sua vita è legata a un filo. Se si indebita è perché sa di poter tranquillamente ripagare il debito, se tutto procede in maniera regolare. Ha fiducia nel progresso, anche se questo atteggiamento è venuto calando di fronte alle crisi periodiche del sistema, soprattutto dopo quelle più gravi avvenute nel 1929, 1973, 2008. Il piccolo risparmiatore teme sempre più di "proletarizzarsi", anzi, peggio, di diventare come quegli immigrati africani privi di tutto.

Il proletario è, in fondo, un operaio che lavora, per quanto misero possa essere il suo salario. Gli immigrati che vivono di assistenza pubblica sono come dei "sottoproletari". E nelle loro condizioni esistono in occidente milioni di persone, che non sono affatto degli immigrati. Solo in Italia esistono quattro milioni di poveri in senso assoluto, cioè privi di un reddito sufficiente a campare. Ancora di più sono quelli in povertà relativa, cioè a rischio di finire nel baratro.

Il vero dramma di tutta questa gente non è solo economico, ma anche politico: non vi sono partiti che sappiano indirizzare il loro malcontento verso il ribaltamento del sistema. È tutta gente che soffre in silenzio, che vive sulle spalle, sempre più fragili, di qualcuno, che si ab-

145

bandona ad attività autodistruttive o che si lascia coinvolgere in attività criminose. Gente così può essere facilmente manovrata da chi vuol compiere una svolta autoritaria a favore di una dittatura esplicita del capitale, ovviamente dietro il pretesto di volerlo abbattere, come già è accaduto al tempo del fascismo.

La fine del sistema

Dobbiamo uscire dalle problematiche relative alla *natura* del capitalismo, al suo *modo* di comportarsi. Bisogna partire dal presupposto che il sistema, *in sé*, non è riformabile e che l'aumento della qualità e quantità della tecnologia (ma anche delle operazioni finanziarie) non fa che renderlo sempre più pericoloso, anche perché la tecnologia trova ampia applicazione nel settore militare, non meno distruttivo di quello economico e finanziario, seppur in forme diverse. Chi difende il capitalismo, mente sapendo di mentire, poiché è sotto gli occhi di tutti l'incoerenza tra i diritti affermati in sede teorica e la violenza esercitata praticamente. Il capitalismo è un sistema che fa paura, poiché di *umano* non ha nulla.

Purtroppo, per convincere gli esseri umani a superarlo, non sono bastati gli immani disastri che ha compiuto. Evidentemente abbiamo bisogno di nuove lezioni. Soprattutto ancora non ci convince l'idea che qualunque vantaggio ottenuto con questo sistema debba essere sempre pagato, in maniera molto salata, da effetti deleteri sull'ambiente. Per molto tempo abbiamo creduto che tali effetti non vi fossero, in quanto, essendo presenti più che altro nelle colonie, non potevamo vederli coi nostri occhi. In realtà questi effetti si potevano vedere anche a livello locale, regionale, nazionale, ed erano effetti che non riguardavano solo l'ambiente naturale ma anche i rapporti sociali: solo che abbiamo sempre pensato che i vantaggi fossero superiori. Le contraddizioni, le antinomie, le incoerenze sono state viste come effetti collaterali inevitabili. Si è lottato per evitarle, ma la borghesia non ha fatto altro che spostarle verso le colonie, oppure ci ha illusi dicendoci che con la stessa scienza e tecnica si sarebbero potute risolvere.

Oggi viviamo in una condizione in cui non esistono idee radicali, non esistono persone che siano capaci di un affronto comune dei problemi creati dal capitalismo, o che siano almeno capaci di darsi una visibilità pubblica a livello nazionale. Ciò è indice di un forte condizionamento del sistema, il quale, nonostante le sue enormi contraddizioni, appare insuperabile. Le persone più consapevoli son come in attesa che il sistema crolli da sé, a causa delle proprie interne assurdità; e sperano, ingenuamente, che dal suo crollo possa emergere un movimento organizzato di lavoratori, capace di creare una vera alternativa. Ci si affida alla convinzione che l'istinto di sopravvivenza avrà la meglio. I fatti, invece, han sempre dimostrato il contrario di ciò che auspicano queste posizioni attendiste, queste "anime belle", capaci solo di "criticare" tutto e tutti, per poi dimostrare sul piano pratico tutto il loro opportunismo o la loro inconcludenza.

Anzitutto l'organizzazione di un movimento o di un partito rivoluzionario va fatta molto tempo *prima* che le contraddizioni del sistema arrivino a esasperarsi in maniera insopportabile. Questa organizzazione deve essere *centralizzata*, come lo è il potere che deve abbattere. Ci vuole una *teoria* adatta allo scopo, che non ripeta gli errori del passato, capace di creare *consenso*, e che non si soffermi troppo nel cercare di capire come far funzionare al meglio le istituzioni borghesi o applicare nel miglior dei modi le leggi sedicenti "democratiche" promulgate dal parlamento. Il sistema va analizzato soltanto per dimostrare che ha contraddizioni insostenibili, inconciliabili e che, per questa ragione, va abbattuto. Il movimento o il partito deve tenersi pronto a tutto, anche a uno scontro armato, ma deve saper dimostrare che è il sistema a comportarsi in maniera antidemocratica.

La teoria deve essere finalizzata a un obiettivo pratico, raggiungibile, non può essere fine a se stessa o filosofica. Una teoria innovativa del socialismo deve essere capace di mettere in discussione qualunque cosa, anche le conquiste borghesi sul piano tecnico-scientifico, alla luce dei disastri ambientali ch'esse provocano. Deve saper favorire una vera *socializzazione* dei principali mezzi produttivi, che non può coincidere con la loro nazionalizzazione o statalizzazione. La società va considerata superiore allo Stato, ed essa va organizzata sulla base di *comunità locali autogestite*, capaci di utilizzare le risorse del loro territorio e di praticare la *democrazia diretta*.

Se per conquistare il potere occorre un partito centralizzato, invece per gestirlo occorre il massimo decentramento possibile. La società deve sapersi *autogestire*, ponendo le condizioni affinché lo Stato sia destinato a scomparire. Ovviamente non si deve creare una società composta di comunità locali isolate tra loro. Però è importante stabilire il concetto che la comunità locale deve essere *autosufficiente* sul piano economico, cioè non deve dipendere da entità esterne, come appunto lo Stato, nonché il mercato. La comunità deve basarsi sull'*autoconsumo*, senza ovviamente escludere lo scambio delle eccedenze con altre comunità.

È importante che le comunità restino in contatto tra loro, che si aiutino reciprocamente, che si confrontino periodicamente su problemi comuni. Devono capire che la *democrazia diretta*, esercitata sul piano politico, ha come base economica l'*autogestione dei bisogni collettivi*. In questa esigenza autarchica non devono però chiudersi in se stesse, ma esercitare la *cooperazione*, poiché ogni comunità si troverà a vivere in contesti ambientali differenti, caratterizzati da differenti risorse naturali. L'aiuto reciproco sarà fondamentale per garantire la reciproca autonomia. Non ci può essere controllo sui comportamenti umani se manca l'autogestione dei bisogni. Le comunità non possono essere eterodirette. Un qualunque esercizio del potere deve essere tenuto sotto controllo quotidiano dalla stessa comunità locale. Non possono esistere delegati senza vincolo di mancato. Qualunque carica o incarico deve poter essere immediatamente revocato se non si rispetta il mandato ricevuto.

Non solo vanno superati i concetti di Stato, Mercato, Nazione, ma anche quello di Istituzione. L'unica istituzione ammessa deve essere la comunità locale autogestita. Ogni altra istituzione che tale comunità si può dare va considerata temporanea, transitoria, finalizzata alla realizzazione di uno scopo preciso, stabilito dalla stessa comunità. Ciò che davvero contano nelle comunità sono i rapporti umani, le relazioni sociali. Non ha alcun senso democratico affidare o delegare a istituzioni la gestione dei bisogni individuali o collettivi.

Il problema fondamentale da risolvere è quello di come impedire che il partito rivoluzionario al potere si trasformi in un organo autocratico dittatoriale, come è avvenuto nelle rivoluzioni russa e cinese. Il centralismo va bene quando si combatte contro un nemico esterno. Ma non si può qualificare un dissidente della politica governativa come un "nemico del popolo". Qualunque politica governativa centralizzata diventa necessariamente autoritaria, burocratica, militarizzata. Il popolo, invece, va messo nelle condizioni di diventare responsabile di se stesso, e ciò è possibile solo in una *comunità autogestita, circoscritta localmente*.

Bisogna porre le *condizioni formali* per cui una collettività sappia difendere da sé gli ideali in cui crede. Le condizioni formali solo *il rispetto della libertà di coscienza e l'uguaglianza sociale* di fronte ai mezzi produttivi che garantiscono la sopravvivenza della comunità. Nessuno può essere lasciato privo di mezzi; a nessuno può essere impedito di esprimere una propria opinione. Tutto il resto (la sostanza) va lasciato all'autonomia decisionale di ogni singola comunità. L'arbitrio non può essere combattuto con sentenze capitali. Né si può pensare di risolvere le contraddizioni interne a una comunità facendone pagare il prezzo ad altre.

Suggerimenti dall'*Anticritica*

Il macchinismo

Siccome la suddetta *Accumulazione* suscitò violente reazioni critiche, Rosa decise di rispondere ad esse in un volumetto, pubblicato nel 1921, *Ciò che gli epigoni hanno fatto della teoria marxista. Un'anticritica*, passato alla storia col nome di *Anticritica*. Le tesi che sostiene sono ovviamente le stesse, ma noi ne approfitteremo per allargare il discorso ad alcuni aspetti che non abbiamo ancora trattato.

Per noi il problema più importante non è capire come si possa riprodurre il capitale in presenza o in assenza di commercio estero, ma come si sia arrivati a congegnare un meccanismo di produzione della ricchezza così perverso. E la soluzione del problema sta nel cercare di capire il ruolo del *macchinismo*.

Secondo noi le macchine non servono – come vuole Rosa – per avere manodopera di riserva, sempre disponibile. L'uso delle macchine è obbligato da due fattori concomitanti, strettamente correlati: 1) l'imprenditore privato non possiede la terra per sfruttare i contadini; 2) non può schiavizzare gli operai nella sua azienda, in quanto è padrone solo della loro "forza-lavoro". Per questi due motivi ha necessariamente bisogno della *macchina*. Tuttavia, per convincere il servo della gleba a diventare operaio, deve prima liberarlo dalla *dipendenza personale*; deve fargli credere che starà meglio come lavoratore *giuridicamente libero*. Questa cosa deve poi farla credere a tutta la collettività cui lo stesso lavoratore appartiene: attraverso le macchine si possono soddisfare molti più bisogni, sempre più diversificati, in maniera illimitata sul piano sia qualitativo che quantitativo. Cioè deve far credere che la macchina non soddisfa solo bisogni vitali, essenziali all'esistenza, ma qualunque tipo di bisogno, anche quelli che un acquirente pensa di non avere.

Perché il capitalismo funzioni occorre un certo capitale di partenza, ottenuto in qualsivoglia maniera (generalmente in maniera fraudolenta; piuttosto è la terra che si ottiene in maniera violenta, per essere poi trasmessa per via ereditaria). Con questo capitale si devono pagare i salari, comprare materie prima e investire in macchinari, e soprattutto si deve comprare il consenso della gente ad acquistare prodotti ritenuti indispensabili. Il capitale non deve soltanto soddisfare bisogni reali, ma deve anche e soprattutto creare nuovi bisogni, del tutto fittizi, artificiali, facendo credere che siano non meno reali degli altri. Deve far credere che i bisogni indotti siano più importanti di quelli che garantiscono la sopravvivenza fisica. Ci vuole l'apporto dell'ideologia per far trionfare la mentalità borghese. È così che la riproduzione si allarga, diventa illimitata.

A monte di tutto questo vi è un uso peculiare, molto diffuso del *denaro*. Non può esserci capitalismo là dove esiste autoproduzione, autoconsumo, baratto di eccedenze naturali... L'accumulazione di capitali è il fine della produzione. Senza capitalismo si può al massimo risparmiare, tesaurizzare, fare degli investimenti sulla base delle proprie disponibilità finanziarie, ma l'accumulazione è un'altra cosa: avviene indipendentemente dalla volontà del capitalista, a meno che questi non voglia uscire dal sistema (in tal caso finirà col favorire l'accumulazione altrui). Il sistema infatti è pervasivo: o si elimina con una rivoluzione politica, oppure coinvolge tutti.

Il nesso tra forze e rapporti produttivi

Soffermiamoci ora a precisare la differenza tra *forze produttive* e *rapporti produttivi*, poiché il segreto del capitalismo sta proprio in questo nesso squilibrato, in perenne contraddizione.

Le forze produttive sono la capacità di produrre, il potenziale delle macchine e dell'organizzazione imprenditoriale e lavorativa. I rapporti sono invece quelli di proprietà, cioè quelli giuridici e antisociali, in quanto finalizzati al profitto, all'interesse materiale, alla rendita finanziaria. I rapporti non sono finalizzati a risolvere i problemi concreti, relativi alla fame, alla disoccupazione, alla miseria, alle malattie... di chi lavora o non lavora. L'unico problema che tali rapporti devono risolvere è quello di come incrementare il capitale.

Secondo il marxismo le crisi più acute avvengono quando il contrasto tra forze e rapporti produttivi è massimo. Ma che significa? Significa che ad un certo punto non si capisce perché all'aumento delle forze produttive non aumenta il benessere ma il malessere sociale. Il capitalismo non va in crisi perché esiste questo iato inspiegabile (che sorge con la nascita dello stesso capitale), ma perché i prodotti non riescono ad essere acquistati dai lavoratori, essendo i salari troppo bassi. Le crisi sono sempre di *sovrapproduzione*: si produce troppo rispetto alle possibilità di consumo. Si produce troppo anche rispetto ai bisogni da soddisfare. Non solo, ma quanto si produce non va anzitutto a soddisfare bisogni reali, vitali, dell'intero pianeta. I bisogni reali sono solo un pretesto per indurre a soddisfare bisogni del tutto superflui, creati dallo stesso consumismo, che sono poi quelli che permettono di guadagnare di più, magari con meno rischi o meno spese. Si crea una discrepanza insostenibile tra produzione e consumo, alla lunga insostenibile.

Come si può superare tale contraddizione? Il modo più semplice è quello di garantire a tutti la possibilità di soddisfare bisogni reali, quelli che permettono di sopravvivere. Riesce il capitalismo a garantire questo? Sì – dice Rosa –, attraverso lo sfruttamento delle colonie, cioè di quei Paesi tecnologicamente più arretrati, il cui sfruttamento di risorse umane e naturali permette a tutti i cittadini dei Paesi avanzati di avere almeno il minimo indispensabile per vivere (il di più dipende dalle capacità individuali). In tale maniera non vi è motivo, nelle metropoli, di fare delle rivoluzioni per abbattere il sistema. Il motivo però subentra quando non ci sono più colonie da sfruttare per i nuovi competitori che entrano in scena. Oppure quando sono le stesse colonie a emanciparsi. Su questo l'analisi di Rosa è ineccepibile.

Ora però viene la domanda cruciale. Se le colonie si emancipano e il minimo vitale non è più garantito nei Paesi avanzati, chi compie la rivoluzione quali *standard vitali* deve garantire, sapendo che le forze produttive possono creare, grazie al macchinismo, una ricchezza molto elevata? Rosa non ha dato una risposta a questa domanda perché non se l'è neppure posta. Ha dato per scontato che gli standard dovessero essere non inferiori a quelli del capitalismo, in quanto nessuno vuole un "socialismo della miseria".

Tuttavia le cose non sono così semplici. Il socialismo non è tenuto a garantire un elevato benessere, ma un benessere che permetta a tutti un'esistenza *umana* e *naturale*. Bisogna ripensare le forze produttive in rapporto agli effettivi bisogni, quelli reali, compatibili con le esigenze riproduttive della natura. Tutti devono avere il necessario per vivere con dignità, senza essere costretti a vendersi, a umiliarsi. Avere il minimo vitale vuol dire che il resto dipende dalle circostanze, dalle capacità collettive, dall'organizzazione del lavoro, dalla cooperazione, dagli scambi commerciali tra comunità autogestite e possibilmente autosufficienti. Nessuna comunità deve essere ricattata o sedotta da *agenti esterni*, che promettono lussi e comodità, come appunto fanno i mercati economici e finanziari.

L'uso del denaro

Detto questo, chiediamoci: da dove viene l'uso del denaro? Nel corso della sua formazione come classe sociale, la borghesia vendeva prodotti di lusso acquistati in luoghi esotici, orientali, molto lontani, dei quali si favoleggiavano immense ricchezze. La borghesia pretendeva monete d'oro o d'argento da parte della nobiltà, laica o ecclesiastica. Il denaro serviva per comprare prodotti molto particolari, che pochi si potevano permettere. Non si parlava ancora di sviluppo della tecnologia.

Poi, col passare del tempo, man mano che i prodotti si diversificavano e che i mercati diventavano una realtà abbastanza frequente, la borghesia ha cominciato ad accettare anche monete in bronzo e in rame. Si era tornati all'epoca greco-romana. Stava finendo l'epoca dell'autoconsumo, quella in cui il mercato era in realtà uno scambio di prodotti eccedenti, e la circolazione monetaria quasi non esisteva. Infatti, perché tale circolazione s'imponga con decisione, occorre che la gente avverta una certa "dipendenza" dai mercati.

Per distruggere l'autonomia produttiva del contadino-artigiano, occorre non solo un'industria che, a un prezzo molto più basso, fabbrichi le stesse cose che produce il contadino-artigiano (e a una qualità non inferiore, almeno in un primo momento), ma occorre anche che tutta la campagna si senta vincolata alle esigenze del mercato. Si deve produrre ciò che il mercato richiede; e si deve farlo secondo i parametri del mercato.

Anche i contadini, quindi, se vogliono continuare a lavorare la terra, devono farlo come se fossero dei "borghesi". Devono acquistare macchinari, impiantare monocolture, assumere operai salariati, usare fertilizzanti e insetticidi chimici..., in quanto la produzione deve essere massiccia, regolamentata o comunque finalizzata a uno scopo puramente commerciale. Quando dominano i mercati, la città, in un certo senso, s'impadronisce della campagna.

Senza moneta circolante non si può far nulla. Tutti devono convincersi che la ricchezza è data dai mezzi monetari in circolazione. La terra ha senso solo se viene sfruttata per accumulare capitali. Deve essere distrutta la comunità di appartenenza del contadino, e sostituita con la città, dominata dai mercati e dalla circolazione monetaria. In città si è "liberi", non vi è "dipendenza personale". In città si lavora sulla base di un "contratto" stipulato tra persone giuridicamente libere. Lo stesso contadino può sdoppiarsi e diventare soltanto artigiano, che in città (in un'associazione di arti e mestieri) si specializza nel fabbricare prodotti molto particolari, costosi. Oppure, restando in campagna, diventa operaio in un telaio con cui produce beni per il mercato, finché poi andrà a fare l'operaio in città negli opifici e nelle manifatture degli imprenditori privati.

È questa la grande illusione propinata dalla borghesia, quella di far coincidere la *libertà giuridica* con la *libertà sociale*, in una visione della vita in cui il denaro è più importante della terra, in quanto può permettere a tutti d'arricchirsi. In realtà il contadino, uscito dal suo feudo, è libero soltanto di diventare un operaio salariato. Passa da uno sfruttatore (il nobile) a un altro (il capitalista), e la sua situazione personale, invece di migliorare, peggiora, poiché lo sfruttamento diventa molto più intenso. E quando gli succede qualcosa (p.es. si ammala o viene licenziato), si sente solo, non ha alcuna protezione, alcuna garanzia, finisce facilmente sul lastrico, nella più nera miseria. E non può più tornare indietro, poiché, mentre lui era in fabbrica, anche il nobile si è trasformato in un'altra persona: è diventato un capitalista agrario, che, con le sue macchine, ha bisogno di pochi operai salariati per guadagnare capitali. Prima lo sfruttamento del contadino, quando esisteva l'autoconsumo, incontrava un limite nella capacità di consumo da parte del nobile. Oltre un certo livello non aveva senso sfruttarlo.

Ora invece, grazie all'uso del denaro, quel limite è stato superato. Il contadino, diventato operaio industriale, può essere sfruttato finché non muore, finché il fisico è in grado di reggere il peso della fatica. E quando muore, viene facilmente sostituito da altri operai, poiché i contadini ora vengono cacciati dalle campagne. Con l'uso delle macchine (trattori, trebbiatori ecc.) l'agrario ha meno bisogno di personale. Se poi l'agrario trasforma gli arativi in prativi per mandrie di pecore che producono lana per le industrie tessili, il personale lavorativo si riduce a un nulla (lo stesso si può dire se si mette a produrre solo mangime per il bestiame, oppure colture che quasi non richiedono manodopera). Il contadino non ha bisogno di scappare dal feudo: ne viene letteralmente espulso. I nobili vogliono sfruttare le loro terre in maniera capitalistica, e se non sanno farlo, le affittano a qualcuno che lo fa al loro posto: così possono campare di rendita, accumulando capitali senza far nulla.

Il ruolo dei contadini nel socialismo

La domanda che ora ci si pone è la seguente: in una situazione del genere ha ancora senso sostenere che il socialismo deve permettere ai contadini di essere proprietari della terra che lavorano? Nei Paesi capitalisti i contadini non esistono più. Gli ultimi sopravvissuti sono già padroni della loro terra: sono dei capitalisti agrari. I braccianti agricoli, quelli privi di terra, sono pochissimi. Il più delle volte i lavori da bracciante vengono svolti dagli immigrati, pagati a giornata. Quando i capitalisti agrari muoiono per cause naturali, spesso non vengono neppure sostituiti dai figli, i quali hanno studiato per fare un lavoro molto diverso da quello dei loro genitori. Le terre vengono vendute: pochi agrari hanno decine, centinaia, migliaia di ettari di terra.

I mercati si sono estesi così tanto che le derrate agricole provengono da tutto il mondo. Se da qualche parte esistono i contadini, non è certamente in occidente. Da noi esistono solo capitalisti agrari che producono per il mercato, locale, regionale, nazionale, europeo, mondiale. Al massimo possono esistere delle cooperative, in cui gli agrari si associano tra loro per vendere meglio, per avere un monopolio o una esclusività in qualche prodotto, dividendosi equamente i profitti.

Tutti questi coltivatori diretti devono produrre secondo le esigenze del mercato, che spesso li penalizza, in quando sotto il capitalismo è più importante il mercante che vende del produttore agricolo. Gli agrari sono p.es. costretti ad avvelenare la terra per ottenere dei frutti che rispecchiano certe caratteristiche estetiche. Nelle campagne non sono penetrate soltanto le macchine, ma anche la chimica, che ha avvelenato tutto, persino gli uomini che producono e quelli che consumano.

La terra è talmente sfruttata che sta invecchiando precocemente, si isterilisce, tende a desertificarsi. E i nostri rimedi "scientifici" a questo progressivo degrado, non fanno che peggiorare la situazione. Ora anche la biologia molecolare, la genetica han fatto il loro ingresso in agricoltura. Possiamo mangiare qualunque cosa in qualunque momento dell'anno. Sono tutte cose prodotte artificialmente, con sapori e odori fittizi, i cui effetti sui nostri organi si faranno sentire col tempo, inevitabilmente.

Ecco perché non ha più senso sostenere che la terra venga data in proprietà ai contadini. Anzi, va tolta anche a quelli che già la possiedono. Bisogna rifare completamente tutto. Dobbiamo tornare al modello delle rotazioni colturali, lasciando una porzione di terra periodicamente a riposo. Dobbiamo tornare a consumare solo frutta e verdura di stagione, che acquistiamo nel territorio locale, da produttori fidati, che si attengono a regole ecologiche. I concimi per fertilizzare la terra non devono essere chimici, ma naturali. Per combattere gli insetti nocivi non si possono più utilizzare i veleni, ma vanno utilizzati metodi naturali. Bisogna diversificare al massimo le colture e reimpiantare i boschi.

Dobbiamo tornare all'autoconsumo, ma, per farlo, ci vorrà molto tempo. Dobbiamo recuperare delle metodiche che non conosciamo più. L'unica speranza che abbiamo sta nelle terre che nel passato sono state abbandonate, perché difficili da mettere a frutto, o perché troppo lontane dalle città, o perché non abbastanza convenienti per il mercato... Ecco, dobbiamo recuperare ciò che si era inselvatichito, in quanto non rientrava nei nostri criteri di business. I terreni abbandonati saranno di sicuro i meno rovinati dalla nostra cupidigia, a meno che non li abbiamo abbandonati proprio per questo.

Il socialismo statale

Perché i contadini sono sempre stati visti dai bolscevichi come dei piccolo-borghesi? Per il semplice motivo che, a differenza degli operai nullatenenti, volevano essere "padroni" del lotto di terra su cui lavoravano. Per i marxisti gli operai privi di tutto rappresentavano la "purezza" degli ideali rivoluzionari. I contadini invece avrebbero accettato la rivoluzione proletaria solo per un fine "egoistico": quello appunto di avere una proprietà privata sufficiente a mantenere una famiglia e a vendere dei prodotti sul mercato. Per i bolscevichi tale atteggiamento veniva considerato "piccolo-borghese", cioè non "comunista". I contadini, proprio per questa ragione, non avrebbero mai accettato la socializzazione o la collettivizzazione della proprietà terriera, a meno che questi contadini non fossero stati dei salariati agricoli, padroni solo della loro forza lavorativa: in tal caso però sarebbe intervenuto lo Stato ad assegnare loro la terra.

Il desiderio di possedere un terreno in proprietà privata era considerato di tipo "borghese". Un socialismo agrario vero e proprio, in presenza di una situazione del genere, sarebbe stato impossibile. Questo atteggiamento piccolo-borghese avrebbe inevitabilmente fatto rinascere il capitalismo o comunque non avrebbe potuto impedire la sconfitta della rivoluzione operaia, in quanto la classe contadina, detenendo le leve delle derrate alimentari, avrebbe potuto usarle in chiave controrivoluzionaria. Una volta ottenuta la terra in proprietà privata, i contadini sarebbero stati considerati un alleato inaffidabile agli occhi degli operai. Gli unici contadini su cui si può fare affidamento sono quelli che non posseggono nulla e che quindi ricevono dallo Stato, unico proprietario della terra, tutto ciò che occorre per lavorarla.

I contadini proprietari privati o si adeguano alla volontà dello Stato o vanno eliminati. Il leninismo, almeno fino a Bucharin, accettò l'idea di permettere uno sviluppo borghese della proprietà privata contadina; lo stalinismo invece preferì la collettivizzazione forzata. Il socialismo statale, che aveva già espropriato la borghesia urbana di tutti i suoi poteri, vide nei contadini proprietari il suo peggior nemico. Non sopportava l'idea che dei contadini privati, individuali, potessero arricchirsi quando invece gli operai, che lavoravano nelle industrie nazionalizzate, non avrebbero mai potuto farlo.

Il socialismo statale non permise mai agli operai di considerarsi "padroni" della loro azienda. Essi dovevano limitarsi a eseguire direttive imposte dall'alto: la pianificazione era statale, governativa, ministeriale. Se si fosse permesso anche agli operai di arricchirsi, il ritorno al capitalismo sarebbe stato inevitabile. Per impedire ciò, gli stessi contadini avrebbero dovuto consegnare allo Stato quasi tutto il loro raccolto: solo le briciole avrebbero potuto vendere sul mercato.

Per quale motivo tutto ciò è fallito clamorosamente? Il motivo principale sta nel fatto che il socialismo statale considerava l'industria nettamente superiore all'agricoltura. Invece di incentivare il ritorno degli operai all'agricoltura, preferì subordinare completamente la campagna alle esigenze delle città. Si voleva uno sviluppo industriale e urbano accelerato, che permettesse alla nazione di arricchirsi, senza dover sottostare alle forche caudine del capitalismo. L'agricoltura doveva semplicemente essere meccanizzata e organizzata come un tutto omogeneo gestito da cooperative che dovevano sottostare a direttive statali.

Si temeva che senza un forte sviluppo industriale, che avrebbe permesso la realizzazione di un potente apparato militare, le nazioni capitalistiche, in un'eventuale guerra, avrebbero sicuramente avuto la meglio sulla Russia. Il socialismo statale, in cui la dittatura del partito unico giocò un ruolo di primo piano, fu dettato dal sentimento della paura. Si vedevano nemici ovunque, all'interno e all'esterno della nazione. Si tolse ai cittadini la facoltà di pensare autonomamente. Gli intellettuali venivano visti come dei soggetti molto pericolosi.

Il marxismo o il socialismo scientifico, nella sua versione statalistica (o stalinistica), era profondamente influenzato dalle conquiste tecnologiche della borghesia occidentale (europea, americana, ma anche nipponica), per cui non avrebbe mai accettato un ritorno degli operai alla terra, da cui originariamente provenivano (tutti gli operai sono in genere ex-contadini). Una società prevalentemente rurale avrebbe realizzato soltanto un "socialismo della miseria".

Il socialismo statale non eliminò soltanto i contadini imborghesiti e gli intellettuali non conformisti, ma devastò anche completamente la natura e ridusse a un nulla tutte le esperienze comunitarie pre-capitalistiche. Massiccio doveva essere lo sfruttamento delle risorse naturali, anche perché il socialismo statale non disponeva di colonie al di fuori dei propri confini nazionali. Al capitalismo si era opposta un'alternativa che, dal punto di vista del *socialismo democratico*, non aveva alcun senso. Oggi bisogna ricominciare tutto da capo. E non sarà facile, poiché proprio nei Paesi che hanno sperimentato il socialismo statale si è voluti tornare decisamente al capitalismo. L'atteggiamento è quello di chi pensa d'aver perduto del tempo prezioso.

Rosa e la questione nazionale

Quando nel 1893 fondò, insieme ad altri tre compagni (tra cui Leo Jogiches), il partito socialdemocratico del regno di Polonia, Rosa lo fece in opposizione al partito socialista polacco, che rivendicava l'indipendenza della Polonia. Fu un errore, anche se effettivamente il PPS era socialpatriottico, non aspirando affatto a cercare un'intesa tra il proletariato russo e quello polacco. Il suo dirigente era quello stesso Józef Piłsudski che diventerà poi un dittatore semifascista della Polonia.[44]

Fu un errore perché non aveva senso negare l'indipendenza vera e propria. Rosa sosteneva che il diritto all'autodeterminazione nazionale era astratto, utopistico e piccolo-borghese. *Utopistico* perché dal punto di vista economico la ricchezza della Polonia dipendeva per buona parte proprio dai mercati russi, ove poteva vendere le proprie merci industriali; inoltre perché, in presenza dell'imperialismo, l'indipendenza di una nazione insignificante come la Polonia non sarebbe servita a nulla. *Piccolo-borghese* perché l'indipendenza politica avrebbe soltanto favorito il nazionalismo borghese. (Un'indipendenza del genere si poteva capire solo per i popoli balcanici oppressi dal feudale impero ottomano, il cui destino a favore della frammentazione era segnato.) *Astratto* perché secondo lei non esiste una nazione come un tutto uniforme e omogeneo: ogni classe in essa presente ha interessi opposti.

Rosa non aveva alcuna considerazione per l'indipendenza nazionale. Lo dice anche in riferimento all'indipendenza rivendicata e ottenuta dalla Norvegia contro la Svezia, giudicata "una semplice manifestazione del particolarismo contadino e piccolo-borghese". Lei si sentiva un'internazionalista al 100%, sulla scia del *Manifesto* di Marx ed Engels, e denunciava questa mancanza di sensibilità negli altri partiti socialisti. Nell'era dell'imperialismo riteneva un assurdo le guerre di nazioni contro al-

---

[44] Nel novembre 1918, sconfitti gli Imperi Centrali, Piłsudski rovesciò il Consiglio di Reggenza da essi istituito per governare la Polonia e assunse la guida della nuova Repubblica Polacca. Con il Trattato di Versailles (1919) la Polonia ottenne il riconoscimento dell'indipendenza e inoltre l'acquisto della Galizia, della Posnania e di uno sbocco al mare (il Corridoio Polacco) con il porto di Gdynia. Nominato capo dello Stato (1919), Piłsudski cercò di costituire una federazione con lituani, ruteni e ucraini, con cui, approfittando della debolezza russa in seguito alla rivoluzione bolscevica, invase l'Ucraina. L'idea era quella di portare le frontiere della Polonia sino a Kiev e al Mar Nero, ma non vi riuscì a causa della controffensiva dell'Armata Rossa, che lo costrinse a un Trattato di pace, firmato a Riga il 18 marzo 1921.

tre nazioni. Al massimo accettava l'idea che un Paese precapitalistico si liberasse dal giogo colonialistico per diventare un Paese socialista, in grado di utilizzare la tecnologia occidentale. Non si rendeva conto che per infondere idee internazionaliste negli operai e nei contadini era prima necessaria una rivoluzione socialista a livello *nazionale*. Almeno *una* rivoluzione ci voleva, che valesse, se non come modello, quanto meno come esempio che la possibilità di una transizione era fattibile.

La stessa II Internazionale era piuttosto vaga in merito all'autodeterminazione dei popoli, anche perché gestita in prevalenza dai socialdemocratici di una nazione, la Germania, che proprio in quel periodo rivendicava uno "spazio vitale" tra le grandi potenze industriali del mondo (nei primi decenni del Novecento aveva già superato in molti settori la Francia e il Regno Unito). In effetti è più facile essere internazionalisti quando l'egemonia imperialistica del capitale non rende più possibile (non solo nelle colonie ma neppure nei Paesi occidentali più arretrati) un significativo sviluppo autonomo, in senso nazionale, in direzione del capitalismo. Quando si arriva a una situazione del genere, le masse oppresse delle diverse nazioni possono pensare di allearsi per rivendicare un'alternativa di tipo socialista. Ma non è possibile pensare che una rivoluzione socialista nazionale possa avvenire solo grazie all'aiuto di elementi esterni alla nazione. Gli elementi esterni possono risultare utili e intervenire legittimamente per difendere una rivoluzione in atto, solo quando vi sono altri elementi esterni che invece vorrebbero soffocarla (come accadde p.es. in Spagna, poco tempo prima dello scoppio della II guerra mondiale).

L'internazionalismo deve servire per proteggere i tentativi insurrezionali a livello nazionale, non per imporre un modello di comportamento. Bisogna lasciare che i popoli decidano in autonomia la strada che devono intraprendere per realizzare la democrazia. Non possono essere influenzati esternamente. Chi non accetta un'idea del genere, non ha fiducia nelle risorse combattive del proprio paese, cioè nell'intelligenza e nella volontà delle masse oppresse, che vogliono liberarsi della loro schiavitù salariata.

Ai socialisti l'internazionalismo dovrebbe servire soltanto per far capire che nella lotta contro il capitale o in caso di guerra tra nazioni, loro cercheranno di allearsi col proletariato di tutto il mondo. Non può servire per esportare con la forza le idee del socialismo o per imporre modelli di comportamento precostituiti. Ogni popolo va lasciato libero di cercare da solo i mezzi e i modi con cui emanciparsi dallo sfruttamento. L'internazionalismo serve per contrastare l'idea borghese di "nazionalismo", con cui ogni nazione vuole affermarsi a spese delle altre.

Il nazionalismo è una delle ideologie preferite dalla borghesia, poiché con essa riesce a convincere facilmente un proletariato poco cosciente di sé che bisogna stare tutti uniti quando è in gioco il destino del Paese in cui si vive. Nei momenti cruciali bisogna stare tutti uniti – viene demagogicamente detto –, soprassedendo alle differenze che dividono le classi sociali, anche perché, se quel momento verrà superato positivamente – si aggiunge, sapendo di mentire –, tutte le classi sociali avranno da guadagnarci. Il nazionalismo viene usato come valvola di sfogo nei casi in cui le contraddizioni del capitale (interne a una nazione, le cui cause possono essere anche esterne) sono piuttosto esplosive.

Tale nefasta ideologia esiste ancora oggi, benché non possa più far leva sui concetti di razza e di sangue, e nemmeno su quelli di lingua e religione. In tanti secoli di nazionalismo borghese i popoli delle nazioni che l'hanno subìto si sono mescolati coi popoli delle nazioni che l'hanno imposto. Oggi le nazioni capitalistiche tendono ad essere pluriconfessionali, plurilinguistiche, multietniche, benché la classe dominante si sforzi di conservare una certa egemonia culturale e/o ideologica.

*

Rosa comincia a essere a favore dell'autodeterminazione dei popoli nel corso della guerra mondiale, mentre in prigione scriveva la *Brossura Junius*.[45] Pensava che con questo principio ci si sarebbe potuti opporre meglio all'imperialismo militaristico. In ogni caso restava convinta che fino a quando l'imperialismo capitalistico fosse rimasto in piedi, una qualunque indipendenza nazionale di un Paese di minore importanza come la Polonia sarebbe stata quanto mai precaria. Secondo lei, perché l'autodeterminazione dei popoli avesse un senso reale, occorreva realizzare, preliminarmente, un socialismo democratico a livello mondiale. Anzi, era addirittura convinta che in presenza dell'imperialismo, l'idea di "nazionalismo indipendente" avrebbe soltanto favorito lo sviluppo del capitalismo nell'ambito delle colonie, in quanto le cosiddette "nazioni minori" vanno considerate soltanto delle pedine del capitalismo mondiale.

---

[45] A proposito di questo opuscolo, Lenin, che lo esamina in un testo specifico, afferma che, per quanto sia "un eccellente scritto marxista", "non offre nulla di nuovo in materia di princìpi", in quanto non riesce a collegare il tradimento del kautskismo con l'opportunismo di tutta la II Internazionale. Di conseguenza non fa capire chiaramente né l'esigenza di creare una nuova Internazionale né la necessità di spingere le contraddizioni create dalla guerra mondiale sino allo scoppio di una guerra civile nazionale contro le rispettive borghesie. (Cfr vol. XXII delle *Opere complete* di Lenin, Editori Riuniti, Roma 1969). I due testi, di Rosa e di Lenin, meriterebbero d'essere pubblicati in un volume a parte.

Il suo era un discorso astratto, estremistico, che si ritrova in pieno anche nel testo intitolato *La rivoluzione russa*, del 1918. Qui paragona il diritto all'autodeterminazione al "disarmo universale" o alla "Società delle nazioni", mere mistificazioni piccolo-borghesi. Anzi, secondo lei l'idea bolscevica di garantire l'autonomia alla Polonia, alla Finlandia, alla Lituania, all'Ucraina e al Caucaso, non avrebbe fatto altro che favorire le rispettive borghesie nazionali di quei territori, le quali si sarebbero poi opposte alla stessa rivoluzione d'Ottobre.

A dir il vero i bolscevichi cercarono di difendere l'integrità dello Stato russo dall'attacco dei polacchi contro di loro. L'Armata Rossa cercò nel 1920 di arrivare a Varsavia, ma fu duramente sconfitta sulla Vistola dall'esercito polacco, aiutato dall'Intesa. L'esportazione bolscevica della rivoluzione aveva favorito proprio il riemergere del nazionalismo antirusso in Polonia, rafforzando il regime autoritario di Piłsudski.

Rosa non era contraria al libero sviluppo culturale di una nazione, però restava stranamente contraria alla sua indipendenza politica, poiché temeva che con ciò sarebbe venuta meno l'alleanza del proletariato tra nazioni differenti. Voleva che il proletariato di tutto il mondo fosse "forzato" a cercare un'intesa trasversale alle nazioni, proprio per impedire che le nazioni più oppresse ottenessero l'indipendenza politica. Infatti secondo lei con questa indipendenza la borghesia interna avrebbe sicuramente dominato il proprio proletariato. I movimenti di liberazione nazionale li vedeva solo come un'espressione politica della borghesia e non come un modo di liberarsi dall'oppressione mondiale del capitalismo. Era un modo curioso di vedere le cose. La stessa rivoluzione russa per lei era stata fatta sostanzialmente dagli operai, senza un concorso fattivo da parte dei contadini e delle nazionalità oppresse dallo zarismo o dall'egemonia dei "Grandi Russi".

Oggi si dà per scontato il fatto che i popoli abbiano pieno diritto a sentirsi indipendenti nella loro identità nazionale (che riguarda usi, costumi, linguaggi, concezioni etiche della vita). E, all'interno di queste popolazioni autonome vi è la questione della "giustizia sociale" tra le classi, che non può essere vincolata all'idea di "nazionalismo" e che va affrontata in autonomia, senza interferenza da parte di altre nazioni (cosa che però nell'ambito del capitalismo non avviene mai, in quanto le borghesie di tutte le nazioni del mondo hanno il terrore che una rivoluzione proletaria compiuta in una di esse possa propagarsi nelle altre).

Rosa e l'Ottobre

Nel marzo 1898 si era tenuto a Minsk il I° Congresso del Partito socialdemocratico russo, i cui migliori quadri erano stati arrestati dalla polizia pochi giorni dopo. L'"Iskra", il giornale nato illegalmente a Pskov nel 1900 grazie soprattutto a Lenin, Plechanov, Martov, Aksel'rod, Potresov e Vera Zasulič (ma vi furono anche Radčenko, Struve, Tugan-Baranovskij e Jakovlev), doveva servire per preparare il II° Congresso, nel 1903, che si tenne a Bruxelles e poi a Londra. Fu in quella occasione che il Posdr si scisse in un'ala maggioritaria (bolscevichi) e in una minoritaria (menscevichi).

Lenin analizzò le risoluzioni di tale Congresso nello scritto *Un passo avanti e due indietro*, cui aveva risposto Rosa nel 1904 col saggio *Centralismo o democrazia?*, pubblicato sia sulla "Neue Zeit", rivista diretta da Kautsky, che sulla "Nuova Iskra", da poco passata in mano menscevica.

L'"Iskra" era nata per lottare contro i populisti, che negavano l'inevitabilità dello sviluppo capitalistico in Russia, in quanto ritenevano che le tradizioni contadine dell'*obščina* avrebbe saputo impedirlo. La lotta era anche contro i socialisti economicisti, che traevano dagli scioperi del 1896-97 la conclusione che bisognava limitarsi alle rivendicazioni salariali e giuridiche, lasciando alla borghesia il compito politico di abbattere lo zarismo.

Nel suddetto II° Congresso la natura del contrasto verteva sulla struttura del partito, che per Lenin doveva essere fortemente centralizzato, esattamente come lo era il governo zarista. Martov e Potresov, appoggiati da Kautsky e da Rosa, furono contrari, preferendo qualcosa di più federato o decentrato, di più spontaneistico, di meno strutturato in senso professionistico e militaristico. Al testo di Rosa Lenin replicò con *Problemi di organizzazione della socialdemocrazia russa*, che Kautsky si rifiutò di pubblicare nella sua rivista. Tuttavia la polemica tra Lenin e Rosa continuò ancora per molto tempo.

I tre principali scritti anti-bolscevichi di Rosa Luxemburg (*Centralismo o democrazia?*; *La tragedia russa*; *La rivoluzione russa*) furono raccolti, in lingua italiana, nel 1970, dalla casa editrice Samonà e Savelli di Roma, col titolo *Centralismo o democrazia? La rivoluzione russa*. L'edizione cui facciamo riferimento (in ordine cronologico) è quella dell'anno successivo.

*

Rosa ha di mira soprattutto il testo di Lenin citato sopra, *Un passo avanti e due indietro*, di cui denuncia l'"ultracentralismo" nell'organizzazione del partito. Ovviamente essa non nega la necessità di una qualche forma di direzione centralizzata del partito rivoluzionario: i dirigenti intellettuali devono stimolare le masse a insorgere.

Tuttavia, siccome è rimasta ferma a una visione romantica delle masse, quella che avevano Marx ed Engels nel 1848, Rosa è convinta che le masse devono soltanto essere messe in grado di agire da sole, spontaneamente, poiché, in caso contrario, non si ha "rivoluzione popolare", bensì "colpo di mano élitario". Le masse non vanno "dirette" a insorgere contro il governo in carica, ma solo "sospinte" a farlo. Non si rendeva conto – esattamente come gli anarchici – che senza una direzione orientata e risoluta, le masse possono farsi sfuggire i momenti decisivi: con la sola spontaneità le rivoluzioni tendono a fallire.

Questa era una concezione della politica opposta a quella leniniana. Sulla base di questa concezione fallirono tutti i moti rivoluzionari europei dell'Ottocento, inclusa la rivoluzione russa del 1905. Rosa aveva compiuto l'errore di quegli intellettuali piccolo-borghesi, convinti che per realizzare una transizione qualitativa al socialismo, sia sufficiente mostrare la propria acutezza d'ingegno, la propria radicalità di critica, il proprio esempio paradigmatico di irrisolutezza al compromesso.

Con questa posizione individualistica si tende a sopravvalutare se stessi e a sottovalutare la forza del nemico che si vuole sconfiggere. Sul piano politico posizioni del genere possono portare all'avventurismo. Infondere nelle masse l'odio per il sistema; instillare la convinzione che se le masse insorgono, possono risolvere in un batter d'occhio i loro problemi, e poi lasciarle disarmate di fronte ai poteri che reagiranno sicuramente con spietatezza, è da irresponsabili. E non è che si possa attenuare tale irresponsabilità, assicurando alle masse, uscite inevitabilmente sconfitte con una strategia del genere, che, nonostante il loro tentativo velleitario, hanno saputo porre le basi per una successiva insurrezione.

È vero che dopo il 1905, osservando ciò ch'era avvenuto in Russia, Rosa aveva iniziato a convincersi che il partito deve precorrere lo sviluppo delle cose, cercando di affrettarlo, ma non arrivò mai a tradurre questa convinzione in una strategia operativa vera e propria. Al massimo elaborò la tesi che uno sciopero generale, di massa, avrebbe potuto indurre il governo a scendere a patti, cioè avrebbe potuto far capire al governo che il ricorso alle armi o alla violenza sarebbe stato fatale per le sorti dello stesso governo. Ma non affrontò mai il momento-chiave della presa del potere, che è quello in cui si deve colpire il sistema al cuore, cogliendolo di sorpresa, paralizzandolo in tutti i suoi gangli vitali, impedendogli una reazione armata.

La domanda che, a questo punto, viene inevitabile porsi è la seguente: perché il socialismo occidentale è sempre stato così incredibilmente impreparato sul piano organizzativo, che è poi quello che occorre per realizzare la conquista rivoluzionaria del potere? Per rispondere a tale domanda bisogna andare a cercare un condizionamento sociale o culturale trasversale a tutte le nazioni europee.

Ora, se dicessimo che tale condizionamento proviene dalla religione cristiana, saremmo poi costretti a spiegare la differenza tra ortodossia, da una parte, e cattolicesimo e protestantesimo dall'altra. Ma questo ci porterebbe troppo lontano, rischiando di farci fare considerazioni di tipo "idealistico". Peraltro non è affatto vero che nell'Europa occidentale gli intellettuali e le masse popolari fossero più fatalisti o attendisti dei loro omologhi di area orientale. Anzi, dovremmo pensare il contrario, guardando la forza delle rivoluzioni borghesi, le innovazioni in campo tecnico-scientifico e artistico.

Tuttavia, non vogliamo neanche considerare Lenin e i compagni bolscevichi come un'inspiegabile eccezione. Possiamo però constatare una cosa: in Europa orientale il Medioevo durò molto più a lungo; gli ideali religiosi di una società cristiana ci hanno messo molto più tempo a dissolversi. Per quale motivo in Europa occidentale, già a partire dalla formazione dei Comuni borghesi, si inizia a dubitare con sempre maggiore convinzione che il cristianesimo sia in grado di realizzare una società a misura d'uomo? Chi crede ancora in questa possibilità sono soltanto i movimenti pauperistici ereticali, che verranno fagocitati dai poteri costituiti. La stessa Riforma luterana sembra inizialmente orientata a recuperare gli ideali del cristianesimo primitivo, ma poi finirà con l'accettare pienamente l'idea di un cristianesimo borghese, che è borghese nella vita reale e cristiano in quella ideale, fantastica.

Guardiamo invece l'Europa orientale: qui non riesce a formarsi spontaneamente, né nel mondo bizantino né in quello slavo, una classe borghese che si senta autonoma dai poteri costituiti, in grado di contrapporsi ai sovrani, alla Chiesa, alla classe aristocratica, alle comunità di villaggio. Quando in questi territori si forma il capitalismo, risulta essere un prodotto esclusivamente di importazione. Nell'Europa orientale vi è maggiore idealismo cristiano, maggiore rispetto per le autorità costituite. Quando le contraddizioni appaiono terribilmente stridenti da rendere impossibile una vivibilità pratica degli ideali cristiani, non si sviluppa soltanto una concezione borghese della vita, ma anche una concezione proletaria.

In Europa occidentale lo stile di vita borghese ha avuto un impulso eccezionale in seguito allo sviluppo del protestantesimo, al punto che per avere una concezione della vita davvero proletaria s'è dovuto attendere il "genio" di un intelletuale "piccolo-borghese" proveniente dal mondo ebraico, Karl Marx, anticipato, in realtà, da molti esponenti del socialismo utopistico. In Europa orientale non si è mai sviluppato il protestantesimo e con le comunità di villaggio si era convinti di poter impedire uno sviluppo capitalistico delle nazioni. Nell'area occidentale dell'Europa è stato molto forte l'individualismo borghese (che aveva le sue radici in ambito cattolico e che ha trovato ampio successo dopo la riforma protestantica), e con esso si sono fatte tutte le rivoluzioni tecnico-scientifiche con cui si è dominato il mondo. Nell'area orientale del medesimo continente si pensava che il collettivismo agrario e cristiano (per lo più ortodosso) avrebbe impedito il trionfo del suddetto individualismo borghese.

Poi qualcosa si è spezzato. A fine Ottocento il capitalismo dell'Europa occidentale era in grado di penetrare anche in Europa orientale. Si sono formate delle fabbriche, dove andavano a lavorare degli ex-contadini, privi di tutto. L'ideale cristiano, reso estraneo a qualunque religiosità, veniva assorbito da una classe sociale uscita dalla Chiesa e dalla comune agricola. Il proletariato urbano e industrializzato era una classe sociale sostanzialmente atea e socialista.

Per trovare dei contadini disposti ad allearsi con un proletariato del genere, occorreva andarli a cercare tra i salariati agricoli, poiché quelli che possedevano la terra, piccola o grande che fosse, avevano col tempo maturato delle idee borghesi, erano diventati anche loro, seppur molto in ritardo rispetto ai loro colleghi euro-occidentali, dei "cristiano-borghesi".

Il proletariato urbano, che possedeva solo la propria forza-lavoro, riuscì a trovare degli intellettuali, altrettanto sradicati, in grado di rappresentarlo, capace di portarlo a realizzare ideali di giustizia sociale senza cristianesimo.

Viceversa, in Europa occidentale il proletariato industriale è quasi sempre stato guidato da intellettuali imborghesiti, capaci di mostrare idee socialiste ma disposti al compromesso con le forze borghesi al governo. Tale proletariato, convinto dai propri intellettuali, rinunciò a realizzare i propri ideali di giustizia e si lasciò corrompere. Infatti, nella misura in cui i Paesi euro-occidentali riuscivano ad acquisire colonie all'estero, la condizione materiale del proletariato migliorava sensibilmente: aumentavano i salari e i diritti in generale, le forme assicurative, previdenziali, cooperativistiche... Alla fine gli operai avevano meno motivi per ribellarsi.

In Europa orientale si è formato il socialismo più rivoluzionario perché qui gli ideali del cristianesimo (nella sua forma ortodossa) si erano conservati più tenacemente, sicché molto più grande fu la delusione nel vederli impossibilitati a realizzarsi. Qui c'era molta più miseria e le masse più sfruttate non sopportavano più il divario netto tra classi privilegiate e ideali cristiani. La rivoluzione del 1905 fu l'ultimo tentativo di conciliare cristianesimo e socialismo agrario. Dopo di loro i protagonisti divennero gli operai e gli intellettuali urbanizzati, favorevoli a un socialismo ateo e industrializzato.

Oggi, dopo il fallimento del socialismo statale, ci si chiede chi potrà mai riprendere la lotta per l'ideale della giustizia sociale. Infatti, rispetto ai lavoratori del Terzo mondo, quelli occidentali appaiono tutti, anche i proletari, dei privilegiati, al punto che col loro lavoro contribuiscono a sfruttare lo stesso Terzo mondo. Le idee del socialismo, che oggi sono totalmente sganciate da qualunque riferimento religioso, in occidente han fatto ampiamente bancarotta, in quanto le pochissime esperienze di socialismo rivoluzionario (la Comune di Parigi, il Biennio Rosso, la Resistenza anti-fascista) non hanno conseguito alcun risultato significativo, capace di durare nel tempo. Lo stesso si può dire del socialismo statale realizzato nell'Europa orientale. Quanto al socialismo cinese, si è in presenza di un capitalismo avanzato a livello di società civile, tenuto sotto controllo da una dittatura politica, che di socialista non ha nulla.

Quale partito rivoluzionario si fa portavoce delle esigenze di chi non ha nulla? Organizzare sindacalmente degli operai che lavorano sotto il controllo di un contesto aziendale, è facile. Lo è anche coi coltivatori privati, associati in cooperative. Ma come si possono organizzare i disoccupati, i sottoccupati, i cassintegrati, i precari, i falliti per motivi economici, gli immigrati, gli indigenti, le minoranze itineranti, i senza fissa dimora, i giovani che frequentano i centri sociali o le comunità terapeutiche...? Spesso questa gente è ancora più scettica dei lavoratori sfruttati sulla possibilità di rendere il sistema più umano. Tra loro si trova di tutto, dalla persona più onesta al delinquente più incallito, e tutti sono facilmente ricattabili. Pur di sopravvivere sono spesso disposti a qualunque cosa. Come si può costruire con questa gente, priva di mezzi, un partito rivoluzionario, capace di lottare per un'alternativa al sistema? Si accontenteranno di mangiare con la fantasia dei pesci e dei pani moltiplicati magicamente, oppure diventeranno carne da macello per qualche operazione eversiva a favore del capitale?

Contro l'opportunismo

Che nelle azioni rivoluzionarie la spontaneità o l'istintività preceda la consapevolezza (razionale) è noto da tempi immemorabili: non era una scoperta del marxismo. Quel che Lenin non sopportava era che si facesse dello spontaneismo una ideologia, uno stile di vita politico, come han sempre fatto i terroristi, gli anarchici, i teorici della piccola-borghesia, i partiti estremisti, i quali pensano di poter sfruttare gli scioperi o le agitazioni popolari per compiere dei colpi di stato.

Il manifesto con cui Lenin esordisce, a livello teorico-politico e programmatico, è *Che fare?*, del 1900. Da allora gli ci vollero ben 17 anni prima di compiere una rivoluzione popolare. Con quel manifesto egli rompe i rapporti, sul piano ideologico, col socialismo riformistico (tipico dei marxisti cattedratici), anche se non fu così stupido da romperli sul piano pratico, almeno non prima d'avere una propria organizzazione sufficientemente autonoma. I libri contro Kautsky e l'estremismo infantile del comunismo verranno scritti molto tempo dopo.

Lenin apprezzava gli scritti di Rosa, ma non li utilizzò mai come strumento per determinare una strategia operativa per realizzare una rivoluzione. Lo dimostra il fatto che Rosa sembra capire assai poco del leninismo e dell'Ottobre. Da un lato essa rinfaccia alla socialdemocrazia tedesca d'essere incollata alla lotta meramente parlamentare e di non capire a sufficienza la spontaneità delle masse; dall'altro critica il metodo dirigistico del leninismo, quello che lei chiama "lo spirito di caserma del suo ultracentralismo", con cui si vorrebbe trasformare lo spontaneismo delle masse in una strategia vincente contro il governo borghese di Kerenskij.

Rosa sembrava cercare disperatamente una specie di "terza via", confidando nelle proprie capacità intellettuali. Non capiva che non aveva alcun senso opporre alla tattica meramente parlamentare dei riformisti tedeschi la spontaneità delle masse popolari. Infatti questi due atteggiamenti vanno entrambi superati dalla direzione centralizzata di un partito che, dopo aver selezionato gli elementi più consapevoli e disciplinati, svolge con loro un'attività che è anche extraparlamentare, cioè clandestina e illegale. Chi non comprende questa necessità si condanna a una sicura sconfitta.

Vi è un punto, nel suo *Centralismo o democrazia? La rivoluzione russa*, in cui Rosa fa un parallelo tra l'opportunismo dei socialisti occidentali e quello dei socialisti russi sulla base di un'analisi completamente sbagliata. Secondo lei gli intellettuali socialisti occidentali erano opportunisti perché il modo di porsi della loro classe sociale era il frutto del disfacimento della società borghese. Allo stesso tempo critica quelli russi del medesimo opportunismo, ma lo attribuisce all'immaturità del proletariato. Gli uni (i primi) vogliono esaltare l'individuo, gli altri invece lo vogliono mortificare. Lo dice per dimostrare che il centralismo dei bolscevichi dipendeva proprio dall'arretratezza della Russia, che non permetteva di avere un proletariato politicamente maturo, libero di agire in autonomia. Sempre secondo lei la stessa cosa era avvenuta in Germania.

Agli inizi del socialismo, con Lassalle, si era imposta la centralizzazione; poi, con lo sviluppo del riformismo e del parlamentarismo, il socialismo tendeva al decentramento. Entrambe, per lei, erano forme di opportunismo.

Questa analisi sociologica è tuttavia troppo astratta per avere un qualche valore. Bisogna sempre guardare caso per caso, in quanto le motivazioni non possono essere le stesse. P.es. tutti i bolscevichi han sempre detto che l'opportunismo dei socialisti occidentali era dovuto al loro stile di vita borghese, cioè al fatto che, grazie all'imperialismo, i capitalisti potevano garantire alti salari agli operai delle loro imprese. In Europa occidentale l'opportunismo dei socialisti non era affatto dovuto al disfacimento della società borghese, ma, al contrario, al suo progressivo arricchimento.

In Russia l'opportunismo apparteneva al socialismo agrario, in quanto gli intellettuali non ritenevano che una classe contadina culturalmente piuttosto arretrata potesse guidare la società, per cui preferivano affidarsi a una gestione borghese della stessa. Effettivamente i contadini non avevano la forza per sbarazzarsi dei loro rappresentanti politici riformisti (prima i populisti, poi i socialisti-rivoluzionari). Nelle città invece il proletariato industriale più consapevole trovava solo nei bolscevichi il rappresentante più adeguato, perché più combattivo (quella fetta di proletariato che invece s'illudeva della democraticità della borghesia si affidava alla guida dei menscevichi).

Prima di compiere la conquista del potere, l'opportunismo si rivela palesemente in quegli elementi che non hanno piena fiducia in se stessi e nella causa per cui lottano; emerge in quei soggetti che temono di soccombere sotto il peso di una vita austera o di non riuscire ad accettare l'idea di finire in prigione o di essere torturati o giustiziati. L'opportunismo caratterizza bene chi non è disposto a sacrificare la propria vita o le proprie comodità: esso aumenta là dove c'è benessere o là dove esiste una speranza concreta, fattibile, di poterlo ottenere, uscendo da una condizione di precarietà.

Quando Lenin diceva che in Europa occidentale la corruzione era quasi al 100%, non lo diceva pensando a un disfacimento della società borghese, ma, al contrario, pensando che il progressivo arricchimento di tale società portava a una drastica riduzione del tasso di eticità, sicché l'impegno politico in senso rivoluzionario diventava inversamente proporzionale all'aumentare del benessere economico.

Se in Russia gli intellettuali socialisti urbanizzati, che in teoria avrebbero dovuto fare gli interessi della classe operaia, mostravano atteggiamenti opportunistici, era soltanto perché avevano in mente un modello di sviluppo analogo a quello borghese dell'Europa occidentale. Erano soprattutto affascinati dai successi della rivoluzione tecnologica. Lo stesso Lenin, che pur aveva capito come sfruttare il momento della guerra mondiale in chiave rivoluzionaria, trasformando la guerra imperialistica in guerra civile, voleva un socialismo industrializzato come il capitalismo occidentale, cioè voleva raggiungere le conquiste sociali della borghesia usando lo strumento della proprietà *pubblica* dei principali mezzi produttivi (cosa per lui voleva dire accelerare di molto i processi rispetto all'anarchia produttiva dell'Europa). Si voleva che un benessere riservato a pochi fosse esteso a tutti. Nessuno aveva ancora capito che i limiti di quello sviluppo erano persino indipendenti dal tipo di proprietà, per quanto quel tipo di sviluppo fosse riuscito a imporsi proprio grazie al principio della proprietà *privata*.

Si noti che *Centralismo o democrazia?* apparve nel luglio 1904 sia sulla "Neue Zeit" di Kautsky, che sull'"Iskra" diretta dai menscevichi. Neanche un anno dopo scoppiò la rivoluzione russa del 1905. Aveva scritto qualcosa che non coglieva minimamente il clima eversivo presente in quel Paese, e che anzi contribuiva a paralizzare l'esigenza politico-organizzativa di un popolo in rivolta. E l'aveva fatto con l'intenzione di dimostrare che l'unico, vero, soggetto rivoluzionario è il "popolo"!

Caratteristiche di un partito rivoluzionario

Rosa era molto vicina alle posizioni dei menscevichi russi. Parla di "spietato centralismo", di "disciplina severa", di "cieca obbedienza" dei militanti, di metodi "giacobino-blanquisti". Non aveva assolutamente capito che per fronteggiare il centralismo operativo delle forze di governo ce ne vuole un altro non meno forte. Aveva confuso il mezzo col fine: l'uso del centralismo democratico doveva servire soltanto per abbattere il sistema e impedire la reazione furiosa della borghesia, non per gestire la transizione al socialismo e soprattutto al comunismo.

È evidente, infatti, che se quel centralismo si fosse conservato anche dopo, l'involuzione burocratica della rivoluzione sarebbe stata inevitabile. Cosa che effettivamente avverrà sotto lo stalinismo, e che Lenin, peraltro, aveva già previsto negli ultimi anni della sua vita. Ciò tuttavia non vuol dire nulla. Le critiche di Rosa al metodo leninista non possono essere considerate giuste solo perché esse possono essere applicate a ciò che avvenne sotto il socialismo statale. I metodi dello stalinismo non hanno nulla a che fare con quelli leninisti. Sono metodi burocratici, amministrativi, autoritari, polizieschi, fortemente ideologici: in una parola, "brutali". Pazienza e flessibilità non erano certo le virtù degli stalinisti.

Che i metodi di Rosa non possano funzionare per compiere una rivoluzione politica, lo dimostra il fatto che dal 1848 alla I guerra mondiale in Germania la socialdemocrazia predicò solo il riformismo. E anche quando la Germania perse la guerra, si sgretolarono la monarchia e l'impero coloniale, i militanti che insorsero a Berlino nel 1919 furono eliminati con molta facilità, inclusi i loro dirigenti, tra cui la stessa Rosa.

Probabilmente non la si può accusare di "giocare" a fare la rivoluzione, ma è indubbio che la sua posizione era altamente rischiosa per le masse. Non offriva alcuna garanzia, in quanto rischiava di lasciare indifesi i militanti proprio nel momento più delicato, più decisivo. Rosa non riusciva a capire che sono le masse stesse che hanno bisogno di essere gestite come un esercito che si prepara a combattere contro un altro esercito. Il partito rivoluzionario deve avere una struttura semi-clandestina e, in un certo senso, militarizzata.

Indubbiamente, per ottenere consenso, il partito deve esporsi pubblicamente; ma deve anche saper uscire di scena quando il governo al potere si mobilita per distruggerlo. Per questo gli aspetti della *clandestinità* sono fondamentali, proprio quelli che Rosa non s'è mai preoccupata di organizzare. Non a caso nei momenti più cruciali finiva regolarmente in carcere. Non è escluso che confidasse nel fatto d'essere una donna, cioè di poter beneficiare di un trattamento più riguardoso.

Un partito rivoluzionario non può non avere un carattere di massa, ma questo non significa che un leader valga l'altro, ovvero che la morte o la carcerazione di un leader di prestigio non costituisca un problema di eccezionale gravità. I dirigenti di un partito non si possono sostituire così facilmente, né si può pensare che le forze dei militanti possano rimpiazzare in qualunque momento la scomparsa di leader prestigiosi. Non si può ragionare astrattamente su cose di questo genere. Il sistema sa bene che quando di un movimento si eliminano i capi, facilmente il movimento di sbanda. Il valore dei dirigenti è inestimabile, proprio perché dipende soprattutto da loro se l'insurrezione riuscirà. Per questo il tradimento nei loro confronti rappresenta un'azione molto grave, spesso dalle conseguenze irreparabili.

Rosa non aveva contezza del fatto che una rivoluzione politica presenta degli aspetti militari di notevole portata, in quanto facilmente una rivoluzione si può trasformare in una lunga e dolorosa guerra civile. Quando ciò avviene, il movimento deve avere una direzione assolutamente centralizzata, proprio per poter coordinare al meglio tutte le operazioni su un territorio molto esteso, generalmente nazionale. Se non si riescono a garantire tutti i possibili collegamenti tra le realtà locali, in maniera tale che la debolezza di un settore sia compensata dalla forza di un altro, la sconfitta diventa inevitabile. La rivoluzione assomiglia a una partita a scacchi. Lo scopo principale di ogni battaglia e di ogni guerra è quello di individuare i punti deboli del nemico, per poi dilagare come un fiume in piena.

A Rosa mancava la consapevolezza di come trasformare, nel momento decisivo della conquista del potere, le armi della critica in una critica delle armi. Il federalismo, l'autonomia locale e regionale, hanno senso subito dopo aver eliminato la resistenza di chi si oppone alla rivoluzione. Finita l'urgenza militare, che è un vero e proprio uragano, subentra la normale vita civile: la democrazia locale si sostituisce progressivamente alla dittatura centralizzata. Finché esiste dittatura è evidente che la democrazia può solo essere imposta. Ci vuol tempo prima di eliminare l'idea di poter vivere sfruttando il lavoro altrui.

Naturalmente è impossibile che una trasformazione del genere possa essere compiuta solo dall'alto verso il basso. Ma sta appunto in questo il compito della politica: permettere alla popolazione locale di autogestirsi, di costruire da sola il concetto di "democrazia", che non riguarda soltanto la politica, ma anche l'economia, la cultura, i rapporti sociali e di genere sessuale.

Se ci pensiamo il momento rivoluzionario presenta aspetti molto meno faticosi di quello post-rivoluzionario. Certo, è complesso realizzare la fase distruttiva di tutti i poteri costituiti, ma lo è molto di più realizzare i tanti momenti costruttivi della democrazia. Il vero valore democratico di un militante può essere verificato solo *dopo* aver compiuto la rivoluzione, cioè nel momento in cui riduce la propria leadership a vantaggio della partecipazione popolare autogestita. Qui sta la grande differenza tra Lenin, che fu capace di distruggere la dittatura borghese, e Stalin, che non fu capace di costruire la democrazia proletaria.

Il centralismo democratico

Quando Rosa critica "la tendenza *ultracentralista* del partito russo" (in *Centralismo o democrazia?*) non si capisce bene se lo faccia per negare un qualunque "centralismo" partitico o se per affermare un centralismo di minore portata.

Lei ha di mira il libro di Lenin, *Un passo avanti e due indietro*. Parla di "spietato centralismo". Poi però, quando si va a vedere in che cosa questa "spietatezza" consisterebbe, si resta alquanto perplessi. Così infatti scrive: "la selezione e la costituzione in corpo separato dei rivoluzionari attivi", i quali sarebbero circondati da "una massa non organizzata, sebbene rivoluzionaria". Questo è il primo aspetto.

Davvero strano che dica una cosa del genere, proprio perché la distinzione tra dirigenti e masse popolari è la più consueta in tutti i movimenti e partiti rivoluzionari. Persino Gesù Cristo si avvaleva di pochi fidati discepoli. Nei vangeli le masse erano "rivoluzionarie"? Sì, ma anche "pecore senza pastore". Quando i Galilei, riunitisi in ben cinquemila uomini, chiesero al Nazareno di occupare Gerusalemme per cacciare i Romani, lui rifiutò, e non perché fosse contrario all'insurrezione nazionale (se lo fosse stato non avrebbe detto "vendete il mantello e comprate una spada"), ma perché voleva che anche i Giudei vi aderissero, in maniera esplicita e, rispetto ai Galilei, paritetica, senza alcuna pretesa egemonica.

Le masse non fanno mai le rivoluzioni o le insurrezioni senza la presenza di capi carismatici. Anche quando si limitano a uno sciopero, a una pacifica dimostrazione, hanno sempre bisogno di qualcuno che le diriga. È nella natura delle cose. Meno dirigenti vi sono e meno ambizioso sarà l'obiettivo che si vuole conseguire. E se l'obiettivo vuole essere ambizioso, facilmente si rischierà il fallimento in assenza di leader significativi. Si può accettare la spontaneità delle masse, ma non per conseguire risultati di grande portata. La spontaneità va bene, in genere, quando non c'è da conquistare un potere politico, quando non si deve abbattere un governo al potere, quando non si deve rovesciare un sistema dominante, cioè solo quando tutto ciò è già stato compiuto. Fatto questo, si può vivere tranquillamente sulla base delle abitudini o consuetudini, della libertà creativa, ecc.

Non riuscire a capire che per abbattere la dittatura del capitale (esplicita o implicita che sia, quella espressa con la forza delle armi o con la democrazia formale), occorre una forza molto coesa e disciplinata è da ingenui o da irresponsabili. Infondere una speranza nelle masse e non saperla gestire con una accortezza di tipo militare, è la cosa più stupida di questo mondo.

Nessuno ha il diritto di far pagare agli altri il peso della propria istanza di liberazione, nella convinzione che si tratti di un sentire comune. Non si possono confondere i propri sentimenti con la realtà, anche perché quando le cose non vanno come si vorrebbe, non si possono incolpare le masse popolari di scarsa determinazione, di mancanza di carattere, salvo poi rincuorarle, aggiungendo che ciò è servito come lezione per la volta successiva.

Il secondo aspetto che Rosa non comprende è una conseguenza (quella più operativa) del primo: "una disciplina severa, in nome della quale i centri dirigenti del partito intervengono direttamente e risolutamente in tutti gli affari delle organizzazioni locali del partito".

Rosa non capiva la differenza tra le modalità di *attacco* al sistema e le modalità con cui *gestire* la transizione. Son cose completamente diverse. La dittatura del capitale non è qualcosa di "spontaneistico", di "decentrato"; di sicuro non lo è nella sua fase matura, sistemica. Anche negli Stati federali la principale amministrazione delle cose è sempre centralizzata, soprattutto quando è in gioco l'ordine pubblico. Lo Stato regionale può sentirsi libero in molti settori, ma non in quello che garantisce la sicurezza nazionale.

Ecco perché non si può abbattere un sistema del genere senza un partito fortemente centralizzato, capace di puntare dritto al cuore della capitale nazionale. Quando Bin Laden distrusse le due Torri gemelle, non fece altro che compiere un'azione terroristica, il cui risultato fu un maggiore autoritarismo delle istituzioni, che si riversò a livello internazionale, aumentando i conflitti regionali, in estensione o in profondità. Il terrorismo non fa che rafforzare il sistema. È il prodotto di una totale incapacità politica e organizzativa. È il frutto di una mancanza di fiducia nella volontà sovversiva delle masse.

Un partito alternativo al sistema si deve considerare un tutt'uno. Non ci possono essere dei tentacoli o delle propaggini che si muovono per conto loro, senza coordinare l'azione col centro. Il partito deve considerarsi una piovra. Non si capisce perché questa immagine animalesca venga applicata solo alla criminalità organizzata e non anche a un partito rivoluzionario. Proprio per il fatto d'essere una piovra con mille tentacoli, i criminali organizzati e centralizzati riescono ad avere la meglio sulle istituzioni e ad espandersi a macchia d'olio, andando ben oltre i confini regionali e nazionali. La differenza tra questi criminali e i rivoluzionari sta nel fatto che i primi si impegnano soltanto per se stessi, non avendo alcun interesse a rivolvere i problemi sociali della collettività. Ma sarebbe assurdo sostenere che non vi può essere alcuna organizzazione centralizzata, perché così si rischierebbe di ridurre le masse a semplice manovalanza esecutiva, priva d'intelligenza tattica.

La strategia generale può essere decisa solo dai vertici, che devono sempre tenersi in stretto contatto con la base. Questo ovviamente non vuol dire che, a rivoluzione compiuta, debba continuare ad esistere il "centralismo democratico". Per ogni obiettivo vi sono mezzi specifici, che si decidono di volta in volta. Il fatto che Stalin, invece di ridurre il centralismo, l'abbia accentuato, va considerato un difetto della sua strategia politica. Semmai ci si doveva chiedere, una volta terminata la guerra civile, in che maniera le realtà decentrate avrebbero potuto gestire la loro autonomia democratica, garantendo a tutte una sufficiente difesa del loro territorio da eventuali attacchi di nemici esterni alla nazione.

Stalin non fece che proseguire una strategia rivoluzionaria in tempo di pace, e questo fu il suo principale errore. A lui e non a Lenin si dovrebbe riferire la seguente affermazione di Rosa: "il Comitato centrale è l'unico nucleo attivo del partito, e tutti gli altri raggruppamenti non sono altro che suoi organi esecutivi". Se per Lenin fosse stato così, non avrebbe lanciato la parola d'ordine: "Tutto il potere ai soviet". I soviet erano stati creati spontaneamente dalle masse in rivolta, non erano un'emanazione del partito comunista.

Europa occidentale e orientale

A dir il vero Rosa appariva consapevole della inevitabilità di una centralizzazione in un partito come quello socialista, il quale deve combattere un analogo centralismo da parte dello Stato borghese. Così infatti scrive: il socialismo in generale (che al suo tempo si chiamava "socialdemocrazia" e che nel primo dopoguerra si chiamerà "comunismo", per distinguere il socialismo riformista da quello rivoluzionario) "è profondamente ostile a ogni manifestazione di particolarismo o di federalismo nazionale". Lo diceva in riferimento al socialismo europeo, escludendo, come unica eccezione, l'impero austro-ungarico. E giustificava questa cosa anche in relazione alla situazione russa, così enormemente frastagliata. Lo diceva senza rendersi conto che, proprio in una situazione così complessa e variegata come quella russa, il federalismo apparirà da subito ai bolscevichi come la situazione "statale" migliore, non foss'altro che per dimostrare quanto i "Grandi Russi" non nutrissero alcuna ambizione egemonica di tipo nazionalistico, neppure a livello linguistico. Lenin infatti era contrario a un partito rivoluzionario basato sull'autonomismo federalistico, come propugnavano le correnti riformistiche e anarchiche, ma accettò uno Stato del genere quando si cominciò a realizzare la transizione socialista.

Rosa sembra non comprendere che tutta questa centralizzazione partitica aveva come scopo soltanto l'abbattimento del sistema e la difesa della rivoluzione al potere dagli attacchi furiosi della borghesia: cioè non era affatto una regola del *socialismo in generale*, da ribadirsi in qualunque condizione storica. Se – come scrive Rosa – "il capitalismo è centralizzatore nella sua essenza", non si vede perché debba esserlo anche il socialismo futuro, una volta avviata la transizione. Su questo, guardando il fallimento del socialismo statale, realizzato sotto lo stalinismo e il maoismo, sarebbe difficile oggi darle torto.

Da un lato sembra che capisca perfettamente che il socialismo scientifico valorizza "l'azione diretta e autonoma delle masse"; dall'altro però, invece di applicare questo principio al socialismo *già* realizzato, lo applica a quello che ancora non c'è. Ha come il timore che un partito comunista centralizzato, poco disposto a valorizzare l'autonomia delle masse, finisca con l'assomigliare a un partito "giacobino-blanquista". Di qui la sua critica astiosa e del tutto fuori luogo al partito bolscevico. Invece di limitarsi a mettere sotto accusa la socialdemocrazia tedesca, che, col pretesto di evitare il blanquismo, aveva assunto posizioni esclusivamente riformistiche e revisionistiche, aveva preferito criticare, soprattutto nell'ultima parte della sua vita, chi lottava in maniera inflessibile contro tale riformismo. L'obiettivo della sua analisi era quindi completamente sbagliato.

Per lei il partito voluto da Lenin non era altro che un partito giacobino, "indissolubilmente legato all'*organizzazione* del proletariato che ha *preso coscienza* dei suoi interessi di classe". Questa frase va letta nella maniera seguente: il partito bolscevico si è aggregato a una classe operaia *già* organizzata e autoconsapevole. Il che, in Russia, non era affatto vero. Quando Lenin scrisse *Che fare?* il proletariato industriale era tutt'altro che organizzato e tanto meno consapevole di cosa avrebbe potuto fare sul piano politico. Ai bolscevichi occorsero ben 15 anni per farglielo capire.

Peraltro la differenza tra Lenin e Robespierre non stava nel fatto che il primo aveva scelto come unico riferimento la classe operaia: Lenin non era così stupido da non avvalersi dell'appoggio della piccola-borghesia e dei contadini. Semmai era il partito giacobino che si avvaleva della *sola* piccola-borghesia e che non si mise mai decisamente dalla parte del Quarto stato. In ogni caso i giacobini non erano "un pugno di congiurati". Semmai lo erano i seguaci di Babeuf e di Buonarroti, che pur avevano idee socialiste più avanzate e più radicali degli stessi giacobini.

Ed è anche sbagliata l'idea di equiparare il blanquismo di matrice operaia (tipico del 1848) col giacobinismo piccolo-borghese della rivoluzione francese. È sempre stato più *popolare* il giacobinismo di Robespierre e Saint-Just, di rilevanza nazionale, che non il blanquismo della Comune di Parigi, che pur ebbe idee più vicine al socialismo, ma che fu un evento molto circoscritto nello spazio e nel tempo.

Il partito leninista aveva, come i blanquisti, un interesse prioritario per la classe operaia, ma aveva, come i giacobini, una preoccupazione di carattere nazionale, se non addirittura internazionale. Rosa dimentica che il giacobinismo fu preceduto dalla lotta culturale di molti intellettuali progressisti, il cui meglio di sé lo diedero nella realizzazione dell'*Enciclopedia*. Il principale punto di riferimento teorico dei giacobini era Rousseau, il politologo più significativo della piccola borghesia. Non aveva alcun senso paragonare Lenin a Robespierre o a Blanqui. Lenin era perfettamente consapevole che se la rivoluzione non fosse stata "popolare" e "nazionale", la reazione del governo borghese (pseudo-socialista) di Kerenskij, appoggiato dai governi liberali dell'Europa occidentale, l'avrebbe immediatamente schiacciata; esattamente come avverrà nei confronti di quei tentativi rivoluzionari compiuti in varie parti del continente

(Germania, Ungheria, Finlandia...)[46] nel periodo immediatamente successivo alla fine della I guerra mondiale.

L'incomprensione, da parte di Rosa, della natura del bolscevismo è una caratteristica generale di tutta la socialdemocrazia euro-occidentale di quell'epoca. Ci si dovrebbe chiedere il motivo di tale stranezza. Era solo questione di mancanza di informazione e di contatti diretti? Da dove veniva a Lenin e agli altri bolscevichi la capacità di realizzare un partito infinitamente più rivoluzionario di qualsiasi partito socialista dell'occidente? Non dimentichiamo che in Europa occidentale le tradizioni rivoluzionarie borghesi era state molto forti sin dai tempi della Riforma protestante. Le rivoluzioni seicentesche dell'Olanda e dell'Inghilterra e quelle settecentesche degli Stati Uniti e della Francia avevano cambiato i destini dell'umanità. Non a caso il socialismo anti-capitalistico nacque in mezzo alla borghesia. Dunque per quale motivo non si era formata in Europa occidentale un'organizzazione rivoluzionaria analoga a quella bolscevica? E perché si è sempre guardato criticamente il bolscevismo? Perché si è dovuto aspettare che i bolscevichi avessero la meglio sulla controrivoluzione interna e sull'interventismo straniero del primo dopoguerra prima di cominciare a ricredersi?

Se si guarda il periodo di quel famoso "Biennio Rosso" (1919-20), si resta abbastanza sconcertati nel vedere con quanta ingenuità i partiti aderenti alla III Internazionale dicevano che bisognava comportarsi "come" i bolscevichi. Come se l'Europa occidentale non potesse vantare tradizioni socialiste (di critiche del sistema, di politica rivoluzionaria...) ben più antiche di quelle presenti in Russia! I comunisti occidentali si sentivano autorizzati a compiere la rivoluzione solo perché l'avevano vista realizzata in Russia! E questo quando proprio i bolscevichi dicevano di voler riprendere, in forme diverse, l'esperienza della Comune di Parigi!

Non solo, ma quando lo stalinismo sconfiggerà il nazismo, i comunisti occidentali si convinceranno ancora di più che il socialismo statale sarebbe stata l'unica alternativa possibile al capitalismo privato dell'occidente. Si commise un errore dietro l'altro. Per quale motivo?

Si ha come l'impressione che nell'Europa occidentale sia impossibile compiere una transizione al socialismo, proprio perché la faticosa realizzazione del capitalismo appare connotata in maniera irreversibile. Il capitalismo è frutto dell'individualismo borghese (anticipato dall'individualismo del papato, il quale, sul piano politico, si riteneva indipendente da qualunque istanza statale o imperiale). Questo individualismo ha mes-

---

[46] In Ungheria il governo operaio durò da marzo a luglio del 1919; in Finlandia da gennaio a maggio del 1918; in Lettonia dal dicembre 1918 al maggio 1919.

so radici profonde negli stili di vita, e si è dotato di grandi apparati di controllo, che non riguardano soltanto le forme esplicitamente repressive delle forze dell'ordine, ma anche quelle tipiche della manipolazione delle menti (il consumismo, la pubblicità, le mode, le evasioni psicologiche che trasformano il tempo libero in qualcosa di illusorio, e così via).

Per noi occidentali (non solo europei, ma anche statunitensi, canadesi, colonizzatori di mezzo mondo) è letteralmente impossibile rifarsi a tradizioni collettivistiche per realizzare il socialismo. In Russia e in altre parti dell'Europa orientale avevano quelle della comune agricola, del feudalesimo rurale... Tutte cose che da noi, in Europa occidentale, han cominciato a essere progressivamente smantellate sin dalla nascita dei Comuni borghesi in Italia.

Noi occidentali abbiamo già svolto il nostro ruolo nella storia. Noi abbiamo abbattuto il feudalesimo non in chiave socialistica ma in chiave capitalistica, e abbiamo esportato il capitalismo in tutto il mondo, rendendolo dominante come sistema economico produttivo. Tale modo di produzione è stato capace di abbattere anche il socialismo statale, che pur era basato su tradizioni collettivistiche. L'unico socialismo sopravvissuto sembra essere quello cinese, che però oggi, nonostante le forti tradizioni collettivistiche in campo agrario, è di tipo mercantile, cioè politicamente autoritario e socialmente permissivo, formalmente socialista e sostanzialmente capitalista.

In Europa occidentale si è arrivati a tentare una transizione socialista solo in tre occasioni, di cui una molto limitata, quella della Comune di Parigi. Le altre due sono avvenute in seguito alle guerre mondiali, cioè come conseguenza di due eventi assolutamente catastrofici, che coinvolsero complessivamente, tra morti e feriti, oltre cento milioni di persone. E ogni volta si è fallito l'obiettivo. A questo punto ci si può chiedere: gli eventi bellici non erano sufficientemente disastrosi? Oppure gli occidentali, a causa del loro esasperato individualismo, che ha radici millenarie, non riusciranno mai da soli a realizzare alcun vero socialismo? In altre parole: gli europei devono aspettare l'aiuto di "forze esterne" perché possano raggiungere un obiettivo del genere? E da dove potrebbero venire tali forze, ora che anche quelle dell'Europa orientale si sono rivelate del tutto inconsistenti?

Quando si trattò di abbattere lo schiavismo romano, le forze esterne vennero dall'Asia o comunque dall'Europa "sassone". Tuttavia i cosiddetti "barbari" non riuscirono a realizzare un "socialismo agrario" vero e proprio, ma solo una società feudale, dove la proprietà privata della terra, acquisita *manu militari*, dettava le regole dei rapporti sociali. Oggi da dove potranno venire tali forze? Dall'Africa? Cioè da un continente che gli europei hanno iniziato a colonizzare in chiave borghese mezzo millennio fa? Davvero l'Africa ha conservato delle tracce di collettivismo in grado di costituire un'alternativa al capitalismo europeo?

Noi occidentali siamo così abituati all'individualismo che non riusciamo a sopportare una stretta disciplina di partito. Siamo così interiormente anarcoidi che una qualunque forma di disciplina ci appare una insopportabile dittatura. In queste condizioni è impossibile realizzare il socialismo. Prima che se ne possa anche solo parlare, occorre forse una catastrofe sociale o ambientale di proporzioni gigantesche, cioè un qualcosa che procuri un malessere generale ben visibile.

Ma il vero problema non è questo. Il vero problema è come organizzare qualcosa di "collettivistico" *prima* che la catastrofe arrivi. Questo perché bisogna evitare, quando essa arriverà, che si compiano azioni del tutto scriteriate, tali da rendere la situazione ancora più ingestibile. Non sarebbe la prima volta che nelle situazioni estreme si compiono azioni insensate.

Se ci limitiamo a criticare i tentativi collettivistici altrui – come faceva Rosa –, senza pensare a trovare una soluzione all'interno della singole nazioni (così diverse tra loro), faremo la stessa fine di Rosa, incapace di organizzarsi adeguatamente per fronteggiare la furia omicida delle classi che non volevano perdere i loro privilegi. Noi abbiamo il dovere di non metterci nelle condizioni tali da ritenere che sia troppo tardi per realizzare una transizione al socialismo.

Blanquismo e bolscevismo

Tutta la descrizione che Rosa fa dell'attività blanquista si applica perfettamente ai moti insurrezionali che i mazziniani organizzarono prima dell'iniziativa dei Mille garibaldini. Il fallimento generale di tutti quei moti dipese proprio dall'assenza di un vero contatto con le masse popolari. I cospiratori repubblicani non usavano mai la lotta di classe come mezzo per educare le masse a una disciplina di partito, con cui affrontare l'obiettivo dell'insurrezione nazionale. L'apporto delle masse è importante non solo nel momento della conquista del potere, ma soprattutto nella fase di costruzione della transizione socialista, molto più prosaica e meno eroica.

Accusare Lenin di metodi blanquisti non aveva alcun senso. Per lui blanquismo voleva dire "terrorismo" o "anarchismo", quindi sicura sconfitta, anche nel caso in cui si fosse riusciti ad ammazzare lo zar o a rovesciare il governo borghese di Kerenskij. Gli era bastato vedere che fine aveva fatto suo fratello. Infatti non si può mai dare per scontato che, una volta occupato il potere, la popolazione sia in grado di gestire la transizione al socialismo. Non è sufficiente pensare che sia facile realizzare

177

tale transizione solo perché risulta incredibilmente forte la percezione delle contraddizioni del sistema da abbattere.

Bisogna educarsi prima al cambiamento della mentalità. Il sistema condiziona non solo il corpo, obbligandolo a vivere nella precarietà, ma condiziona anche la mente, la personalità, lo stile di vita, la cultura e i suoi valori. Cioè il fatto di vivere nelle ristrettezze non implica, in maniera automatica, che il tasso di moralità sia più elevato. Anzi, di regola è vero il contrario. Chi vive nella miseria ed è incapace di uscirne, partecipando a un'esperienza collettiva con cui realizzare una transizione generale al sistema, tende ad abbruttirsi moralmente, si incupisce nel proprio odio contro l'esistenza. Questo avviene persino quando si formano associazioni criminali come quelle mafiose.

Il fatto di provenire dai bassifondi, dalla marginalità sociale può essere usato proprio per compiere efferati delitti. Essere proletari o addirittura sottoproletari non significa nulla di per sé. Ecco perché Lenin diceva continuamente che il proletariato va "educato", "organizzato", "forgiato" per compiere grandi sacrifici in vista della rivoluzione politica; solo così, conseguito l'obiettivo, il proletariato, industriale e rurale, sarà in grado di costruire la transizione.

Una cricca di terroristi che, con un colpo di stato, riuscisse a prendere il potere, dovrebbe poi usare il pugno di ferro delle forze armate per conservarlo, come in genere accade nelle dittature militari. Ma nelle società complesse come quelle odierne, caratterizzate geograficamente nella forma della "nazione", i cui interessi economici e commerciali sono strettamente intrecciati, a livello internazionale, con qualunque altra nazione, la dittatura militare si rivela, in ultima istanza, uno strumento piuttosto fragile, politicamente inferiore alla democrazia formale. Negli ultimi anni della carcerazione di Mandela il governo razzista del Sudafrica dovette cedere alle proprie disumane assurdità senza che scoppiasse alcuna rivoluzione socialista, semplicemente perché non riusciva a sopportare gli embarghi commerciali e le pressioni diplomatiche provenienti dall'estero.

Una nazione gestita da un potere autoritario può realizzare "un patto d'acciaio" con un'altra nazione politicamente autoritaria (eventualmente in funzione anticomunista), ma saranno molte di più le nazioni che si coalizzeranno per abbattere una minaccia del genere. A meno che i dittatori non usino altri strumenti per imporsi, di tipo non militare, ma scientifico, tecnologico, giuridico, culturale, economico, finanziario, ecc.

Se una dittatura pensa di potersi avvalere del fatto che la propria nazione è molto arretrata, è probabile che in politica interna riesca a durare per un tempo significativo, ma una dittatura del genere, in politica estera, è molto debole e può essere facilmente condizionata. In Africa o in America Latina tutte le dittature si reggevano in piedi, nel Novecento, grazie all'appoggio del mondo occidentale, che ne aveva bisogno per combattere le idee comuniste, ma se quell'appoggio viene meno, per un motivo o per un altro, quelle dittature crollano come castelli di carte.

Peraltro le dittature che si formano sulla base dell'appoggio occidentale, sono tutte "bonapartistiche", cioè basate su singoli leader, che, di regola, alla loro morte non hanno successori. Le migliori dittature sono le monarchie costituzionali, quelle cioè dove la successione dinastica ha come contrappeso un parlamento elettivo. Una monarchia assoluta potrebbe reggersi in piedi per molto tempo se il sovrano fosse scelto da un organo collegiale ampiamente rappresentativo, come succede p.es. nello Stato del Vaticano. Ma sono casi eccezionali, in quanto, nel passato, le monarchie assolute erano ereditarie.

La borghesia ha apprezzato le monarchie assolute solo nel periodo in cui il centralismo politico le serviva per realizzare l'unificazione nazionale, abbattendo i poteri decentrati della feudalità terriera e aristocratica. Ma quando la borghesia si sente economicamente forte e preme per avere maggiore protagonismo politico, la monarchia viene trasformata da assoluta a costituzionale; e se la monarchia non accetta questo ridimensionamento dei poteri, è facile che si imponga la repubblica democratica.

Oggi l'idea di mettere in piedi una dittatura politicamente borghese ha poco senso: la dittatura, infatti, già esiste ed è di tipo *economico*. La dittatura economica del capitale, all'interno di una cornice politicamente, cioè formalmente, democratica, è la configurazione prevalente dei Paesi capitalistici avanzati. Per realizzare una struttura del genere sono occorsi molti secoli. Le prime monarchie assolute favorevoli alla borghesia sono nate mezzo millennio fa. Da allora la borghesia ha capito che il modo migliore per governare o è una *monarchia costituzionale* del tutto formale, cioè meramente rappresentativa della nazione, senza dei veri poteri da esercitare contro il parlamento; oppure è una *repubblica democratica*, dove in parlamento si scontrano forze politiche formalmente opposte, ma sostanzialmente omogenee ai molteplici interessi del capitale. Una variante di questo sistema politico è la *repubblica democratica presidenziale*, che è però un ritorno alla monarchia costituzionale, salvo il fatto che il presidente viene eletto direttamente dai cittadini (onde garantire una certa illusione di democraticità diretta).

Là dove esiste "elezione popolare" (diretta o indiretta, tramite i partiti) non si può parlare di "monarchia", anche se, di fatto, il presidente esercita dei poteri come se fosse un monarca. La successione "dinastica" non dipende dal parentado, cioè dai rapporti di sangue, ma dipende dal fatto che i partiti che si contendono il potere politico sono generalmente due, al massimo tre. E all'interno di questi partiti borghesi sono gli iscritti e i simpatizzanti che sostengono le spese economiche per la campagna elettorale. La borghesia individualistica di marca occidentale ha bisogno di credere che per ottenere il potere politico vi sia bisogno di partiti che, almeno formalmente, appaiano su posizioni opposte.

In Cina non si ha bisogno di questa formalità. La borghesia accetta che il partito al governo decida per conto proprio come rinnovarsi, a condizione naturalmente che il governo non s'intrometta più di tanto nella gestione capitalistica degli affari. In Cina non hanno ancora sperimentato la fase in cui la borghesia rivendica un proprio potere politico in assoluta autonomia. La borghesia viene tenuta formalmente sotto controllo da un partito monocratico, da un governo non pluralistico. Ciò può avvenire proprio perché la borghesia non ha lunghe tradizioni di lotte politiche per la propria affermazione come classe particolare.

La disciplina di partito

La questione della disciplina di partito non è mai stata affrontata in maniera chiara da Rosa Luxemburg.

Stranamente si meravigliava che Lenin considerasse più disciplinati gli operai che gli intellettuali del partito, senza rendersi conto ch'era proprio la fabbrica, il lavoro collettivo, a renderli tali. Se vogliono preparare la rivoluzione, gli intellettuali non possono lavorare in fabbrica: devono autodisciplinarsi, conducendo una vita molto austera, in cui sono disposti ad affrontare qualunque sacrificio, incluso il carcere, le torture, la pena di morte. Per ottenere questo devono necessariamente vincere le loro tendenze anarcoidi e piccolo-borghesi, connaturate alla loro classe sociale. Tuttavia sono gli intellettuali che devono indurre gli operai a guardare il sistema sociale in generale, in cui il lavoro in fabbrica trova il suo significato.

Lenin aveva bisogno di un partito disciplinato, che, al momento opportuno, scattasse come una molla in tutti i suoi tentacoli. Non sopportava atteggiamenti individualistici, né che una minoranza ostacolasse il lavoro della maggioranza del partito. Il partito non poteva essere una semplice palestra di opinioni, ma doveva prendere decisioni politiche d'importanza tattica e strategica.

Rosa non riusciva a capire la differenza tra situazione pre-rivoluzionaria e post-rivoluzionaria. Per preparare la conquista del potere ci vuole un partito che assomigli a un esercito, pronto a sostenere una guerra civile, se necessario. Non si può perdere troppo tempo a discutere di "princìpi generali". Un intellettuale "organico" non può essere un filosofo. Posto l'obiettivo finale, tutto il resto è *tattica*. E in questo Lenin era un genio assoluto. Il nemico non doveva neppure conoscere la *strategia* che decide le forme della tattica.

Per questo motivo il partito non può svolgere soltanto un'azione legale o pubblica: deve anche darsi alla macchia, agire nella clandestinità, compiere azioni giudicate "illegali" dal governo in carica. Un partito rivoluzionario non può considerare la democrazia professata dal governo come un qualcosa che, al limite, potrebbe anche essere accettato. Tutto quello che compie il governo va sempre considerato come potenzialmente pericoloso, a meno che non sia costretto a compierlo sotto la pressione del movimento rivoluzionario. Ma anche in questo caso bisogna sempre essere sospettosi, in quanto un qualunque governo borghese farà sempre di tutto per approfittare di una determinata situazione favorevole e rimangiarsi la parola data, negando le concessioni fatte.

Bisogna sempre fare distinzione tra la forma (che può apparire "democratica") e la sostanza. Un governo borghese fa gli interessi della borghesia, soprattutto della grande borghesia. Come tale, esso è un nemico irriducibile degli operai e dei contadini, di chi vive senza sfruttare il lavoro altrui. Non si possono avere dubbi di sorta su questo. Si può trattare con un governo del genere per avere dei diritti in più: in tal senso è giusto partecipare al *parlamentarismo*, nazionale, locale o regionale. Ma non si può mai dimenticare che l'obiettivo finale è quello di rovesciare qualunque governo borghese e di sostituire il parlamento con la *democrazia diretta*, che ponga fine alla proprietà privata dei principali mezzi produttivi, poiché è questo tipo di proprietà la radice di tutti i mali della società. L'obiettivo è quello di creare una società completamente diversa da quella che si vuole abbattere.

Tutto quanto afferma Rosa va bene per una società "già" rivoluzionata, che non ha bisogno di assumere atteggiamenti militarizzati per poter esistere e svilupparsi. È molto grave che si faccia confusione tra i due momenti della transizione socialista. Non ha alcun senso contrapporre la disciplina del partito all'autodisciplina del proletariato. La disciplina non è la pretesa di un partito verticistico di intellettuali, che si serve di un proletariato, per lo più inconsapevole, istintivo, come di un braccio armato, che deve eseguire ordini calati dall'alto, senza discutere.

Nella tattica leninista la disciplina doveva soltanto servire per evitare che le varie componenti del movimento agissero autonomamente, senza preavvisare gli organi direttivi. La rivoluzione è una condizione di vita molto particolare. Tutte le forze a disposizione devono essere perfettamente coordinate, poiché, quando verrà dato il via all'insurrezione, si dovranno muovere contemporaneamente, all'unisono, onde impedire al nemico di concentrare tutte le proprie forze e risorse in un unico punto. La rivoluzione è uno stato di guerra in cui questa non è stata ancora esplicitamente dichiarata.

Quando si proclama la conquista del potere, la rivoluzione si trasforma in insurrezione, che generalmente è di carattere nazionale. A sua volta l'insurrezione può trasformarsi in guerra civile, se il sistema non vuole crollare. Tutto ciò non potrebbe essere realizzato o sostenuto usando il solo strumento della disciplina: ci vuole anche l'*autodisciplina*. Rivoluzioni, insurrezioni, guerre civili non possono essere fatte senza una partecipazione cosciente e volontaria della popolazione. Certo, sono esistiti dei capi militari, come Napoleone, Alessandro Magno, Gengis Khan..., che chiedevano ai propri militari di obbedire senza discutere, ma quanto tempo sono durati i loro imperi? Se si vuole che una rivoluzione duri nel tempo, occorre che sia *popolare*. Non basta la disciplina di tipo *militare*, ci vuole anche l'autodisciplina *etica*.

Leninismo e stalinismo

Al tempo di Lenin, prima del 1917, l'illusione che la rivoluzione proletaria potesse compiersi solo dopo l'esaurimento della forza propulsiva della democrazia borghese era una caratteristica di tutto il socialismo europeo, occidentale e orientale. Essa proveniva da due fattori concomitanti: le grandi rivoluzioni borghesi (in Olanda, Inghilterra, Stati Uniti e Francia) con cui era stato spazzato via il potere aristocratico e clerico-feudale, e ridotto di molto quello monarchico; inoltre vi era stata la grande rivoluzione industriale, con cui s'era trasformata completamente la vita sociale.

Se a questi due fattori si aggiunge il fatto che né la classe contadina né quella operaia erano riuscite a opporre una resistenza significativa, si può comprendere il motivo per cui le idee del socialismo erano portate avanti da leader sostanzialmente riformisti. Il riformismo, in seno al socialismo scientifico, nasce dopo il fallimento delle rivoluzioni del 1848 e trova la sua più completa espressione nel tradimento della II Internazionale, che, votando a favore dei crediti richiesti dalle forze militari, contribuì a far scoppiare la I guerra mondiale. Il socialismo riformistico si mise dalla parte delle rispettive borghesie nazionali, che avevano ambizioni imperialistiche, nessuna esclusa.

Che questo tipo di socialismo esistesse anche in Russia è attestato dalle due rivoluzioni borghesi, compiute nel 1905 e nel febbraio 1917. In nessuna delle due, pur con tutto l'appoggio della classe operaia e contadina, si riuscì ad andare oltre le rivendicazioni tipiche della borghesia. La Russia appariva più rivoluzionaria semplicemente perché si era avviata tardi sulla strada dello sviluppo capitalistico.

L'unico leader che pensava fosse giunto il momento di passare dalla rivoluzione borghese a quella proletaria, superando la fase dello sviluppo progressivo dell'industrializzazione in tutta la Russia, fu Lenin. Secondo lui questa fase avrebbe potuto essere gestita dallo stesso partito comunista al potere: "socialismo più elettrificazione", questo era il suo slogan l'indomani dell'Ottobre. Lenin credeva che la rivoluzione industriale sarebbe stata possibile anche nel caso in cui fosse stata gestita da una transizione socialista. Anzi, era convinto che, in virtù della pianificazione statale, l'industrializzazione non avrebbe procurato quelle immani sofferenze che avevano caratterizzato non solo l'Europa occidentale, ma anche tutti quei Paesi colonizzati dall'occidente in Africa, Asia e America Latina. La Russia comunista non voleva essere un Paese imperialista, anzi, vedeva con favore l'autodeterminazione dei popoli.

Perché tutto questo non ha potuto realizzarsi secondo i piani di Lenin? Cioè perché l'industrializzazione ha provocato immani disastri nella stessa Russia? Era un progetto utopistico, oggettivamente irrealizzabile, associare l'industrializzazione alla democrazia e al socialismo dal volto umano, o è forse venuto meno il fattore soggettivo? Oppure il fattore soggettivo (lo stalinismo) ha rivelato tutti i suoi limiti proprio perché il progetto era utopistico? Lo stalinismo va interpretato come una deviazione soggettivistica del leninismo o come una sua inevitabile conseguenza? Le cose sarebbero forse potute andare diversamente, se Lenin fosse vissuto altri 30 anni, oppure, posti determinati fattori, lo stalinismo, con la sua industrializzazione forzata, calata dall'alto, era inevitabile?

Cos'è che non ha funzionato nel socialismo impostato da Lenin? Molto probabilmente il fattore principale che ha reso inevitabile lo stalinismo è stata la pianificazione organizzata dallo Stato (cosa che sarebbe avvenuta anche se avesse vinto Trotsky nel suo confronto con Stalin). In sostanza, invece di porre le premesse per una progressiva *estinzione* dello Stato, si fece esattamente il contrario. In tale maniera, tutto lo sviluppo sociale assunse un carattere "forzoso", dalla collettivizzazione della terra alla priorità concessa all'industrializzazione pesante.

Per avere gli stessi risultati raggiunti in Europa occidentale nel corso di qualche secolo, lo stalinismo fu costretto, nel giro di pochi decenni, a usare il pugno di ferro. Doveva essere la politica dello Stato a fare crescere l'economia della società sulla base della rivoluzione industriale che la borghesia aveva compiuto in Europa occidentale. In questa maniera però si formarono nuove contraddizioni sociali, che alla lunga si rivelarono fatali. Gli intellettuali del partito e i funzionari dello Stato vennero visti come una classe privilegiata, che viveva sulle spalle dei contadini e degli operai. Tutta la società doveva prendere ordini dall'alto. Con la borghesia era scomparso anche il mercato.

Lenin non sarebbe mai stato così categorico. Già con la sua NEP aveva accettato di permettere ai contadini, entro certi limiti, uno stile di vita borghese, proprio perché sapeva che la Russia era un Paese molto arretrato. Egli tuttavia era consapevole che una soluzione del genere avrebbe potuto implicare la rinascita del capitalismo, che per lui voleva dire "individualismo" e, soprattutto, come per i classici del marxismo, "sfruttamento del lavoro altrui". Dunque come si sarebbe potuto risolvere il problema di uno sviluppo industriale gestito interamente dallo Stato? Come si sarebbe potuto impedire alle nazioni capitalistiche, molto più forti militarmente, di occupare la Russia?

Anzitutto bisogna dire che, finita la guerra mondiale, le nazioni capitalistiche cercarono di appoggiare la controrivoluzione interna alla Russia, e provarono anche a inviare propri contingenti armati. Eppure i bolscevichi ebbero la meglio su tutti. Cioè la Russia comunista riuscì a trionfare anche in una condizione di debolezza economica e militare rispetto agli avversari. Cos'è che la fece vincere? Fu *l'unità del popolo lavoratore*. Fu quella unità di cui poi lo Stato stalinista credeva d'essere l'unico titolato a rappresentare. Lo stalinismo cioè non permise alla società di rappresentare se stessa, di autorappresentarsi. Divenne uno Stato centralista e autoritario in tempo di pacificazione nazionale. Lo Stato non si fidava della società. Invece di favorire una progressiva autonomia, riducendo i propri poteri, fece esattamente il contrario, finché poi tutto collassò per mancanza di libertà.

Ma cosa vuol dire dare più potere alla società? Vuol dire favorire le *autonomie locali*, che devono essere messe in grado di *autogestire la proprietà comune dei mezzi produttivi*. Lo Stato deve progressivamente scomparire, poiché anch'esso è uno strumento inventato dalla borghesia. Che la proprietà dei mezzi produttivi sia privata o nazionalizzata non cambia nulla, se si tiene in piedi lo Stato, che è un ente, per sua natura, astratto, cioè privo di personalità e di responsabilità personale, parassitario, burocratico, tendenzialmente arbitrario... Bisognava porre la società civile nella condizione di poter fare a meno di direttive piovute dall'alto, che inevitabilmente avrebbero avuto la caratteristica d'essere assistenzialistiche, paternalistiche, se non addirittura dittatoriali.

Lo stalinismo è fallito semplicemente perché era *statalistico*, non perché non venne permesso alla borghesia di svilupparsi. Che la borghesia si sviluppi o meno, questa è una concessione o una decisione che deve prendere la società nel suo insieme, non lo Stato. Una volta fatta la rivoluzione politica, bisognava lasciare alla società il diritto di proseguirla sul piano sociale ed economico. Lo stalinismo e il periodo della stagnazione ad esso successivo hanno sempre manifestato una profonda sfiducia nei confronti della società. Non hanno permesso alla società di affrontare in autonomia i propri problemi, di correggere i propri errori.

La stessa decisione, presa dal partito comunista, di favorire una industrializzazione sul modello di quella capitalistica, partendo da quella più pesante (la produzione dei mezzi di produzione) doveva essere presa e gestita dalla società, sulla base delle autonomie locali, a prescindere dagli obiettivi faraonici dei cosiddetti "piani quinquennali", con cui si voleva dimostrare che il socialismo non era da meno del capitalismo sul piano del prodotto interno lordo.

La stessa idea di nazionalizzare o statalizzare i mezzi produttivi, come la terra, l'industria, i trasporti, le miniere, le banche..., doveva essere declinata sul piano sociale, permettendo alle autonomie locali di gestire democraticamente ed ecologicamente le proprie risorse territoriali. Non può essere uno Stato centralizzato e autoritario a decidere tutto per tutti. Se si affida allo Stato il compito di gestire lo sviluppo sociale ed economico, inevitabilmente esso tenderà a semplificare le cose, a non vedere la complessità dei problemi, a imporre una pianificazione astratta, indipendente dalle specificità locali. Lo stalinismo impose la collettivizzazione della terra per favorire una industrializzazione forzata, sotto il pretesto che la Russia poteva essere attaccata dalle nazioni capitalistiche.

Tuttavia, chiunque sostenga che lo stalinismo andava abbattuto perché non permise lo sviluppo della borghesia e del mercato, mostrerebbe soltanto di non aver capito nulla del socialismo democratico. Che la proprietà privata dei principali mezzi produttivi andasse abolita, non ci piove. Senza questa abolizione non si può in alcun modo parlare di socialismo. Il vero problema, quello che lo stalinismo non è stato capace di risolvere, è come gestire la proprietà comune. Infatti è solo la comunità locale che può decidere come soddisfare i propri bisogni economici, ovvero che mezzi di lavoro darsi. Nessun altro può farlo al suo posto. Deve essere la comunità locale a stabilire se il proprio sviluppo economico deve dipendere anzitutto dallo sviluppo dell'industrializzazione o da qualcos'altro. Deve essere lei a stabilire se davvero la priorità fondamentale è quella di assicurare uno sviluppo economico. Deve essere lei a stabilire le modalità in cui la propria esistenza è compatibile con le esigenze riproduttive della natura. Nessuno meglio di lei può sapere come utilizzare le risorse naturali del proprio territorio.

L'umanità ci mette così tanto tempo a capire come affrontare i suoi problemi proprio perché si aspetta sempre delle soluzioni dall'alto. Che in alto vi sia Dio o la Chiesa o lo Stato o il Partito o il Mercato o la Scienza e la Tecnologia, non cambia assolutamente nulla. Noi dobbiamo sentirci dipendenti soltanto dalla natura e dalla comunità locale in cui viviamo.

La tragedia russa

La tragedia russa è un opuscolo scritto da Rosa nell'estate del 1918, mentre era in carcere a Breslau sin dal 1916, quale oppositrice della partecipazione tedesca alla guerra mondiale. Fu pubblicato anonimo nella rivista "Spartacus". Il partito comunista tedesco non era ancora stato fondato: poté farlo, insieme ad altri compagni, solo dopo essere uscita dal carcere, a guerra finita, ma sarà troppo tardi per fare una rivoluzione. Rosa si sentiva piuttosto isolata, anche perché vedeva che sugli spartachisti cominciava a esercitare una notevole influenza la rivoluzione bolscevica. La Russia socialista stava diventando un modello da imitare.

Anche in questo suo breve intervento, dedicato alla rivoluzione bolscevica, Rosa mostra di non riuscire a comprendere le questioni essenziali. I critici dicono che non aveva sufficienti informazioni, in quanto in carcere poteva leggere solo la stampa tedesca. Ma allora – ci si può chiedere – perché azzardare giudizi così categoricamente negativi di quella rivoluzione? Bisogna dire che appare netta l'impressione di una certa "invidia", da parte dei marxisti tedeschi, che fino al 4 agosto 1914 erano stati i più importanti al mondo, nei confronti del fatto che nella Russia arretrata si erano compiute, dal 1905 al 1917, ben tre rivoluzioni popolari, di cui due borghesi e una proletaria. Infatti, nella Germania avanzata, sul piano economico e politico, ci si era dovuti accontentare di riforme molto circoscritte, che non solo non lasciavano ipotizzare alcun processo rivoluzionario, ma venivano addirittura usate dai riformisti per escludere la necessità di qualunque rivoluzione.

Ecco perché in Germania i marxisti più radicali, quelli che la rivoluzione avrebbero voluto farla, erano convinti che senza l'aiuto del proletariato tedesco, quello russo sarebbe stato sconfitto dal capitalismo occidentale. Come se il proletariato tedesco fosse, di per sé, migliore di quello russo! Solo perché la Germania appariva economicamente e politicamente più avanzata della Russia![47] Rosa è sempre stata convinta che i

---

[47] Oggi bisognerebbe dire che la sconfitta del cosiddetto "socialismo reale" in Russia non dipese affatto dal principio stalinista del "socialismo in un solo Paese", ma semplicemente dal fatto che l'idea di un "socialismo statale" è una contraddizione in termini. Nessun Paese al mondo ha saputo trovare un'alternativa a questa forma di socialismo restando nell'ambito del socialismo. Il socialismo cinese è mercantilistico sul piano economico e statalistico su quello politico. Finché resta in auge lo Stato è impossibile parlare di socialismo e tanto meno di comunismo. L'idea di uno "Stato di tutto il popolo", che si aveva nel periodo della stagnazione post-stalinista in Urss, era una mistificazione della dittatura effettiva. Si è così potuto constatare che il peggior nemico del socialismo, sia esso riformista o statalista, non è tanto il capitalismo, quanto il tradimento delle idee originarie di tale socialismo.

bolscevichi avessero un consenso molto limitato tra le masse e che senza l'aiuto di altri partiti non ce l'avrebbero mai fatta a conquistare il potere o a mantenerlo.

La sua intenzione, quella d'indurre il proletariato tedesco a compiere una rivoluzione allo scopo di permettere alla rivoluzione russa di sopravvivere, era un'intenzione ingenua. È impossibile fare delle rivoluzioni in casa propria solo per aiutare chi l'ha già fatta in un'altra casa. Naturalmente questa sua modalità psicologistica doveva servire anche per svegliare dal suo torpore, dalla sua troppo lunga passività, la dirigenza socialdemocratica tedesca, colta del tutto di sorpresa dalla incredibile dinamicità degli eventi accaduti in Russia.

La pace di Brest-Litovsk

Vediamo ora come Rosa interpreta la pace di Brest-Litowsk. Apparentemente sembra comprendere le motivazioni ad essa sottese: la Russia bolscevica volle por fine, in maniera unilaterale, alla guerra contro la Germania per poter consolidare al proprio interno la dittatura proletaria, e questo anche a condizione di dover concedere alla Germania ingenti porzioni del proprio territorio.

Ma poi, sulla base di un ragionamento che fa acqua da tutte le parti, si rifiuta di accettare tali motivazioni. Secondo lei, infatti, proprio quella pace sarebbe stata "una capitolazione del proletariato rivoluzionario russo davanti all'imperialismo tedesco". La considerava una scelta sbagliata, in quanto, se i bolscevichi speravano in una rivoluzione proletaria tedesca, in quella maniera unilaterale non avevano fatto altro che ritardarla, offrendo molti più poteri all'imperialismo prussiano.

In altre parole, invece di rivolgere la critica al socialismo euro-occidentale di non essere stato capace d'impedire lo scoppio della guerra, oppure, una volta esplosa, di non averla saputa trasformare in una guerra civile contro i rispettivi governi nazionali della borghesia, preferisce rivolgere le sue critiche a chi invece in Russia era riuscito a realizzare tutti i propri obiettivi rivoluzionari. Anzi, ritiene che la pace tra Russia e Germania renderà ancora più difficile la rivoluzione del proletariato tedesco!

Qui non si tratta solo del fatto che Rosa – come dicono molti marxisti – aveva scarse conoscenze della Russia[48], ma proprio del fatto

---

[48] Nel testo *Un passo avanti e due indietro* Lenin scrive di Rosa "ignora del tutto i fatti concreti della nostra lotta di partito". Cioè non sapeva come si era formata la maggioranza bolscevica! Sicché è costretto a riscrivere, per sommi capi, tutta la storia del suo partito.

che la sua impostazione di fondo della strategia rivoluzionaria era completamente sbagliata. Si comporta come una figlia che, detestando l'arroganza del padre, attribuisce l'incapacità di resistergli al carattere remissivo delle persone con cui il padre fa affari. Invece di fare autocritica, si mette a criticare le persone sbagliate, anche perché, nel corso del conflitto mondiale, i bolscevichi non si erano mai comportati in maniera remissiva, anzi, erano stati gli unici ad avere il coraggio di compiere una rivoluzione politica.

Stando al ragionamento di Rosa, i bolscevichi avrebbero dovuto aspettare la fine della guerra, quando le potenze in causa avrebbero dovuto patteggiare le condizioni della pace. Tuttavia si è visto come andò a finire. In nessun Paese europeo, né in quelli vincitori della guerra né in quelli usciti sconfitti, si riuscì a realizzare una rivoluzione minimamente paragonabile a quella russa.

Rosa non comprese che Lenin aveva già considerato i dirigenti della socialdemocrazia tedesca dei "traditori", per cui non si aspettava da loro alcuna rivoluzione. Questa poteva venir fuori solo dalla "sinistra" della II Internazionale, che però in quel momento era ancora troppo debole.

A volte si ha l'impressione che Rosa volesse che la Russia continuasse la guerra contro la Germania solo per dare il tempo sufficiente, alla "sinistra spartachista", di organizzazione la propria rivoluzione in Germania. Cos'era, questo, se non un calcolo machiavellico? Forse Rosa sperava che, continuando a far la guerra, la Germania, attaccata da entrambi i fronti, avrebbe avuto più possibilità di perderla, facendo così aumentare alla sinistra spartachista le possibilità di una vittoria della rivoluzione proletaria? Come procedettero invece le cose? La Germania perse la guerra, il kaiser dovette fuggire, l'impero prussiano crollò e il proletariato non riuscì a compiere alcuna rivoluzione (mentre quello russo si tenne in piedi da solo).

Che avrebbe detto Rosa se la Germania avesse vinto la guerra? Sarebbero aumentate o diminuite, nel proletariato, le ragioni per far scoppiare la guerra civile? Non sarebbe stato meglio chiedersi il motivo per cui il proletariato tedesco non era stato capace di approfittare della guerra per compiere la rivoluzione, come aveva fatto quello russo? Non sarebbe stato meglio non allinearsi con quel socialismo imborghesito che accusava Lenin di fare maneggi col kaiser sin dal momento in cui aveva deciso di rientrare in Russia usando un treno tedesco?

Lenin era un politico che voleva assolutamente superare il capitalismo in direzione del socialismo. La pace di Brest-Litovsk fu stipulata non solo per avere – come dice Rosa – "un attimo di respiro", ma anche perché si era convinti che la Germania avrebbe perso la guerra. Come poteva Lenin essere sicuro di questo? Lenin era sicuro solo di una cosa, che la Germania non avrebbe potuto vincerla, neanche dopo la capitolazione della Russia. La guerra di trincea, infatti, la teneva bloccata ai confini con la Francia, e in Europa erano entrate, a fianco dell'Intesa, imponenti forze americane. La Germania non disponeva di ingenti risorse umane e materiali per continuare la guerra ancora per molto tempo. Non essendo riuscita a sfondare in Francia, non avrebbe avuto alcuna possibilità di successo se in Europa fossero sbarcate le truppe anglo-americane. Semmai i bolscevichi temevano un'altra cosa, che i paesi capitalisti, finita la guerra, si coalizzassero tra loro per attaccare la Russia e spartirsi il suo territorio. Come poi puntualmente avvenne, seppur non in maniera ufficiale.

Le argomentazioni di Rosa avrebbero potuto pescare nel vero solo se la Prussia si fosse trovata in guerra unicamente contro la Russia. Tuttavia la Germania ha sempre considerato la Francia come il suo peggior nemico. I Sassoni hanno un conto da regolare coi francesi sin dal tempo di Carlo Magno, ch'era penetrato nei loro territori per cattolicizzarli con la forza, imponendo il regime feudale. Anche per tutto il Medioevo i tedeschi non riuscirono mai a imporsi in Europa, proprio perché i Franchi, uniti col papato, glielo impedirono. Con la guerra dei Trent'anni (1618-48) la Francia fece capire chiaramente a tutti chi era lo Stato più forte nell'Europa continentale. L'unica vittoria di rilievo che la Germania ottenne sulla Francia fu quando si costituì come nazione nel 1870-71, sferrandole un attacco vittorioso a Sedan. Quella fu anche l'occasione in cui la Prussia si trasformò da regno a impero. Tale supremazia durò sino alla I guerra mondiale, ma senza che ciò comportasse per la Germania l'acquisizione di un vasto e potente impero coloniale. Di fatto la Germania era un "impero" solo sulla carta: rispetto a ciò che di coloniale possedevano Francia, Regno Unito e Stati Uniti, la Germania non aveva che le briciole. Di qui la necessità di far scoppiare un conflitto che rimettesse in discussione la ripartizione del pianeta.

Il vero obiettivo della Germania è sempre stato uno solo: conquistare la Russia. Per fare ciò non avrebbe avuto bisogno di una imponente flotta navale. Quando i nazisti vollero occupare la Francia, fu solo a titolo dimostrativo, per vendicare le offese ricevute col Trattato di Versailles, ma il vero obiettivo restava uno solo: come occupare la Russia e poter avere un serbatoio di risorse naturali da sfruttare per un tempo illimitato. Se la Germania fosse riuscita nel suo intento, la Francia non avrebbe più potuto dire d'essere la nazione più forte dell'Europa continentale, e la storia avrebbe compiuto un percorso molto diverso.

Rosa era convinta che con la pace di Brest-Litovsk la rivoluzione bolscevica avesse le ore contate. Non aveva capito che il *Decreto sulla pace* era sostenuto da un *Decreto* ancora più importante: quello *sulla ter-ra*. Una volta ricevuta gratuitamente la terra, i contadini non avrebbero mai permesso a una potenza straniera di dominarli, anche se non si fosse-ro dichiarati bolscevichi.

Rosa aveva completamente sottovalutato il fatto che la rivoluzio-ne bolscevica fu davvero un'azione popolare, un evento epocale per i de-stini di un'intera nazione. Per la prima volta nella storia i contadini riusci-vano a essere padroni della terra che fino a poco tempo prima lavoravano come servi. Come pensare che non l'avrebbero difesa in tutte le maniere? Se anche la guerra mondiale fosse proseguita, sarebbero stati gli stessi contadini a pretendere dal governo che venissero cacciati i tedeschi dai territori che avevano ottenuto con la pace di Brest-Litovsk. L'avrebbero preteso anche se la guerra fosse stata vinta dalla Germania. Infatti si sa-rebbero accorti subito che la Germania avrebbero gestito i territori russi come delle colonie.

I bolscevichi dovevano soltanto rispettare le promesse fatte nelle loro campagne elettorali: pace unilaterale con la Germania, ovvero uscita immediata dalla guerra, dimostrando che non avevano ambizioni impe-rialistiche, anzi, denunciando quelle degli altri Paesi, stipulati con dei trattati segreti; e terra consegnata in proprietà ai contadini a titolo gratui-to, senza pagare alcun riscatto o indennizzo ai grandi proprietari aristo-cratici (laici ed ecclesiastici), coi loro immensi latifondi. Di fronte a due obiettivi del genere, anche chi non era ideologicamente bolscevico, avrebbe appoggiato il governo. E i contadini si sarebbero ribellati come "popolo", come popolo affamato di terra.

Con la pace di Brest-Litovsk e col *Decreto sulla terra* Lenin riu-scì anche a dimostrare la grande differenza tra bolscevichi e socialisti ri-voluzionari, cioè tra gli interessi di un proletariato agricolo privo di tutto, che dalla rivoluzione ottenne tutto, e gli interessi dei contadini già pro-prietari, che dalla rivoluzione non potevano ottenere più di quanto non avessero già. I contadini poveri (in sostanza i braccianti, i salariati agri-coli, i mezzadri ecc.) ottennero dalla rivoluzione le terre espropriate alla Corona, alla Chiesa, alla nobiltà parassitaria. Ma i contadini imborghesi-ti, quelli che già potevano disporre di vaste proprietà, con cui produrre derrate alimentari per i mercati urbani, di cui il proletariato industriale era il principale acquirente, non erano stati toccati dalla rivoluzione. I co-siddetti "kulaki" verranno distrutti come classe sociale soltanto sotto lo stalinismo.

Rivoluzione bolscevica e spartachista

Rosa fa un altro curioso ragionamento, piuttosto arbitrario. Osservava, giustamente, che la rivoluzione russa è nata sulla base dell'alleanza tra bolscevichi e socialisti rivoluzionari di sinistra.[49] Ebbene, dopo la pace di Brest-Litovsk furono proprio questi ultimi a reagire in maniera tale da mettere in discussione quella alleanza. Siccome la ritenevano eccessivamente penalizzante per la Russia, assassinarono a Mosca l'ambasciatore tedesco, il conte Wilhelm Mirbach, e subito dopo a Kiev il Governatore militare dell'Ucraina Hermann von Eichhorn. Si erano comportati in maniera tale da indurre la Germania a dichiarare nuovamente guerra alla Russia.

Ora, da tale vicenda quale conclusione trae Rosa? 1) Che la reazione dei socialisti rivoluzionari di sinistra era stata "comprensibile"; 2) che i bolscevichi finirono con l'allearsi coi tedeschi contro i loro stessi alleati rivoluzionari.

Perché fa un ragionamento così fuori luogo? Il motivo è che vuol far passare la rivoluzione bolscevica come qualcosa non proprio "popolare", bensì fondamentale "settaria". Infatti, avendo sempre giudicato negativamente la strategia centralistica di Lenin, era arrivata alla conclusione che se davvero la rivoluzione avesse avuto un carattere popolare, i bolscevichi non avrebbero avuto paura di continuare la guerra con la Germania. Cioè Rosa voleva che i russi sfiancassero il più possibile i tedeschi, al fine di agevolare la conquista del potere da parte del proletariato organizzato intorno al partito spartachista. Quando si rese conto che, con la pace di Brest-Litovsk, il suo piano andava in fumo, cominciò a trarre la conclusione che la rivoluzione russa aveva le caratteristiche del colpo di stato o di palazzo, per cui i bolscevichi, pur di restare al potere, sarebbero stati disposti a qualunque compromesso coi loro principali nemici, i tedeschi.

Praticamente stava accusando i bolscevichi d'essere cinici. E quasi si compiaceva all'idea che il loro governo, che aveva compiuto una rivoluzione giudicata "settaria", fosse destinato a rientrare nella guerra (anche perché la Russia veniva ad essere attaccata, da parte dell'Intesa, sia a nord che a est). Al cospetto di attacchi militari del genere, i bolscevichi – secondo il ragionamento di Rosa – avrebbero avuto solo due possibilità: o rientrare in guerra contro tutte le forze imperialistiche, oppure stringere un vergognoso patto d'acciaio con l'imperialismo tedesco.

Tuttavia, lo svolgimento degli eventi smentì completamente le

---

[49] I socialisti rivoluzionari di sinistra si separarono nell'ottobre 1917 dai socialisti rivoluzionari perché volevano, come i bolscevichi, la pace immediata e la confisca, altrettanto immediata, dei grandi latifondi per redistribuirli ai piccoli contadini, senza aspettare la convocazione dell'Assemblea Costituente. Per questa ragione si unirono ai bolscevichi nel compiere la rivoluzione.

soluzioni prospettate da Rosa. Infatti, i bolscevichi seppero mobilitare l'intera massa dei contadini contro gli interventisti stranieri, e non ebbero bisogno di fare alcuna alleanza coi tedeschi, ma, al contrario, finita la guerra, si ripresero tutti i territori ceduti con la pace di Brest-Litovsk. I bolscevichi non furono affatto campioni di cinismo, ma degli autentici rivoluzionari. Semmai furono i socialisti rivoluzionari di sinistra a dimostrare che stavano difendendo degli interessi di parte, non autenticamente popolari.

Rosa non era affatto una che non avesse notizie sufficienti per capire la strategia di Lenin e dei bolscevichi. Piuttosto era come impossibilitata a capire obiettivamente le cose. È probabile che ciò fosse dovuto al fatto ch'essa non era mai riuscita a costruire un proprio movimento vicino alle esigenze degli strati più poveri della sua Polonia e della sua Germania. Nell'ambito del socialismo marxista Rosa si muoveva come un soggetto piccolo-borghese, cioè radicale a parole, ma opportunista nei fatti (o comunque inconcludente).

Paventare una possibile alleanza tra bolscevichi e militarismo tedesco era come fare una volgare insinuazione. Quindi semmai era proprio Rosa a mettersi dalla parte degli imperialisti tedeschi! Le sue idee rivoluzionarie collimavano perfettamente, in quel momento, con quelle dei socialisti rivoluzionari di sinistra. La sua previsione era che i bolscevichi, se avessero fatto una "lega" coi tedeschi, sarebbero scomparsi facilmente di scena. Invece furono proprio i socialisti rivoluzionari di sinistra che intorno al 1922 chiusero i battenti.

Rosa, tuttavia, vuole tutelarsi dall'eventuale accusa che, leggendo questo suo pamphlet, qualcuno potesse dirle che stava dalla parte sbagliata. E così lo conclude dicendo che se i dirigenti della socialdemocrazia tedesca non fossero stati dei "rammolliti", oggi non avremmo dei bolscevichi "indotti" a fare alleanze coi militaristi tedeschi. Rosa non voleva che le proprie considerazioni critiche venissero equiparate alla "saggezza da eunuchi" dei vari Bernstein, Kautsky, Ströbel. Eppure, a prescindere dalle sue intenzioni, esse lo erano oggettivamente. Nella sostanza le posizioni non erano molto diverse.

Rosa si sforzava di precisare che per fare una rivoluzione comunista non c'è bisogno di aspettare il pieno sviluppo capitalistico di una nazione, come invece dicevano i leader riformisti del socialismo tedesco. Secondo lei avevano fatto bene i bolscevichi a tentare una rivoluzione in un Paese arretrato come la Russia. Nondimeno essa era convinta che senza l'apporto del proletariato tedesco, quella rivoluzione avrebbe avuto il fiato corto. Anche su questo però le previsioni furono completamente sbagliate. Ed è assurdo che qualcuno oggi sostenga che Rosa avesse ragione, alla luce dell'implosione del cosiddetto "socialismo reale".

Il socialismo statale non è fallito perché Lenin aveva torto a sostenere che non era necessario aspettare uno sviluppo capitalistico nel Paese prima di compiere la rivoluzione, ma semplicemente perché gli si volle dare una configurazione nettamente "statalistica", cioè si voleva che la società fosse completamente amministrata dall'alto.

In realtà Rosa avrebbe dovuto porsi un'altra domanda, ben più impegnativa, e cioè come mai in un Paese capitalisticamente avanzato come la Germania il riformismo dei dirigenti politici socialisti non incontrò mai alcuna seria resistenza da parte delle masse proletarie? Non sarebbe stato più semplice attribuire al progresso economico della borghesia l'atteggiamento rinunciatario verso la rivoluzione da parte del proletariato (europeo, non solo tedesco) e dei suoi dirigenti? Perché, invece di limitarsi a fare autocritica, Rosa si era messa a contestare l'unico esperimento autenticamente popolare che faceva della "povertà assoluta" la molla scatenante di un risoluto riscatto sociale?

La rivoluzione russa

La rivoluzione russa fu pubblicato postumo da Paul Levi nel dicembre 1921, ma era stato scritto prima del 20 ottobre 1918 per criticare l'operato dei bolscevichi al governo. Rimase incompiuto, a motivo delle vicende che scoppiarono in Germania dopo la fine della guerra. Nella sua Prefazione, Levi polemizza duramente contro Lenin e Trotsky, cioè usava gli scritti di Rosa per liquidare la III Internazionale.

Le questioni affrontate sono tre: quella agraria, l'autodeterminazione dei popoli e il terrore. Pochi mesi prima di morire, mentre era intenta a costruire il partito comunista, cambiò il giudizio espresso sull'ultima questione, ma per lei ormai era troppo tardi.

Rosa esordisce ammettendo che la rivoluzione russa "è l'avvenimento più importante della guerra mondiale". E, senza giri di parole, critica i dirigenti socialisti tedeschi che avevano appoggiato il governo borghese di Kerenskij col pretesto ch'esso, una volta eliminata l'autocrazia zarista, avrebbe potuto liberare tutti i popoli da essa soggiogati, senza aver bisogno di finire in una guerra civile.

Rosa si era resa conto, vedendo l'alto livello delle riforme e degli obiettivi dei bolscevichi, che il vero problema per loro non era tanto quello di abbattere l'autocrazia (cosa peraltro già avvenuta nella rivoluzione di Febbraio), quanto piuttosto quella di creare un'alternativa al capitalismo. Ecco perché contesta la teoria dei socialdemocratici tedeschi, con Kautsky in testa, secondo cui la Russia contadina non era ancora matura per la rivoluzione socialista. Tali socialisti appoggiavano i menscevichi russi, secondo cui sarebbe stata sufficiente una rivoluzione borghese.

Il fatto d'insistere così tanto sulle condizioni arretrate della Russia, tali per cui ci si sarebbe dovuti fermare alla rivoluzione borghese, portava i socialisti tedeschi a tradire il proprio proletariato e ad allearsi coi suoi nemici storici. Rosa, su questo, comincia a non nutrire più dubbi. Si era finalmente resa conto che, in ultima istanza, è l'*elemento soggettivo* che decide i destini di una rivoluzione, e in Germania questo elemento non esisteva, se non misura irrisoria.

Con sicurezza Rosa afferma che nel corso della guerra mondiale s'era rivelato immaturo non il proletariato russo, bensì quello tedesco, che aveva appoggiato esplicitamente gli interessi dell'imperialismo prussiano (ma arriva anche a dire che tutto il socialismo mondiale si era comportato in maniera incredibilmente passiva nei confronti della guerra). Tuttavia ciò non le impedisce di continuare a criticare la strategia bolscevica, come se questo suo compito fosse in quel momento ciò di cui il proletariato russo o tedesco, anzi europeo, avesse maggior bisogno. Che bisogno c'era di dire che senza l'apporto del proletariato internazionale, quello russo avrebbe compiuto un errore dietro l'altro? In quel momento la situazione appariva opposta a quella da lei descritta: erano i russi che insegnavano al socialismo mondiale come sfruttare l'occasione della guerra imperialistica. I primi ad aver fatto, nel corso della storia del genere umano, una insurrezione vittoriosa in senso socialistico erano stati loro e nessun altro.

Non è forse contraddittoria Rosa quando afferma che il proletariato tedesco avrebbe fatto la rivoluzione semplicemente per "emulare" quella russa? E le motivazioni interne, le condizioni opportune, favorevoli dove le mettiamo? Da un lato nega l'autonomia ai bolscevichi, quando dice che, per restare al potere, han bisogno dell'appoggio del proletariato internazionale; dall'altro rivendica la medesima autonomia per i comunisti tedeschi.

In compenso aveva capito una cosa, anzi due, di fondamentale importanza: "la strada non porta alla tattica rivoluzionaria attraverso la maggioranza parlamentare [strada perseguita senza successo dai socialisti tedeschi], ma alla maggioranza attraverso la tattica rivoluzionaria".[50] Anche se esagera subito dopo quando scrive che è stata la parola d'ordine "tutto il potere al proletariato e ai contadini dei soviet" per trasformare i bolscevichi "quasi in una notte da minoranza perseguitata, denigrata e 'illegale'... in padroni assoluti della situazione". Esagera proprio perché, nella realtà, il processo di acquisizione del consenso fu molto lungo e

---

[50] Da notare che questa frase fu tolta nella versione pubblicata da Paul Levi del 1922, avendo egli un obiettivo anticomunista.

complesso, molto più difficile di quello dei livellatori inglesi e dei giacobini francesi, le cui idee furono, secondo Rosa, ereditate dai bolscevichi: con ben altri risultati, si potrebbe aggiungere.

La seconda cosa che aveva capito è che quando si inizia un'azione rivoluzionaria, bisogna proseguirla sino in fondo, per non essere travolti in maniera disastrosa dalla controrivoluzione.

Bolscevismo e questione agraria

Nel cap. III della *Rivoluzione russa* viene affrontata la questione agraria. La critica è radicale: quanto hanno fatto i bolscevichi "non ha nulla in comune con l'economia socialista". Infatti, la terra (quella media e grande) andava nazionalizzata o statalizzata, immediatamente, poiché se i grandi latifondi nobiliari vengono redistribuiti in proprietà privata ai contadini nullatenenti, questi diventeranno la nuova borghesia nemica del socialismo. Solo il "campicello" poteva restare di proprietà del "piccolo contadino", il quale però avrebbe dovuto obbedire a una gestione cooperativistica (o collettivistica) della terra. Inoltre chiedeva che la produzione agricola fosse organizzata di concerto con quella industriale, senza privilegiare quest'ultima. E ciò bisognava farlo a partire da direttive del centro (cioè sulla base di una centralizzazione dei poteri statali). In sostanza non capiva che in questo modo il proletariato urbano e industrializzato non avrebbe mai avuto la classe contadina come alleata.

D'altra parte lei era convinta che dovessero essere gli operai ad aiutare i contadini a liberarsi dell'egemonia dei grandi agrari, senza per questo sentirsi impegnati a fare concessioni di natura piccolo-borghese. Né riteneva sensata l'idea di poter sfruttare la scarsa coscienza rivoluzionaria della classe contadina per tenere in piedi il governo comunista. Qualunque compromesso con tale classe avrebbe indebolito la purezza degli ideali rivoluzionari. Piuttosto sarebbe stato meglio che, a rivoluzione compiuta, al governo fossero andati i partiti risultati maggioritari nella Costituente, così si sarebbe potuto vedere meglio cosa sarebbero stati capaci di fare. Una qualunque dittatura del proletariato industriale, a fronte di una maggioranza così schiacciante di contadini piccoli proprietari, avrebbe avuto il fiato corto.

Rosa continuava a servirsi dell'idea di "maggioranza sociale o popolare", quando proprio la partecipazione in massa alla guerra imperialistica del 1914-18 stava ad indicare quanto fossero incredibilmente succubi le masse, prive di dirigenti autenticamente democratici e socialisti. Non capiva che in quella fase iniziale i bolscevichi, se avessero permesso ai menscevichi e ai socialisti-rivoluzionari di governare, la Russia avrebbe perso il confronto con l'interventismo straniero e sarebbe stata

195

inevitabilmente smembrata dagli Stati imperialistici. Quando essa sosteneva la parola d'ordine "Costituente e soviet" (al pari di Kamenev, Zino-
v'ev e Martov), voleva perpetuare il "dualismo di potere" ed evitare la
"dittatura del proletariato", e questo solo in attesa che scoppiasse la rivoluzione in Germania!

Ma c'è di peggio. Ammettiamo che le sue tesi fossero giuste.
Cosa avrebbe dovuto fare il partito bolscevico, dopo aver constatato il
fallimento della rivoluzione spartachista in Germania (e delle rivoluzioni
in Ungheria e in altre parti d'Europa)? Per tenere in piedi il potere, e per
evitare che l'isolamento internazionale portasse la Russia alla catastrofe,
all'accerchiamento dei Paesi capitalistici, a una loro possibile intesa militare in funzione anticomunista, come avrebbero dovuto comportarsi i
bolscevichi? Paradossalmente, nonostante lo stalinismo abbia rimosso le
opere di Rosa, si sarebbe dovuto giustificare, in nome del suo modo
schematico di vedere le cose, proprio il brusco passaggio dalla NEP di
Lenin alla collettivizzazione forzata di Stalin, che comportò milioni di
morti (1930-34).[51]

Invece sappiamo che per Lenin la collettivizzazione, pur essendo
giusta, non poteva essere forzata. La classe contadina si doveva convincere sulla base dell'esempio, osservando liberamente i vantaggi di una diversa gestione della terra. Il socialismo deve soltanto garantire che nessun contadino sia costretto a vendere la propria forza-lavoro per poter vivere. È giusto che tutti abbiano in proprietà la terra: solo col tempo si ca-
pirà che una gestione collettiva è migliore di una individuale o familiare.
Non ha alcun senso dare per scontato che il contadino povero, divenuto
padrone, gratuitamente, di un lotto di terra, sarà un acerrimo nemico del
socialismo. Com'è possibile ch'egli si dimentichi di una cosa del genere,
che in seimila anni di storia (schiavistica, feudale e capitalistica) non è
mai avvenuta in alcuna parte del pianeta?

I contadini russi non erano ancora pronti a una rivoluzione socialista vera e propria: non potevano accettare un'immediata collettivizzazione della terra. Essi vi erano arrivati profondamente influenzati dalle
idee del populismo e, successivamente, da quelle piccolo-borghesi dei
socialisti-rivoluzionari, il cui programma fu messo in atto da Lenin per
far capire che i bolscevichi non volevano imporre alcunché alla enorme
massa di contadini privi di proprietà. Per partecipare alla rivoluzione i

---

[51] I contadini colpiti dalla collettivizzazione forzata furono tra i 5 e i 10 milioni.
Le vittime della fame, negli anni 1932-33, furono tra i 4 e i 7,7 milioni. Il patri-
monio zootecnico del paese tornò nel 1940 ai livello del 1916. Solo nel 1940 la
produzione di grano recuperò i livelli del periodo della Nep. L'intera classe di
kulaki (contadini ricchi) fu liquidata.

contadini poveri chiedevano di espropriare la terra ai latifondisti e di redistribuirla in proprietà e in maniera equa, paritetica, responsabilizzando gli organi dei poteri locali. E fu così che i bolscevichi si comportarono, mettendo in secondo piano l'idea di realizzare una enorme produzione agricola attraverso l'introduzione della tecnologia avanzata nelle campagne e attraverso metodiche gestionali di tipo collettivistico. L'importante per loro era di non crearsi nuovi nemici in patria, tant'è che di fronte all'interventismo straniero i contadini non ebbero mai l'intenzione – diversamente da quanto temeva Rosa – di ostacolare il governo bolscevico. Anzi saranno proprio loro a difendere con le armi in mano le conquiste appena ottenute, e vinceranno ben undici Stati imperialisti, intenzioni a smembrare il grande territorio dell'ex-impero zarista.

Viceversa, secondo Rosa i "contadini ricchi e usurai", che a livello locale avevano già il potere politico, si sarebbero approfittati facilmente della redistribuzione gratuita della terra. Questa "massa enormemente accresciuta e forte di contadini possidenti" può diventare il nemico n. 1 della rivoluzione. Ne è una prova il fatto che i contadini rifiutano di concedere i mezzi di sussistenza alle città, proprio per farne speculazione. Così Rosa scriveva, immaginandosi un contadino russo molto egoista e sopravvalutando nettamente la forza dei bolscevichi nel decidere il tipo di riforma agraria.

Non le si può dar torto di aver ritenuto il programma agrario di Lenin, prima della rivoluzione, molto più radicale di quello effettivamente realizzato. Semmai la si può criticare di non essere stata sufficientemente flessibile. Oggi addirittura dovremmo aggiungere che non è possibile dare per scontato che la "nazionalizzazione" della terra voglia dire che la sua gestione debba essere "statalizzata". La gestione stalinista dei cosiddetti "sovchoz", i cui contadini erano dipendenti statali *in toto*, fu semplicemente disastrosa. Se "nazionalizzare" la terra vuol dire "statalizzarne" la gestione, decidendo tutto dall'alto, il fallimento è assicurato. Ma è assicurato anche il ritorno al capitalismo se la terra viene ripartita per unità familiari in concorrenza tra loro. La terra, molto semplicemente, va attribuita a delle identità locali o alle comunità territoriali, le quali sono le uniche titolate a lavorarla. Nessuno meglio di loro conosce le caratteristiche dei terreni che da sempre hanno garantito la sussistenza della popolazione locale. Sono quindi loro che si devono assumere la responsabilità della ripartizione dei lotti e della loro gestione collettiva.

Una gestione collettiva della terra è sempre meglio di una familiare, soprattutto nell'uso degli strumenti di lavoro, cioè nella possibilità di avvalersi di mezzi comuni, che una singola famiglia non potrebbe permettersi. Nella Russia bolscevica non si trattava di tornare all'*obščina*, dove erano presenti elementi di patriarcalismo e di feudalesimo, ma di costruire una realtà *cooperativistica*, i cui protagonisti attivi fossero gli stessi contadini, senza l'obbligo di sottostare a istanze superiori inamovibili.

Il socialismo non può essere deciso né dallo Stato né dai retaggi del feudalesimo agrario. I contadini andavano visti come classe sociale in grado di auto-organizzarsi, fatto salvo il divieto di possedere una proprietà privata con cui sfruttare il lavoro altrui. La questione agraria andava risolta eliminando la possibilità che qualcuno fosse costretto, per vivere, a vendere la propria forza-lavoro. La redistribuzione doveva impedire che si formasse un capitalismo agrario, un'aristocrazia agraria che, sfruttando un possesso più significativo di terre, di bestiame e di mezzi tecnici, si organizzasse per una vendita esclusiva sul mercato. Inevitabilmente, infatti, gli agrari imborghesiti tendono a impadronirsi dei terreni dei piccoli contadini. O la proprietà della terra appartiene a una collettività locale, che decide come assegnare in usufrutto i lotti, in maniera tale che nessuno sia costretto a fare il lavoro del bracciante agricolo, oppure ci si deve aspettare, se viene assegnata in proprietà privata alle singole amiglie, che rinasca il capitalismo. È infatti molto difficile che in regime di proprietà privata esistano degli organi di controllo che impediscono il formarsi di tendenze borghesi.

Inoltre non è più vero che la gestione della terra vada necessariamente *industrializzata*. L'obiettivo del socialismo democratico non è quello d'imporre la collettivizzazione nella gestione della terra, né la sua industrializzazione, ma unicamente quello di eliminare lo sfruttamento del lavoro altrui. Nessuno deve essere costretto a vendersi per vivere. L'obiettivo del socialismo non è quello di ottenere dalla terra il massimo rendimento possibile usando le tecnologie industriali più evolute, ma è quello di garantire che nessuno debba morire di fame perché nullatenente e che la natura sia agevolata e non ostacolata nei suoi processi riproduttivi. La proprietà va riconosciuta a tutti: semmai è la comunità locale che, a rivoluzione compiuta, deve cercare di dimostrare ai propri cittadini e lavoratori che una gestione collettiva della proprietà è più sicura, più efficiente, meno dispendiosa, meno pericolosa di una individualistica.

Non possono essere le esigenze dell'industria o la vita urbanizzata che dettano alle campagne le modalità con cui rispondere alle necessità della sopravvivenza. Non possono essere le forze alienate dell'urbanizzazione a stabilire le regole della convivenza civile. È la città che deve adeguarsi allo stile di vita rurale. Il concetto di "efficienza" non può essere stabilito in maniera univoca da chi lavora nell'industria o da chi vive in città, che sono i principali responsabili dell'inquinamento mondiale.

Il problema non è quello di come superare la tecnologia primitiva nella gestione della terra, ma è quello di garantire che le esigenze produttive e riproduttive degli esseri umani siano compatibili con quelle della natura, cioè non interferiscano in maniera irreparabile col contesto ambientale in cui siamo chiamati a vivere, aumentando la tendenza del pianeta alla desertificazione.

L'industria ha senso se risponde alle esigenze della terra come luogo di produzione e della Terra come pianeta vivente, di cui siamo ospiti e per la quale non possiamo rivendicare alcuna "proprietà privata". In caso contrario va smantellata, proprio perché intrinsecamente pericolosa.

Le tesi agrarie di Rosa non solo erano dogmatiche, prive di qualunque forma di pedagogia e sostanzialmente estremistiche nei confronti del mondo contadino, ma oggi, alla luce delle teorie ambientalistiche, vanno considerate anche assolutamente superate, oggetto di profondi e solerti ripensamenti. L'idea che, siccome un Paese socialista è circondato da tanti Paesi capitalisti intenzionati a occuparlo, non è possibile vivere "secondo natura", è un'idea folle, priva di umanità.

Oggi siamo arrivati al punto in cui deve apparire del tutto normale il progressivo smantellamento di quell'industria che produce beni non riciclabili dalla natura in tempi brevi, sufficientemente brevi da non costituire alcuna minaccia per l'ambiente. Va profondamente ridimensionata la vita urbana, poiché, essendo stata separata da quella agricola, rappresenta una forma di alienazione, di inciviltà.

Anche la presenza dello Stato, strettamente correlata alla formazione delle città, va pensata come qualcosa che deve scomparire. Qualunque gestione centralizzata dell'economia, qualunque decisione presa dall'alto, da un parlamento nazionale, da istituzioni statalizzate permanenti, va considerata come un limite allo sviluppo della democrazia, in quanto quest'ultima o è *diretta*, cioè *locale*, o non esiste.

L'autodeterminazione dei popoli

Un altro aspetto che Rosa non ha compreso per niente è la questione dell'*autodeterminazione dei popoli*. La sua idea di fondo era molto semplice, ma anche molto schematica: con la rivoluzione d'Ottobre i bolscevichi hanno ereditato l'immenso impero zarista, in cui le singole nazionalità non venivano riconosciute. Se ora si pensa di riconoscerle subito in quanto tali, nella loro assoluta autonomia, ne approfitteranno le classi borghesi, staccando le nazionalità dalla Russia; anzi, faranno in modo di allearsi con l'imperialismo tedesco in funzione anti-sovietica. Paradossalmente proprio l'idea di concedere subito l'indipendenza ai popoli sottomessi dallo zarismo ha fatto perdere ai bolscevichi (che in questa maniera non avevano forze sufficienti per continuarla) la guerra contro i tedeschi.

Quale avrebbe potuto essere l'alternativa, secondo la sua concezione così unilaterale della politica, che non prevedeva alcun periodo di transizione? Davvero i bolscevichi avrebbero dovuto impedire con la forza qualunque tendenza separatistica? Secondo lei sì, perché così nella sua Polonia (che quella volta era in parte occupata dalla Russia zarista) la rivoluzione bolscevica sarebbe stata accettata come un dato di fatto.

Rosa non si fidava delle nazionalità, in quanto pensava fossero un focolaio di tendenze egoistiche da parte della borghesia. Non riusciva ad accettare l'idea che con l'autodeterminazione dei popoli il governo sovietico volesse ricreare lo Stato su basi federative, in virtù del quale si dovevano rispettare le particolarità locali-regionali. Qualunque autodeterminazione entrava in contraddizione col centralismo democratico. Curioso questo ragionamento da parte di una leader che in altri testi contestava radicalmente la stessa idea di "centralismo democratico", in quanto lo riteneva lesivo della spontaneità rivoluzionaria delle masse. Peraltro non capiva che, una volta concessa l'autodeterminazione alle minoranze dell'ex impero zarista, la borghesia qui residente avrebbe avuto meno motivi per allearsi con quella presente nelle grandi città della Russia europea, al fine di abbattere la rivoluzione.

Inoltre le appariva un controsenso che, da un lato, i bolscevichi concedessero ai popoli l'autonomia politica e, dall'altro, negassero agli oppositori il diritto all'Assemblea Costituente, al suffragio universale, alla libertà di stampa e di riunione. Non capiva che mentre era in corso la guerra imperialistica il principio dell'autodeterminazione dei popoli appariva alquanto rivoluzionario. Per lei una concessione del genere era solo una forma di opportunismo da parte di Lenin e di Trotsky, i quali pensavano che, in tal modo, avrebbero potuto maggiormente legare le popolazioni oppresse e straniere alla causa della rivoluzione nell'ex-impero russo, così come avevano fatto con la distribuzione gratuita della terra ai contadini, permettendo il formarsi di tante piccole proprietà private.

È incredibile che una persona così intelligente come Rosa potesse pensare cose del genere. In pratica era come se sostenesse che, siccome la periferia non era capace di realizzare una rivoluzione comunista, essa doveva continuare a stare sottomessa alla madrepatria, in cui quella rivoluzione era già stata compiuta. Voleva riproporre, seppur sul versante socialistico, la stessa dinamica di rapporti coloniali esistenti sul versante capitalistico. Voleva che il centro già rivoluzionato continuasse ad avere un rapporto egemonico con la periferia, proprio per impedire a tale periferia che, sfruttando l'idea di "indipendenza", potesse pensare di contrapporsi al governo comunista del centro.

Non riusciva a intuire una cosa piuttosto evidente, e cioè che, una volta compiuta la rivoluzione comunista, qualunque colonia del mondo occidentale avrebbe potuto approfittarne per rivendicare qualcosa di analogo per il proprio processo di liberazione nazionale. Come minimo, ogni colonia, minacciando d'insorgere, avrebbe potuto indurre politicamente la propria madrepatria a riconoscerle molti più diritti. La rivoluzione d'Ottobre poteva essere vista, a seconda del grado di consapevolezza, come un modello da imitare o come arma di pressione sulle strategie imperialistiche dei Paesi occidentali. La Turchia, p.es., se non fu smembrata dalle potenze europee dopo la fine della guerra mondiale, dipese soltanto dall'appoggio materiale che Lenin concesse ad Atatürk.

Certo, la concessione dell'autodeterminazione può comportare il rischio che la nazionalità, un tempo oppressa, si ribelli al comunismo e che imbocchi decisamente la strada del capitalismo (è evidente che le classi borghesi non possono che approfittare del diritto all'autodeterminazione in funzione anti-comunista). Ma può anche accadere che una colonia sfrutti il momento della lotta per l'indipendenza per diventare comunista contro la propria madrepatria. In ogni caso va lasciata ai popoli la libertà di decidere. Su questo argomento già Lenin nel 1922 si era trovato in polemica con Stalin, Dzeržinskij e Orgionikidze.[52] Quindi non era affatto una questione di semplice opportunità politica ma proprio di principio.

È assurdo sostenere che fu un errore dei bolscevichi concedere la libertà a Finlandia, Ucraina, Polonia, Paesi Baltici, Caucasia..., in quanto questi Paesi, appena hanno potuto, si sono messi dalla parte dell'imperialismo tedesco contro la Russia. Oppure che il proletariato era più forte quando la propria nazione non aveva l'indipendenza politica, che non

---

[52] Cfr il vol. XXXVI delle *Opere complete* (Editori Riuniti, Roma 1969), là dove critica "la nefasta frettolosità di Stalin e la sua tendenza a usare i metodi amministrativi, nonché il suo odio contro il famigerato 'social-nazionalismo'. Il rancore in generale, è di solito, in politica, di grandissimo danno". Stalin non capiva che "niente ostacola tanto lo sviluppo e il consolidamento della solidarietà proletaria di classe quanto l'ingiustizia nazionale, e a niente sono così sensibili gli appartenenti alle nazionalità 'offese' come al sentimento di eguaglianza e alla violazione di questa eguaglianza, anche solo per leggerezza". "È meglio esagerare dal lato della cedevolezza e della comprensione verso le minoranze nazionali che non il contrario. Ecco perché in questo caso l'interesse più profondo della solidarietà proletaria, e quindi anche della lotta di classe proletaria, esige che noi non abbiamo mai un atteggiamento formale verso la questione nazionale, ma che teniamo sempre conto della immancabile differenza che non può non esserci nell'atteggiamento del proletario della nazione oppressa (o piccola) verso la nazione dominante (o grande)".

dopo.

In realtà Lenin doveva correre questi rischi: non poteva comportarsi come i governi zaristi e borghesi. E poi i territori e i Paesi citati da Rosa sono gli stessi occupati dai tedeschi dopo la pace di Brest-Litovsk: il che non voleva dire che fossero "filo-tedeschi". Se qualcuno di loro lo diventò, fu a causa della propria immaturità politica in campo rivoluzionario. In ogni caso i bolscevichi dovevano far vedere alle nazioni imperialistiche in guerra che agivano sulla base di princìpi opposti ai loro.

Fa comunque specie che un intellettuale come Rosa, sempre ostile a una direzione centralizzata dell'agire politico-rivoluzionario, sia stata invece del tutto favorevole a eliminare con la forza qualunque separazione della periferia dal centro. Parla proprio di "soffocare in germe le aspirazioni separatistiche con mano ferrea" (cosa che poi verrà fatta sotto lo stalinismo). Un passo, questo, che Levi aveva preferito rimuovere, rendendosi conto che una cosa è dirsi anti-bolscevichi, un'altra è esprimere delle idee che con la democrazia non hanno nulla a che fare.

Qui appare evidente come Rosa fosse particolarmente condizionata dal fatto che nella sua Polonia non si era riusciti a realizzare nulla di autenticamente rivoluzionario. Solo così si può spiegare la sua idea dittatoriale secondo cui i bolscevichi avrebbero dovuto difendere la rivoluzione con la forza, tenendo unito il passato impero zarista, fino al punto da costringere anche la Polonia a restare dentro il nuovo regime rivoluzionario; sicché, come per conseguenza, anche la Germania (suo paese di adozione) sarebbe stata molto più debole e avrebbe fatto maggiori concessioni ai rivoluzionari presenti al proprio interno.

Secondo lei, concedendo l'autonomia alle nazionalità, i bolscevichi, oltre che crearsi nuovi nemici interni, non facevano altro che favorire la dittatura tedesca. Stava attribuendo loro una responsabilità che invece era tutta interna alla Germania, in modo particolare interna alla II Internazionale e alla socialdemocrazia tedesca. Compito del socialismo, in realtà, è quello di mettere in pratica quei diritti che la borghesia afferma solo in sede giuridica e che poi nega sistematicamente in sede economica.

La questione dell'Assemblea Costituente

Rosa non accetta neppure che i bolscevichi abbiano eliminato l'Assemblea Costituente. Arriva addirittura a dire che "la famigerata dissoluzione dell'Assemblea Costituente nel novembre 1917" fu dovuta a "un voltafaccia sconcertante", in quanto fino all'Ottobre i bolscevichi "rivendicavano impetuosamente la convocazione di tale Assemblea" contro la "politica dilazionistica" di Kerenskij.

Ci chiediamo però se non sia meno "sconcertante" ch'essa parli della rivoluzione bolscevica come di "un colpo di stato" o "di mano", quasi fosse stata voluta da un pugno di sediziosi. Forse Rosa non sapeva che in Russia i bolscevichi erano milioni di persone e che erano l'unico vero partito rivoluzionario, in quanto i socialisti-rivoluzionari di sinistra lo erano soltanto a rimorchio, avendo una certa influenza sulle masse contadine (non sugli strati più poveri).

Le grandi città erano già controllate dalla classe operaia, in alleanza con gli elementi graduati più bassi nell'ambito delle forze armate. Quando i comunisti decisero di fare la rivoluzione, il governo riformistico di Kerenskij era già completamente screditato (non voleva por fine alla guerra e rimandava la questione agraria alla convocazione della Costituente, che però posticipava di continuo). Tant'è che, sul momento, quando fu occupato il Palazzo d'Inverno di san Pietroburgo, non vi fu alcuna resistenza. L'assalto ai luoghi del potere fu abbastanza facile.

In una situazione del genere, assolutamente inedita per la Russia, in quanto per la prima volta nella sua storia e nella storia del mondo le classi nullatenenti erano in grado di occupare tutto il potere politico ed economico, ai bolscevichi la Costituente appariva superflua. Quando poi videro che con essa non si aveva alcuna intenzione di accettare i due Decreti sulla pace e sulla terra e si volevano imporre nuovamente i criteri borghesi di gestione della politica e dell'economia, ritennero doveroso chiuderla. Non era con questo organo rappresentativo che si poteva far evolvere la rivoluzione: per loro era meglio affidarsi ai Soviet di deputati operai, contadini e militari e ad altri organi collegiali, sicuramente molto più popolari.

Peraltro non sarebbe stato certo con la Costituente, un organo per sua natura lento e dispersivo, privo di direzione centralizzata, che si sarebbe potuta affrontare l'inevitabile reazione delle classi estromesse dal potere. Quella francese della rivoluzione e quella italiana del secondo dopoguerra restarono in carica ben due anni! Quella americana ancora di più. Se si fossero affidati a un organo così poco determinato per difendere la rivoluzione, ne sarebbero usciti inevitabilmente sconfitti. Quando se ne chiedeva la convocazione, non si pensava certamente di organizzare la rivoluzione con uno strumento del genere, dove tutti parlano soltanto per cercare un compromesso tra interessi contrapposti, come in genere si fa nei parlamenti borghesi.

Sotto questo aspetto era oltremodo giusto togliere il diritto di voto a chi non svolgeva un lavoro utile o non viveva del proprio lavoro. Rosa diceva che in una situazione di marasma economico, come quella della Russia appena entrata nella fase rivoluzionaria, dove la disoccupazione era in aumento, assegnare il diritto di voto solo a chi lavora, era un'assurdità: questa non poteva essere una "regola generale di effetto durevole". Il governo bolscevico era ancora troppo debole per affermarsi in maniera autonoma: aveva per forza bisogno dell'appoggio di una parte della borghesia. In che modo, secondo lei? 1) Lasciando in appalto ai precedenti proprietari capitalisti l'industria nazionalizzata; 2) concludendo compromessi con le cooperative di consumo borghesi; 3) concedendo la libertà di stampa, di associazione e riunione ai nemici del comunismo.

Il concetto di democrazia che aveva Rosa era piccolo-borghese, di una ingenuità disarmante: una democrazia prevalentemente parlamentare, che si serve delle istituzioni rappresentative di interessi opposti per imporre determinate risoluzioni a una nazione poco consapevole di sé. Non capiva che con un parlamento del genere, in quel momento, non si sarebbe andati da nessuna parte. La stessa Costituente era rimasta troppo indietro rispetto agli avvenimenti dell'Ottobre. I Soviet non erano soltanto – come lei pensava – uno strumento per compiere la rivoluzione, ma anche un mezzo per gestire la transizione al socialismo.

I contadini continuavano ad appoggiare il partito socialista-rivoluzionario senza rendersi ben conto che i bolscevichi delle città erano molto più radicali del loro partito, semplice erede delle tradizioni sconfitte del passato populismo. In quel momento non aveva alcun senso indire nuove elezioni.

Certo, forse faceva bene a criticare l'osservazione di Trotsky, secondo cui, siccome le istituzioni democratiche non riescono mai a rappresentare veramente la volontà popolare, allora era giusto chiudere la Costituente. Ma faceva male a sottovalutare l'importanza della democrazia diretta, quale si poteva constatare nei Soviet. Ritenere che le masse avessero ancora bisogno di un parlamento di tipo borghese era solo un segno d'immaturità politica. Tanto più che proprio lei era molto scettica nei confronti dell'autodeterminazione delle nazionalità e della coscienza rivoluzionaria delle masse contadine.

Piuttosto che sponsorizzare la democrazia di base, preferisce ricordare l'esempio del Lungo Parlamento inglese, eletto nel 1642, che soppresse la Camera dei Lords, giustiziò il re e proclamò la repubblica. Dimentica però di aggiungere che Cromwell impose la propria dittatura personale allo stesso parlamento. Cita anche la IV Duma russa, che nel febbraio 1917 divenne, secondo lei, il punto di partenza della rivoluzione, quando in realtà essa, dominata da politici di destra, che non facevano riferimento a nessun partito specifico, sin dal 1914 ebbe pochissima influenza nella vita politica del paese, al punto che fu sciolta dopo la rivoluzione borghese del febbraio 1917.

Al dire di Rosa le istituzioni democratiche servono alle masse per correggere le storture delle rivoluzioni. Questo perché le masse – secondo lei – sono sempre democratiche nella loro spontaneità. Le sembrava un controsenso che i bolscevichi rivendicassero la libertà solo per loro e per chi li appoggiava. "La libertà è sempre unicamente libertà di chi la pensa diversamente", diceva, filosoficamente, senza comprendere minimamente che le classi latifondistiche e capitalistiche avevano ancora in quel momento poteri immensi, con cui avrebbero potuto facilmente – come poi fecero – far scoppiare una controrivoluzione molto sanguinosa.

Il socialismo si costruisce strada facendo, è un prodotto, anzi un processo storico in continua evoluzione: non è delineato per filo e per segno nei manuali o nei programmi di partito, né può essere introdotto per decreto. Rosa contesta a Lenin l'uso di mezzi dittatoriali (p.es. il potere di controllo degli ispettori di fabbrica, pene draconiane e regno del terrore) e prevede che "senza elezioni generali, libertà di stampa e di riunione illimitata, libera lotta di opinioni in ogni pubblica istituzione, la vita si spegne... l'unico elemento attivo rimane la burocrazia". Il potere finisce con l'essere esercitato da una dozzina di intellettuali, che uccideranno gli stessi Soviet.

Con queste frasi sembrava aver anticipato la degenerazione staliniana, cioè la dittatura non "del" ma "sul" proletariato. Non a caso lo stalinismo fece fuori ben presto i Soviet, che con la loro democrazia diretta, con cui gestivano unitariamente i tre principali poteri istituzionali che la borghesia tiene separati, rappresentavano la sfida più impegnativa alla democrazia delegata; così impegnativa che l'auto-amministrazione della società dovrebbe considerare del tutto inutile la rivendicazione del suffragio universale per eleggere un parlamento che esprime una democrazia delegata.

Sì, forse Rosa aveva ragione, ma non in quel momento, in cui non aveva proprio alcun senso contrapporre la democrazia alla dittatura. Aveva ragione quando diceva che la dittatura socialista deve essere della *classe*, non di un partito o di una cricca di intellettuali; e che la dittatura ha bisogno del "concorso della più vasta pubblicità, della più attiva e libera partecipazione delle masse popolari, in regime di democrazia illimitata". Ma non in quel momento. "È compito storico del proletariato, una volta giunto al potere, creare al posto della democrazia borghese una democrazia socialista, non abolire ogni democrazia". È vero, ma in quel momento bisognava solo pensare a difendersi con le armi, proprio perché la conquista del potere era stata troppo facile per pensare che gli oppressori di un tempo avrebbero dichiarato la resa senza combattere.

"La democrazia socialista comincia contemporaneamente alla demolizione del dominio di classe e alla costruzione del socialismo, cioè nel momento della conquista del potere" e non soltanto *dopo* aver "costruite le infrastrutture economiche socialiste". È vero, ma quando tutto il popolo è in armi, ci si può aspettare qualunque cosa da parte di chi vuol far cadere il governo. La borghesia, in fondo, con l'assalto al Palazzo d'Inverno, era stata colta di sorpresa, ma questo non le avrebbe certo impedito di ricorrere a qualunque mezzo pur di riprendersi il potere perduto.

"La dittatura consiste nel *sistema di applicazione della democrazia*, non nella sua *abolizione*". Deve essere "opera della *classe*, e non di una piccola minoranza di dirigenti in nome della classe", deve "emergere dalla crescente istruzione politica delle masse popolari". Sembra che Rosa non sappia minimamente cosa stia accadendo in Russia. Però poi aggiunge: purtroppo i bolscevichi sono condizionati "dalla spaventosa pressione della guerra mondiale, dall'occupazione tedesca..."; poi c'è "la carenza del proletariato tedesco".

Sono parole ben curiose: da un lato fa la predica sul piano politico-astratto, dall'altro però è costretta ad ammettere che i suoi princìpi non potrebbero essere applicati tanto facilmente in quella situazione di estrema gravità. Critica Lenin quando costui vuol fare della rivoluzione bolscevica un modello per altri Paesi: secondo lei infatti le condizioni in cui quella rivoluzione è avvenuta erano così particolari da non poter rappresentare un modello per nessuno. E però contesta anche tutto il socialismo mondiale, che giudica troppo riformistico. Il socialismo mondiale, a differenza di quello bolscevico, stava – secondo lei – coprendo "la bancarotta morale della società borghese" con le idee di collaborazione interclassista, di ubriacatura nazionalistica, di bandiera internazionale della pace, di una pace di accomodamento per tutti... L'idea di classe capitola dinanzi a quella nazionalistica, e le colonie rimangono tali. Si presentano tanti popoli che vogliono i loro Stati: polacchi, ucraini, lituani, cechi, jugoslavi, dieci nuove nazioni nel Caucaso, i sionisti fondano il loro ghetto palestinese... Sono parole sue, che non abbiamo messo tra virgolette solo per comodità.

Le incoerenze nella sua analisi si sprecano. Plaude al fatto che gli imperi tardo-feudali siano crollati (russo, austro-ungarico, ottomano) e che quello prussiano abbia fatto fiasco durante la guerra, ma poi prevede che anche la Russia socialista, concedendo l'autodeterminazione alle proprietà nazionalità, non durerà a lungo. Ritiene che concetti come "Stato nazionale" e "nazionalismo" sono sempre stati, in maniera intercambiabile, parole d'ordine della borghesia contro il passato medievale o contro lo Stato patriarcale e la frantumazione della vita economica. Come tali sono l'opposto dell'internazionalismo proletario. In Polonia addirittura il nazionalismo venne usato dalla nobiltà agraria e dalla piccola-borghesia per opporsi al moderno sviluppo capitalistico e al movimento operaio socialista; mentre in Italia ebbe da subito una chiara connotazione imperialistica. In Ucraina è la piccola-borghesia che se ne serve per opporsi alla classe operaia socialista. In India è espressione della borghesia indigena emergente, che vuole sfruttare in proprio il Paese, senza la presenza ingombrante degli inglesi. Sono tutte parole sue.

In sostanza il nazionalismo è soltanto un involucro ideologico che può essere riempito di qualunque contenuto. Ecco perché Rosa riteneva possibile una transizione autenticamente socialista solo sul piano internazionale. Per lei quella bolscevica andava considerata come una conseguenza dello sfacelo del socialismo mondiale nel corso della guerra imperialistica. Non riusciva ad accettare l'idea che ogni Paese potesse decidere autonomamente quando e come compiere la rivoluzione politica. Una posizione, questa, che si ritroverà anche nella teoria della "rivoluzione permanente" di Trotsky.

I fatti invece cosa dicono?

1) I processi di sviluppo economico, i livelli di consapevolezza politica, nonché la capacità organizzativa sul piano tattico-operativo sono completamente diversi tra i popoli e le nazioni e non possono esserci "forzature" in questa direzione (vedi ad es. l'inutilità dell'esportazione della rivoluzione nella sua stessa Polonia da parte dei bolscevichi, che furono sconfitti militarmente). Posto questo, ci si sarebbe dovuti meravigliare del contrario di quanto evidenziato da Rosa, e cioè che, nonostante lo sfacelo del socialismo mondiale di fronte alla guerra imperialistica, quello russo era riuscito lo stesso a compiere una rivoluzione vittoriosa, fornendo una nuova speranza alle esperienze asfittiche presenti nelle altre nazioni, anche in quelle molto più sviluppate economicamente (e che, anzi, proprio in forza di tale sviluppo avevano saputo instillare idee riformistiche nei leader e nel proletariato socialista). La rivoluzione bolscevica era la dimostrazione più lampante che non era indispensabile aspettare un grande sviluppo economico della società.

2) Non tutti i nazionalismi sono stati uguali nella storia. Laddove esiste un movimento di liberazione nazionale, con cui un popolo vuole emanciparsi da una sudditanza imperialistica, non si vede perché si dovrebbe considerare il nazionalismo alla stregua di quelle nazioni che lo usano per crearsi delle colonie, per allargare il proprio "spazio vitale".

Questo per dire che il livello "internazionale" non è di per sé più significativo di quello nazionale. Non ha senso pensare che, siccome il capitalismo è diventato un fenomeno mondiale, il socialismo possa affermarsi solo partendo da una prospettiva mondiale. Non ha senso andare a cercare all'estero, in luoghi remoti quel consenso che non si riesce a ottenere in casa propria.

Rosa non riusciva neppure a comprendere che nel socialismo democratico la *democrazia sociale* è immediatamente *democrazia politica*.

Non c'è bisogno di darsi una democrazia politica supplementare a sostegno di quella sociale. Se i due tipi di democrazia venissero vissuti separatamente, la democrazia diretta verrebbe svuotata del proprio potere effettivo. La controrivoluzione in Russia non scoppiò per mancanza di democrazia, ma, al contrario, perché ve n'era troppa. Le classi parassitarie, abituate a vivere sulle spalle del lavoro altrui, non potevano assolutamente tollerarla. Se durante la dittatura proletaria si fossero tenute in piedi le istituzioni borghesi, la controrivoluzione avrebbe sicuramente vinto. Invece bisognava far capire subito agli sfruttatori che il passato era irrimediabilmente superato, anche a costo di sostituire le persone competenti, ma prive di etica, con persone inesperte ma oneste.

Quando si ha la pretesa di creare una nuova società, chi vuole restare legato al passato o si adegua in silenzio al nuovo corso o se ne deve andare. Qualunque contestazione va fatta nel merito di specifici problemi o di determinate soluzioni per risolverli: non può più essere sui princìpi generali, altrimenti la società rischia di bloccarsi.

Nella fase immediatamente successiva alla conquista del potere politico va affermata la dittatura del proletariato, proprio perché il potere è ancora debole, imberbe, e può essere facilmente rovesciato da una controrivoluzione. Rosa pensava di dover assicurare al socialismo, da subito, una piena democrazia politica nella fase in cui le forze sociali del capitalismo non erano ancora state eliminate. Al nemico bisogna togliere tutti gli strumenti con cui può opporsi efficacemente alla rivoluzione, prima di concedergli il diritto di parola, di stampa, di associazione, ecc. Qualunque concessione venga fatta, esprime solo una forma di imperdonabile ingenuità, l'ammissione di una propria strutturale debolezza.

La borghesia va abbattuta come classe sociale, poiché fino a quando essa esisterà, vi sarà sempre la possibilità di vivere sfruttando il lavoro altrui. Semmai il vero problema, nel socialismo, è un altro, quello di come impedire che si possa vivere di rendita utilizzando strumenti non economici, bensì *politici*. Il socialismo statale, infatti, non fece altro che sostituire il capitalista privato con un organismo pubblico. I funzionari statali, i dirigenti politici, la cosiddetta "nomenklatura", l'intellighenzia inquadrata nel sistema prese il posto della classe borghese, creando una nuova forma di dittatura.

Le idee critiche che aveva Rosa potevano andar bene in una società socialista pienamente realizzata, al fine di combattere le tendenze statalistiche di chi affronta i problemi sociali in maniera dirigistica o amministrativa; diversamente erano solo una forma d'ingenuità piccolo-borghese, se si pretendeva di metterle in atto nel corso della dittatura del proletariato, la quale doveva anzitutto servire per spezzare la resistenza degli oppressori, degli speculatori, dei sabotatori del nuovo stile di vita.

Dittatura proletaria voleva dire che si era ancora in presenza di una resistenza attiva, armata, collusa col nemico esterno alla nazione, il quale non vedeva l'ora di smembrare quell'enorme Paese in tante colonie.

La rivoluzione spartachista

La rottura di Rosa Lusemburg col centrismo kautskiano (ch'era la quintessenza dell'ambiguità) avverrà soltanto dopo il tradimento del 4 agosto 1914, quando la socialdemocrazia tedesca aderirà alla guerra scatenata dal kaiser, dietro il pretesto di abbattere l'impero russo. Tuttavia solo a partire dal 1915 Rosa si renderà conto d'aver sottovalutato la pericolosità del riformismo di Kautsky. Verrà imprigionata sino alla fine della guerra (novembre 1918), salvo il periodo febbraio-luglio 1916. Contro la guerra scrive *La crisi della socialdemocrazia*, ma della rivoluzione russa continua a vedere solo i difetti, e sino all'ultimo si oppone a costituire una III Internazionale.

Finita la I guerra mondiale la situazione in Germania restò rivoluzionaria per circa un quinquennio, ma la sinistra radicale non fu mai in grado d'impensierire seriamente il governo socialdemocratico al potere, anche perché il partito comunista fu fondato soltanto nel dicembre 1918, quando erano trascorsi già due mesi dallo scoppio insurrezionale di Berlino che pose fine all'imperialismo prussiano. In sostanza la Germania, dal 1919 al 1933, ebbe la cosiddetta "Repubblica di Weimar", a guida socialdemocratica, che fu abbattuta dal nazionalsocialismo.

L'origine della rivoluzione spartachista contro il governo militarista e imperialista del kaiser Guglielmo II, sconfitto nella guerra mondiale, può essere fatta risalire al 9 novembre 1918, quando gli spartachisti occupano la redazione del "Berliner Lokal-Anzeiger", redigendo un appello nazionale contenente quattro punti fondamentali: 1) disarmo dell'intera polizia e dei soldati a vantaggio dell'armamento del popolo; 2) dotazione di tutti i poteri politici al Consiglio di operai e soldati; 3) richiesta di una repubblica socialista unitaria per la Germania, con l'abolizione di tutte le dinastie e degli Stati separati; 4) rifiuto di entrare nel governo insieme ai socialisti riformisti.

Il 25 novembre la Luxemburg, Karl Liebknecht, Franz Mehring e Clara Zetkin scrivono l'appello *Ai proletari di tutti i paesi*, ove sostengono che la rivoluzione proletaria, pur avendo fatto fuggire il kaiser, ha portato al governo i socialisti traditori della II Internazionale. Infatti il potere non viene preso dagli spartachisti ma dagli Indipendenti[53] insieme ai socialdemocratici più sciovinisti, che tali erano stati prima e durante la guerra imperialista. Quest'ultimi chiesero che fosse l'Assemblea Costi-

---

[53] Il partito degli Indipendenti fu fondato al Congresso di Gotha nell'aprile 1917 in polemica con la politica bellicistica della maggioranza socialdemocratica.

tuente a decidere il tipo di repubblica sociale. Essi non volevano che tutti i poteri appartenessero ai rappresentanti eletti dai lavoratori e dai soldati organizzati nei Consigli di operai e soldati. Non erano neppure contrari a una presenza esplicitamente borghese nel nuovo governo, che era così composto: tre socialdemocratici di destra (F. Ebert per gli Interni e l'Esercito, P. Scheidemann per le Finanze, O. Landsberg per la Stampa) e tre Indipendenti (H. Haase per gli Esteri e le colonie, W. Dittmann per la smobilitazione dell'esercito e la Salute pubblica e E. Barth per la Politica sociale). Come si può notare i ministeri chiave erano in mano alla destra. Kautsky era stato aggiunto agli Esteri; Bernstein al Tesoro. Liebknecht si rifiutò di farvi parte, anche perché gli Indipendenti non volevano che gli spartachisti si considerassero un'organizzazione separata all'interno del partito socialdemocratico.

Il governo si limitò a fissare la data per le elezioni della Costituente (era un modo per guadagnare tempo ed evitare la rivoluzione socialista); evitò accuratamente interventi statali nella gestione delle banche e sostenne una politica "centrista": l'idea dominante era quella di realizzare un repubblica presidenziale (non socialista) e un unico Consiglio federale (non tanti Consigli degli operai-soldati). Al Congresso dei Consigli degli operai-soldati furono eletti 288 socialisti maggioritari (di tendenza socialsciovinista), 90 Indipendenti, di cui 10 spartachisti.

Rosa e Liebknecht non furono ammessi neppure come ospiti con voto consultivo: d'altra parte essi erano contrari, in quel momento, alla Costituente. Scheidemann diventa cancelliere e Noske ministro della Guerra, i quali erano concordi, con l'aiuto dello Stato Maggiore, nel mettere lo stato d'assedio contro gli estremisti. In tale situazione gli spartachisti cominciano a pensare che il proletariato tedesco abbia bisogno del proletariato di tutto il mondo per vincere e che, per indurlo ad agire, occorresse un'azione di forza, eclatante. Erano altresì convinti che il disastro della guerra stimolasse il proletariato a insorgere, come era avvenuto in Russia, e che la rivoluzione potesse essere un fatto spontaneo di masse esasperate che insorgono contemporaneamente.

Il 24 dicembre 1918 il governo inscena una provocazione scontrandosi militarmente con una divisione popolare della marina a Berlino. Il giorno dopo gli spartachisti occupano i locali del "Vorwärts" di Berlino, l'organo di stampa che già sotto la direzione di R. Hilferding aveva assunto posizioni molto moderate e che ora scriveva articoli contro la rivoluzione d'Ottobre e contro gli stessi spartachisti. Rosa aveva già assunto la direzione del quotidiano spartachista "Rote Fahne" ("Bandiera rossa").

Alla fine di dicembre gli Indipendenti escono dal governo, ma vengono tranquillamente sostituiti. Al Congresso del 30 dicembre Rosa

chiede che gli spartachisti scelgano di partecipare all'Assemblea Costituente, poiché vede che la rivoluzione non è ancora matura (gli spartachisti erano presenti solo a Berlino e non avevano rapporti con le masse
contadine), ma viene messa in minoranza non solo sulla tattica verso i
sindacati e sulla partecipazione alle elezioni, ma anche sulla concezione
del partito: per reazione alla rigidità burocratica della SPD, contro cui
aveva combattuto per anni, la maggioranza dei giovani delegati rifiutò
perfino l'elementare principio della subordinazione delle strutture locali a
quelle centrali.

È approvata invece una sua proposta contro il governo Ebert-
Scheidemann, intenzionato ad abbattere la rivoluzione russa con l'aiuto
dei baroni baltici e degli imperialisti inglesi. L'accordo era avvenuto a
Riga, a bordo della nave inglese Principessa Margherita, tra il plenipo-
tenziario del Reich, August Winning, socialdemocratico e dirigente sindacale tedesco, e il console generale inglese a Riga, Monsanquet. Winning avrebbe accettato l'intesa per una serie di ragioni: proteggere i baroni baltici di origine tedesca; scongiurare il ritorno in patria delle truppe,
che in teoria potrebbero mettersi dalla parte dei rivoluzionari; eliminare
la presenza bolscevica nei Baltici; preparare una nuova guerra della Germania, aiutata questa volta dagli inglesi, contro la Russia.

Il 3 gennaio gli spartachisti si separano anche dagli Indipendenti
e istituiscono il partito comunista tedesco (KPD). Rosa continua a sostenere l'idea che le masse sono più importanti dei dirigenti, per cui il fulcro
della rivoluzione dovevano essere gli scioperi da farsi in ogni azienda,
poiché, secondo lei, il socialismo doveva essere una conquista dal basso
dei centri economici, per passare poi a quelli politici. Non è prevista l'occupazione dei palazzi del potere. Delinea il programma del partito comunista, che in molti aspetti è confuso, troppo generico: 1) espropriare la
proprietà fondiaria e impiegarla per le spese dello Stato; 2) forte imposta
progressiva; 3) abolizione del diritto di eredità; 4) confisca delle proprietà di tutti gli emigranti e i ribelli; 5) centralizzazione statale del credito;
6) aumento delle manifatture statali, degli strumenti di produzione e miglioramento dei fondi secondo un piano collettivo; 7) lavoro obbligatorio
per tutti; istituzione di armate industriali, particolarmente per l'agricoltura; 8) unificazione dell'attività agricola e industriale e graduale elimina-
zione delle differenze tra città e campagna; 9) istruzione pubblica gratuita per i fanciulli, nonché divieto del lavoro minorile in fabbrica. Unire
formazione e produzione (scuola e territorio).

Il 29 dicembre Ebert incarica Noske di guidare le truppe contro
gli spartachisti. Alla fine di dicembre il governo pone una taglia di
10.000 marchi sulla testa di Karl Radek, il rappresentante bolscevico in
Germania. Nel contempo viene portata avanti una campagna denigratoria

contro Emil Eichhorn, il capo della polizia di Berlino e membro dell'U-SPD (il partito degli Indipendenti), che aveva organizzato una nuova forza di polizia "di sinistra", composta da 2.000 operai e soldati. L'attacco contro Eichhorn doveva essere utilizzato come una provocazione per spingere gli spartachisti, la base dell'USPD e i lavoratori di Berlino a un'azione prematura. Il 3 gennaio, dopo una serie di false accuse, il ministero dell'Interno esorta Eichhorn a dimettersi e designa Eugen Ernst, un socialdemocratico di destra, come suo sostituto. Eichhorn si rifiuta di cedere.

La posizione ufficiale del KPD in quel periodo era contraria a un tentativo di abbattere il governo socialdemocratico. Dato il rapporto di forze a livello nazionale, un'azione di quel tipo non sarebbe stata altro che un'avventura, ma i due rappresentanti del KPD nel Comitato, Karl Liebknecht e Wilhelm Pieck, senza l'autorizzazione del partito, sostengono una risoluzione favorevole all'insurrezione. Il Comitato Rivoluzionario non riesce a fornire una direzione coerente al movimento di massa, che così inizia a disperdersi.

Alla manifestazione del 6 gennaio gli Indipendenti e i comunisti raccolgono 200.000 dimostranti, in piccola parte armati. Le forze della controrivoluzione si erano preparate a un confronto sanguinoso con gli operai di Berlino. Il 10 gennaio l'offensiva viene aperta dal reggimento dei Freikorps di Potsdam. L'11 gennaio Noske fa affluire un altro contingente di truppe guidato da ufficiali monarchici. Per i ribelli la situazione si fa disperata e 300 lavoratori sono costretti ad arrendersi. Nel giro di una settimana vengono uccise ufficialmente 156 persone e centinaia rimangono ferite.

Nel giro di breve tempo due dirigenti del KPD, Leo Jogiches e Hugo Eberlein, vengono arrestati. Il ministro Philipp Scheidemann pone ufficiosamente una taglia di 100.000 marchi sulle teste di Liebknecht e della Luxemburg. La stampa borghese fomenta una furiosa campagna per sbarazzarsi di questi bolscevichi una volta per tutte. Gustav Noske comincia ad arrestare Ledebour, Meyer, Levi...

Rosa e Liebknecht vengono arrestati il 15 gennaio e portati nel lussuoso Hotel Eden, trasformato nel quartier generale di una unità paramilitare di élite dei Freikorps, comandata dal capitano Waldemar Pabst. Liebknecht viene eliminato per primo, a colpi di fucile nel parco vicino al Tiergarten, col pretesto che aveva cercato di fuggire.

Poco dopo anche Rosa viene fatta uscire dall'albergo e consegnata dal tenente Kurt Vogel al soldato Otto Runge, che la colpisce con il calcio del fucile appena fuori dall'ingresso, facendole perdere i sensi. Rosa viene caricata su un'auto e alcune persone si siedono accanto a lei. Un militare la colpisce nuovamente al capo con una pistola. Poco dopo, ormai moribonda, il tenente Vogel la finisce con un colpo d'arma da fuoco alla testa (il che dimostra che l'omicidio fu premeditato). Il suo cadavere viene gettato dal ponte Lichtenstein nel canale Landwehr; viene ritrovato soltanto il 31 maggio.

Quando i Freikorps andarono ad arrestarla, Rosa stava leggendo il *Faust* di Goethe, di cui apprezzava la massima "All'inizio non era il Verbo, ma l'Azione!". Pensava che l'avrebbero solo arrestata, come le altre volte, e trasferita nella prigione di Moabit, sicché aveva messo alcuni libri in borsa, per portarli con sé...

L'ultimo articolo che aveva scritto s'intitolava *L'ordine regna a Berlino*. La sconfitta della rivoluzione viene attribuita ai soldati, che non si oppongono agli ufficiali quando gli ordini sono contro il popolo. D'altra parte i contadini, che formano la truppa, non sanno quasi nulla degli ideali del socialismo; anzi, sarà molto facile che il governo si serva proprio dei contadini "fanatici sostenitori della proprietà privata", per fare la controrivoluzione. Ecco perché chiede che i comunisti si aprano al dialogo coi braccianti agricoli e i piccoli contadini, invogliandoli a entrare nei Consigli di operai-soldati.

Afferma inoltre che la situazione non era ancora sufficientemente matura per impadronirsi del potere: "La conquista del potere non deve realizzarsi tutta d'un colpo ma progressivamente, incuneandosi nello Stato borghese fino a occupare tutte le posizioni...". Sostiene che le lotte economiche (gli scioperi) erano appena allo stadio iniziale. Infine fa l'elenco delle principali sconfitte del proletariato europeo, come se volesse giustificare la propria: l'insurrezione dei setaioli lionesi nel 1831, il movimento cartista inglese, il giugno 1848 a Parigi e la Comune di Parigi. Non ricorda però la vittoria dei bolscevichi. In tutte queste insurrezioni le masse erano energiche, decise, aggressive; i dirigenti no. Chiedeva al partito di partecipare alle elezioni politiche e di rinunciare momentaneamente all'insurrezione. Non ritiene per nulla sufficiente "rovesciare al centro il potere ufficiale e sostituirlo con un paio di dozzine di uomini nuovi": questa era una critica indiretta alla rivoluzione d'Ottobre, che per lei fu un colpo di stato.

Alla fine di febbraio uno sciopero massiccio paralizza Berlino. Quando i Freikorps tentano di ristabilire la normalità, vengono erette barricate e scoppiano veri e propri combattimenti. Il governo agisce rapidamente, affidando a Noske poteri dittatoriali su tutta Berlino. Questi dà immediatamente ordine a 30.000 uomini dei Freikorps di entrare in città. Il 9 marzo il Consiglio degli operai e dei soldati decide di porre fine allo sciopero, ma questo non riesce a placare i Freikorps. I combattimenti proseguono: 2-3.000 lavoratori vengono uccisi e almeno 10.000 restano feriti. Il 10 marzo Leo Jogiches, il presidente del partito comunista, viene assassinato in una stazione di polizia.

Il principale imputato dell'omicidio di Rosa, l'ufficiale Kurt Vogel, condannato in un processo farsa a due anni e quattro mesi di reclusione, viene amnistiato dopo poco; gli altri ch'erano con lui vengono fatti fuggire. In ogni caso a sparare il colpo mortale oggi si ritiene sia stato, con tutta probabilità, l'ufficiale di marina Hermann Souchon. Nel 1926 a Rosa e a Liebknecht venne dedicato un monumento di Ludwig Mies van der Rohe, in seguito distrutto dal regime nazista. Nel 1962 il governo della Repubblica federale stabiliva che si trattò di una fucilazione "legale", eseguita cioè secondo le regole della legge marziale.

La sera del 15 gennaio 1919 ufficiali e soldati festeggiano all'hotel Eden l'assassinio di R. Luxemburg e K. Liebknecht.

Il 4 aprile 1920 si tenne a Berlino un Congresso per formare il partito operaio comunista tedesco (KAPD), in opposizione anche al partito comunista tedesco (KPD): un'assurdità estremistica con cui si voleva uscire dai sindacati "liberi", giudicati riformisti, che però avevano 8 milioni di iscritti, mentre il KAPD ne aveva solo 70.000! Inoltre si rifiutava di partecipare alle elezioni nel parlamento nazionale e a quelle dei comitati di fabbrica. E questo nonostante che avessero ammesso nelle loro file H. Laufenberg e F. Wolfheim, che, in quanto nazionalisti piccolo-borghesi, erano stati contrari alla guerra civile per la conquista del potere proletario.

La III Internazionale sintetizzò in poche righe gli errori fondamentali degli spartachisti: 1) si erano fidati troppo della spontaneità delle masse; 2) non avevano saputo costruire a tempo debito un proprio partito, diverso da quello socialdemocratico; 3) avevano sottovalutato la pre-

215

parazione materiale dell'insurrezione; 4) avevano del tutto trascurato il ruolo dei contadini, ma questo limite viene attribuito anche a tutti i partiti comunisti europei; 5) non avevano capito la questione nazionale e il diritto dei popoli all'autodeterminazione; 6) avevano chiesto ai sindacati di darsi una veste politica di partito.

Conclusione

Nel dibattito tra Rosa e Bernstein sull'idea di transizione storica dal capitalismo al socialismo avevano ragione entrambi. Per quest'ultimo il socialismo non ha una base oggettiva, materiale, nelle contraddizioni del capitalismo e quindi nella lotta di classe, ma in un fondamento *etico*, nei princìpi eterni della giustizia. Di sicuro, infatti, il socialismo non nasce "spontaneamente" dal capitalismo. E noi oggi, alla luce dei disastri ambientali, possiamo aggiungere un altro aspetto ancora: non è detto che le forze produttive usate sotto il capitalismo debbano essere ereditate dal socialismo.

Guardiamo il passaggio dal servaggio feudale al capitalismo. Vi era una qualche necessità storica o materiale o economica nella realizzazione di tale passaggio? Nessuna, tant'è che Marx accetta l'idea che in Russia possa avvenire la transizione dalla medievale *obščina* al socialismo scientifico, industriale, saltando la fase del capitalismo. Certo, egli poneva due condizioni: 1) che in Europa occidentale si verificasse una preliminare rivoluzione proletaria e 2) che il socialismo russo ereditasse la tecnologia della borghesia europea.

Abbacinato dal concetto hegeliano di "necessità", con cui si può giustificare qualunque evento storico, il socialismo scientifico è sempre stato piuttosto deterministico. Tuttavia se in una società classista e corrotta come quella feudale, in cui domina l'idea di origine nobiliare e di rendita, naturale o monetaria (cioè di "dipendenza personale"), e dove i feudatari si sentono superiori, a livello locale-regionale, allo stesso imperatore, mentre il clericalismo vuol darsi una veste politica, essendo la religione un affare di stato; se dunque in una società del genere nessuna istituzione di potere aveva titoli morali per impedire il formarsi di una nuova classe sociale, la borghesia, che col tempo diventerà ancora più corrotta e che avrebbe creato una società ancora più oppressiva della precedente; lo stesso non si può dire per la transizione dal capitalismo al socialismo, poiché qui viene richiesto un profondo ribaltamento di mentalità. Il socialismo inteso (alla Bernstein) come una semplice prosecuzione migliorativa del capitalismo, è soltanto un "socialismo mercantile", che è quello che si sta costruendo oggi in Cina, dove il permissivismo sul piano economico viene pagato con la dittatura del partito-stato.

Molti socialisti han creduto di poter creare "isole di giustizia sociale", sul piano produttivo, all'interno del sistema capitalistico, ma i risultati sono stati tutti fallimentari. Anzi, forse si può dire che dagli esperimenti falliti del socialismo utopistico è nato quello scientifico, che prevede, prima di realizzare qualunque forma di socialismo, la conquista rivoluzionaria del potere politico da parte del proletariato industriale, in alleanza coi contadini senza terra e con tutte quelle categorie sociali prive di proprietà privata.

La realizzazione del socialismo può essere considerata un'aspirazione del genere umano sin da quando il comunismo primordiale è stato distrutto dallo schiavismo. È completamente sbagliato sostenere ch'esso possa formarsi solo perché si è in presenza del capitalismo. Sono le contraddizioni antagonistiche di un sistema sociale che impongono il suo superamento, ma non vi è alcuna legge storica che stabilisca che la transizione debba avvenire secondo una determinata modalità e non in un'altra. Non vi era alcuna necessità storica che il comunismo primitivo dovesse evolvere verso lo schiavismo o lo schiavismo verso il servaggio o il servaggio verso il capitalismo. Quindi non si capisce perché quest'ultimo debba per forza evolvere verso il socialismo. Anzi, si potrebbe sostenere il contrario, e cioè che quanto più ci si allontana dal comunismo più ancestrale, tanto più difficoltosa diventa la transizione verso il socialismo democratico. Oggi infatti la classe dominante dispone di mezzi incredibilmente potenti per impedirla.

È vero, se si sostiene che il socialismo è solo un'opzione morale, un ideale di giustizia, si può essere indotti ad affermare che la sua necessità storica, là dove le condizioni materiali che si vivono sono caratterizzate da un benessere largamente diffuso, non sarà mai posta all'ordine del giorno. Su questo era difficile dar torto a Bernstein, anche se lui, come tutti gli opportunisti e i riformisti, evitava accuratamente di affrontare il nesso strutturale tra benessere delle nazioni industrializzate e il malessere generale delle colonie che quelle nazioni sfruttano. Paradossalmente il revisionismo, proprio mentre parla del socialismo in chiave etica, toglie al proletariato, in grado di beneficiare di un significativo reddito grazie all'imperialismo, le motivazioni ideali con cui reagire al proprio sfruttamento.

Ma anche la posizione di Rosa, relativa alla imprescindibile "necessità storica" di un superamento del capitalismo in direzione del socialismo, rischiava di far assumere al proletariato una posizione meramente difensiva o attendista. Se il capitalismo è destinato a crollare, il proletariato si sentirà indotto a intervenire solo nel momento più critico. Peccato però che nel frattempo, in attesa di quel momento, lo stesso proletariato si sarà completamente imborghesito nella mentalità, nello stile di vita, per cui, quando verrà quel momento, non saprà bene da che parte stare. Di qui la partecipazione del proletariato, industriale e rurale, alle guerre scatenate dalla borghesia, in nome di una difesa astratta della patria.

218

Insomma quella tra Rosa e Bernstein era una questione mal posta. Da un lato non si faceva alcun riferimento all'imperialismo prussiano; dall'altro non si sapeva come organizzare il proletariato per porre fine a tale imperialismo e per trasformare gli antagonismi sociali creati dalla proprietà privata dei principali mezzi produttivi in un'occasione per scatenare la rivoluzione.

Dunque se si può parlare di "necessità storica" del superamento del capitalismo, non lo si può fare prima d'aver detto chiaramente da dove proviene la ricchezza del Paese industrializzato, non prima d'aver fatto capire, con dati concreti alla mano, che la democrazia politica è tutta fasulla nelle colonie. Solo un proletariato consapevole dei meccanismi internazionali che garantiscono il benessere alle nazioni capitalistiche, è autorizzato a parlare di "necessità storica" del superamento del sistema. Peraltro, sia nelle tesi di Bernstein che in quelle di Rosa non si mette mai in discussione che il capitalismo debba continuamente potenziare (in senso qualitativo e quantitativo) le proprie forze produttive.

Per l'uno tale sviluppo, che fa aumentare il benessere, sembra rinviare *ad libitum* il momento della transizione (anche perché ritiene sufficientemente decisivi il ruolo del sindacato nelle trattative con gli imprenditori e quello del partito nelle sedute parlamentari, sicché gli operai sono già tutelati dalle leggi sociali). Per l'altra invece sembra che tale sviluppo tecno-economico acceleri la transizione, in quanto le contraddizioni si acuiscono sempre di più: le imprese maggiori si mangiano quelle minori, mentre il mondo contadino e quello artigianale vanno in rovina; il ceto medio si proletarizza costantemente, sicché aumenta la polarizzazione sociale; la sovrapproduzione delle merci riduce i profitti; aumentano i conflitti tra le nazioni sviluppate sul tema delle colonie; le stesse colonie tendono a ribellarsi alle loro rispettive madrepatrie. Per entrambi il ruolo politico della socialdemocrazia è, tutto sommato, ausiliario allo sviluppo del capitale. Dunque, o un partito rivoluzionario non serve, mentre il capitale è in ascesa; oppure può servire soltanto quand'esso è in discesa, anzi, in picchiata. Chi sia più fatalista è difficile dirlo. Alla fine si fa fatica a capire se sia più "necessario" lo sviluppo del capitalismo o il suo superamento.

Nell'ambito della socialdemocrazia tedesca dominava l'idea che il passaggio dal capitalismo al socialismo sarebbe stato imposto dalle leggi della storia, per cui il proletariato doveva semplicemente limitarsi a dimostrare che senza una sua partecipazione al governo, la nazione sarebbe andata in rovina. Il socialismo veniva concepito come un correttivo decisivo alle storture economiche del capitalismo, irrisolvibili restando entro i limiti di tale sistema. Ecco perché il proletariato tedesco, salvo eccezioni, non è mai stato rivoluzionario, ma, anzi, ha contribuito al mi-

219

glioramento del sistema borghese, rendendolo più competitivo, più aggressivo (non a caso la Germania contribuì a scatenare ben due guerre mondiali).

Rosa tenderà a superare questa visione fatalistica delle cose solo dopo la rivoluzione russa del 1905, opponendo l'idea di "sciopero di massa" alla mera battaglia parlamentare; ma non arriverà mai a capire adeguatamente la tattica e la strategia dei bolscevichi, anche se ad un certo punto s'era resa conto che se la dirigenza del partito non era in grado di gestire la spontaneità delle masse, il partito avrebbe finito col lasciarsi trascinare da eventi giudicati incontrollabili o inevitabili.

*

Rosa Luxemburg rappresentò, in un certo senso, il rischio della trasformazione dell'idealismo in opportunismo. Infatti, quando si pretende di fare la rivoluzione coi soggetti migliori, ovvero con una classe operaia consapevole di sé, si finisce col non fare nulla.

Sono seimila anni che esiste lo schiavismo, nelle sue varie forme, di cui l'ultima, quella salariata, è la più ambigua di tutte, in quanto associata alla libertà giuridica, formale. Non è più possibile pensare di avere a che fare con soggetti "normali", non abituati alla soggezione, all'ipocrisia, all'alienazione... Non si possono scegliere le persone con cui fare la rivoluzione, diceva Lenin.

Quando Rosa contestava il centralismo democratico dei bolscevichi, dicendo ch'esso era una forma di dittatura, e che non è possibile fare alcuna rivoluzione se prima non viene estirpata l'abitudine all'obbedienza e al servilismo, cioè se prima non si impara l'autodisciplina, non si rendeva conto di anticipare cose che si sarebbero potute ottenere soltanto *dopo* la rivoluzione, quando le condizioni formali, puramente esteriori del vivere sociale l'avrebbero permesso.

Lo sanno tutti che l'idea di "socialismo" non può essere perennemente legata al pensiero e alle azioni di singole persone. Finché le masse hanno bisogno di essere "dirette" da qualche leader, il socialismo sarà impossibile. Gli anarchici hanno ragione quando rifiutano qualunque forma di "autorità", anche se è nella natura delle cose che si formino persone più "autorevoli" di altre, in quanto non siamo tutti uguali. E in ogni caso la loro idea di poter abbattere il capitalismo senza una direzione centralizzata della rivoluzione, è del tutto illusoria.

Resta tuttavia indubbio che fino a quando esiste una separazione tra dirigenti e masse, il socialismo non si costruisce in maniera democratica. Le masse, per essere veramente democratiche, devono arrivare al punto in cui non hanno più bisogno di capi per amministrare i loro bisogni, la loro produzione, i loro scambi, la loro attività sociale e culturale. Ci sarà socialismo soltanto quando le masse saranno in grado di autogestirsi. Semmai ci può essere una turnazione nella gestione della direzione degli organi decisionali.

Non solo, ma il concetto stesso di "masse popolari" è un'astrazione sociologica. L'autogestione, infatti, implica un numero limitato di persone che si auto-organizzano a livello locale. Il socialismo può essere realizzato solo in una dimensione *locale*, tra persone che si conoscono da tempo e che si frequentano quotidianamente. In un contesto locale del genere la figura del "leader" indiscusso perde la sua ragion d'essere. Un qualunque confronto politico sarà alla pari, tra soggetti che dimostrano il loro valore sul campo, sulla base della propria esperienza: non dovrà neppure esserci alcuna differenza di genere né generazionale. Ognuno sarà titolato a dare il suo contributo per risolvere problemi di natura pratica. La politica dovrà diventare l'arte di amministrare i bisogni comuni.

Una funzione ipostatizzata di leadership non avrà alcun senso. Un socialismo davvero democratico non può tollerare neanche per un momento che si pongano le condizioni perché si formi un qualsivoglia "culto della personalità". I lati soggettivi della persona (di un qualunque dirigente) devono scomparire non dietro le istanze burocratiche del suo ruolo (che può essere sia politico che semplicemente amministrativo), ma all'interno di una condivisione comune del bisogno (cosa che può avvenire soltanto nell'ambito di un collettivo ristretto, localmente situato). Chiunque abbia la pretesa di porsi in maniera distaccata, confidando nella forza oggettiva di un ente istituzionale; chiunque pensi che l'oggettività possa dipendere da un ente astratto, onnipotente, nei cui confronti la volontà del singolo non può far nulla, rischia facilmente di comportarsi in maniera disumana.

Quando alle rivoluzioni, è evidente che esse si fanno coi soggetti che ci sono, che di regola sono "alienati", e che però sono disposti a liberarsi della loro alienazione e a porre le condizioni generali perché anche altri soggetti, anche quelli che non fanno rivoluzioni di sorta, possano liberarsi progressivamente di tale alienazione. Per questo Lenin parlava di "avanguardia del proletariato". Non intendeva un'élite che si era "già" liberata di tutti i propri difetti. Si apparteneva a un'avanguardia semplicemente perché si era capito quali dovevano essere le condizioni generali per potersi liberare delle proprie alienazioni di fondo, quelle che impediscono d'essere se stessi. Un'avanguardia è consapevole dei mezzi e dei metodi per ottenere queste condizioni generali.

Non si può confondere il momento della lotta, quello in cui le condizioni devono "ancora" essere poste e una fetta di società si oppone a ciò con tutte le sue forze, col momento della pacificazione, in cui gli oppositori sono stati domati. Non solo, ma bisogna anche porre le condizioni perché le forze reazionarie non possano rinascere in forza delle loro pregresse proprietà. Le rivoluzioni si fanno per azzerare i livelli di partenza, cioè per permettere effettivamente a tutti di liberarsi degli antagonismi sociali che condizionano irreparabilmente le loro scelte di vita.

Fatto questo, occorre che lo Stato lasci sempre più il posto alla società, poiché devono essere i cittadini, nella loro autoconsapevolezza, nella loro libertà da quella proprietà privata che li costringe a fare ciò che non vorrebbero, a decidere come vivere la loro vita: non può esistere uno Stato centralizzato, paternalistico, autoritario, quello tipico dello stalinismo o del maoismo, che si sostituisce alla volontà dei cittadini.

Qui davvero può aver ragione Rosa quando parla di "autodisciplina liberamente consentita". Bisogna lasciare la società, dopo aver fatto la rivoluzione politica, libera di correggere i proprio difetti sul piano sociale, che è quello riguardante gli usi e i costumi, lo stile di vita, la mentalità, i valori morali.

Bibliografia

Opere di Rosa Luxemburg

Scritti scelti, a cura di L. Amodio, Edizioni Avanti!, Milano 1963.
Scritti politici, a cura di L. Basso, Editori Riuniti, Roma 1967 (11 ed. 1970).
L'accumulazione del capitale, con una Introduzione di P. M. Sweezy, Einaudi, Torino 1960.
Introduzione all'economia politica, ed. Jaca Book, Milano 1970.
Lo sciopero spontaneo di massa, a cura di A. Agosti, Musolini Editore, Torino 1970; *Sciopero di massa, partito, sindacati*, ed. Newton Compton, Roma 1977.
R. Luxemburg - F. Mehring, *Scioperi selvaggi, spontaneità delle masse*, Della Vecchia Talpa Editore, Napoli 1970.
Questione nazionale e sviluppo capitalista, ed. Jaca Book, Milano 1975.
La Rivoluzione russa. Un esame critico; La tragedia russa, ed. Massari, Bolsena 2004.
Il programma di Spartaco, ed. Manifestolibri, Roma 1995.
Scritti contro il terrorismo (1902-1905), Prospettiva edizioni, Roma 2004.
Tra guerra e rivoluzione, ed. Jaca Book, Milano 1980.
Scritti sull'arte e sulla letteratura, Bertani, Verona 1972.
W. Liebknecht - R. Luxemburg, *Lettere 1915-18*, con una Introduzione di E. Ragionieri, Editori Riuniti, Roma 1967.
Lettere a Leo Jogiches, a cura di L. Basso, Feltrinelli, Milano 1973.
Lettere 1893-1919, a cura di L. Basso e G. Bonacchi, Editori Riuniti, Roma 1979.
Lettere ai Kautsky, a cura di L. Basso, Editori Riuniti, Roma 1971.

Opere su Rosa Luxemburg

P. Frölich, *Rosa Luxemburg*, La Nuova Italia, Firenze 1969 (ripubblicato da Rizzoli, Milano 1986).
P. Frölich, *Guerra e politica in Germania. 1914-1918*, ed. Panta-

rei, Milano 1995.

P. Frölich – R. Lindau – J. Walcher – A. Schreiner, *Rivoluzione e controrivoluzione in Germania (1918-1920). Dalla fondazione del Partito comunista al putsch di Kapp*, ed. Pantarei, Milano 2001.

P. J. Nettl, *Rosa Luxemburg*, Il Saggiatore, Milano 1970, 2 voll.

G. Badia, *Il movimento spartachista. Gli ultimi anni di Rosa Luxemburg e Karl Liebknecht*, ed. Samonà e Savelli, Roma 1976.

R. Banfi, *Appunti sull'Accumulazione del capitale di Rosa Luxemburg*, Rivista storica del socialismo, Milano 1960.

A. Bisceglie – D. Renzi, *Rosa Luxemburg e gli irrisolvibili del socialismo scientifico*, Prospettiva edizioni, Roma 2006.

P. Broué, *Rivoluzione in Germania. 1917-1923*, ed. Einaudi, Torino 1977.

M. Campanella, *Economia e stato in Rosa Luxemburg*, ed. De Donato, Bari 1977.

F. L. Carsten, *La rivoluzione nell'Europa centrale, 1918-1919*, Feltrinelli, Milano 1978.

R. D'Alessandro, *La comunità possibile. La democrazia consiliare in Rosa Luxemburg e Hannah Arendt*, ed. Mimesis, Milano 2011.

O. K. Flechtheim, *Luxemburg-Liebknecht*, ed. Massari, Bolsena 1992.

D. Guérin, *Rosa Luxemburg e la spontaneità rivoluzionaria*, ed. Mursia, Milano 1974 (ristampa 2009).

Daniel Guérin, *Per un marxismo libertario*, ed. Massari, Bolsena 2009.

C. Olivieri, *Gli spartachisti nella rivoluzione tedesca: 1914-1919*, Prospettiva Ed., Roma 1994.

T. Kowalik, *Rosa Luxemburg: il pensiero economico*, Editori Riuniti, Roma 1977.

F. Oelssner, *Rosa Luxemburg*, Rinascita, Roma 1953.

L. Basso, *Per conoscere Rosa Luxemburg*, Mondadori, Milano 1977.

C. Radek, *Rosa Luxemburg, Carlo Liebknecht, Leo Jogisches*, Edizione dell'Internazionale comunista a cura della Libreria editrice del Partito comunista d'Italia, Roma 1922.

G. A. Ritter – S. Miller (a cura di), *La rivoluzione tedesca. 1918-1919*, Feltrinelli, Milano 1969.

H. Schulze, *La Repubblica di Weimar: la Germania dal 1918 al 1933*, Il Mulino, Bologna 1993.

C. Tenuta, *"Il fatto è che vivo in un mondo di sogno". Rosa Luxemburg: il corpo, il mito, la storia*, in S. Chemotti (a cura di), *Donne mitiche mitiche donne*, Il Poligrafo, Padova 2007.

E. Troeltsch, *La democrazia improvvisata: la Germania dal 1918 al 1922*, Guida, Napoli 1977.

Lenin, Trotskij, Luxemburg, *Rivoluzione e polemica sul partito*, Newton Compton, Roma 1973.

L. Trotsky in "Rosa Luxemburg e la Quarta Internazionale", in L. Trotsky, *Difesa e critica di una rivoluzionaria*, "Quaderni del centro studi Pietro Tresso", n. 19, 1996; "Giù le mani da Rosa Luxemburg!", in *Scritti 1929-1936*, ed. Mondadori, Milano 1968.

E. Mandel, *Che cos'è la teoria leninista del partito*, in E. Mandel, L. Maitan, *Il partito leninista*, in "Quaderni di Bandiera Rossa", Samonà e Savelli, Roma 1972.

Rosa Luxemburg e lo sviluppo del pensiero marxista. Atti della prima settimana internazionale di studi marxisti, promossa dalla Fondazione Lelio e Lisli Basso-Issoco e dalle Amministrazioni provinciale e comunale: Reggio Emilia 18-22 settembre 1973. Fondazione Lelio e Lisli Basso-Issoco, G. Mazzotta, Milano 1976.

J. Gutiérrez Alvarez - P. B. Kleiser, *Le sovversive*, ed. Massari, Bolsena 1995 (ristampa 2005).

N. Bukharin, *L'imperialismo e l'accumulazione del capitale*, ed. Laterza, Bari 1972.

P. M. Sweezy, *La teoria dello sviluppo capitalistico*, ed. Boringhieri, Torino 1970.

L. Colletti e C. Napoleoni, *Il futuro del capitalismo: crollo e sviluppo*, Laterza, Roma-Bari 1970.

M. Kalecki, *Sulla dinamica dell'economia capitalistica*, ed. Einaudi, Torino 1975.

T. Kowalik, *Rosa Luxemburg. Il pensiero economico*, Editori Riuniti, Roma 1977.

G. Lukács, *Osservazioni critiche sulla «Critica della rivoluzione» di Rosa Luxemburg*, in «Mondo Operaio», n. 1011, ottobre-novembre 1957.

R. Bellofiore, "Rosa Luxemburg e la teoria marxista della crisi", in Note Economiche, n. 1, 1980; "Marx dopo Schumpeter", Note Economiche, n. 2, 1984.

Bibliografia su Amazon

Memorie:
Sopravvissuto. Memorie di un ex
Grido ad Manghinot. Politica e Turismo a Riccione (1859-1967)
Storia:
Homo primitivus. Le ultime tracce di socialismo
Cristianesimo medievale
Dal feudalesimo all'umanesimo. Quadro storico-culturale di una transizione
Storia dell'Inghilterra. Dai Normanni alla rivoluzione inglese
Scoperta e conquista dell'America
Il potere dei senzadio. Rivoluzione francese e questione religiosa
Cenni di storiografia
Herbis non verbis. Introduzione alla fitoterapia
Arte:
Arte da amare
La svolta di Giotto. La nascita borghese dell'arte moderna
Letteratura-Linguaggi:
Letterati italiani
Letterati stranieri
Pagine di letteratura
Ribaltare i miti: miti e fiabe destrutturati
Pazìnzia e distèin in Walter Galli
Dante laico e cattolico
Grammatica e Scrittura. Dalle astrazioni dei manuali scolastici alla scrittura creativa
Poesie:
Nato vecchio; La fine; Prof e Stud; Natura; Poesie in strada; Esistenza in vita; Un amore sognato
Filosofia:
Laicismo medievale
Ideologia della chiesa latina
L'impossibile Nietzsche
Da Cartesio a Rousseau
Rousseau e l'arcantropia
Il Trattato di Wittgenstein
Preve disincantato
Critica laica
Le ragioni della laicità
Che cos'è la coscienza? Pagine di diario
Che cos'è la verità? Pagine di diario
Scienza e Natura. Per un'apologia della materia
Spazio e Tempo: nei filosofi e nella vita quotidiana
Linguaggio e comunicazione

Interviste e Dialoghi
Economia:
Esegeti di Marx
Maledetto capitale
Marx economista
Il meglio di Marx
Etica ed economia. Per una teoria dell'umanesimo laico
Le teorie economiche di Giuseppe Mazzini
Politica:
Io, Gorbaciov e la Cina (pubblicato dalla Diderotiana)
L'idealista Gorbaciov. Le forme del socialismo democratico
Il grande Lenin
Cinico Engels
L'aquila Rosa
Società ecologica e democrazia diretta
Stato di diritto e ideologia della violenza
Democrazia socialista e terzomondiale
La dittatura della democrazia. Come uscire dal sistema
Dialogo a distanza sui massimi sistemi
Diritto:
Siae contro Homolaicus
Diritto laico
Psicologia:
Psicologia generale
La colpa originaria. Analisi della caduta
In principio era il due
Sesso e amore
Didattica:
Per una riforma della scuola
Zetesis. Dalle conoscenze e abilità alle competenze nella didattica della storia
Ateismo:
L'Apocalisse di Giovanni
Amo Giovanni. Il vangelo ritrovato (ed. Bibliotheka)
Pescatori di uomini. Le mistificazioni nel vangelo di Marco
Contro Luca. Moralismo e opportunismo nel terzo vangelo
Metodologia dell'esegesi laica. Per una quarta ricerca
Protagonisti dell'esegesi laica. Per una quarta ricerca
Ombra delle cose future. Esegesi laica delle lettere paoline
Umano e Politico. Biografia demistificata del Cristo
Le diatribe del Cristo. Veri e falsi problemi nei vangeli
Ateo e sovversivo. I lati oscuri della mistificazione cristologica
Risorto o Scomparso? Dal giudizio di fatto a quello di valore
Cristianesimo primitivo. Dalle origini alla svolta costantiniana
Guarigioni e Parabole: fatti improbabili e parole ambigue
Gli apostoli traditori. Sviluppi del Cristo impolitico

Indice